·성공의 생각·

삶 속의 3

KB139900

·성공의 생각·

삶 속의 3

오창환 지음

　인간은 누구나 행복해지고 싶어 한다. 우리는 공포, 두려움, 슬픔 등의 불쾌한 정서로부터 해방되어 평안, 안정, 기쁨 등과 같은 쾌 정서를 갖고 싶어 한다. 이러한 쾌 정서에 도달하기 위한 으뜸으로 성공을 꿈꾼다. 우리는 성공을 이루게 되면 생리적 욕구는 물론 사회적 욕구를 충족시킬 수 있을 뿐만 아니라 행복한 삶이 보장될 것으로 기대한다. 그러나 성공한다고 하여 행복한 삶으로 꼭 이어지는 것은 아니다. 성공은 행복한 삶의 수단일 수도 있지만 사실은 태생적으로 타고난 우리들의 수많은 욕구들 중의 하나이다. 성공은 수단이 아니라 목적이다.

　성공은 무엇인가? 성공은 현재 시점에서의 수준으로부터 일정한 시간이 경과한 후에 객관적이고 주관적인 목표 수준에 도달하는 것이다. 객관적 수준은 자신뿐만 아니라 타인들로부터 판정될 수 있는 계량적 레벨로서 예를 들어 재력, 권력, 명성, 성적, 능력 등이 여기에 속한다. 주관적 수준은 스스로 평가하는 내적 수준을 의미하는 것으로 예를 들면 즐거움, 기쁨, 행복감, 평안함, 희망, 자존감, 자부심 등이라 말할 수 있다.

성공은 객관적 수준만으로 평가할 수 없지만 그렇다고 주관적 수준만으로는 더욱 아니다. 객관적 수준만으로 성공을 평가하는 것은 한도 끝도 없는 도전들을 다 이루었음에도 스스로 만족하지 못하는 인물에 대해 성공한 사람이라고 판정하는 우려를 나을 수 있다. 이와 반대로 성공을 주관적 수준만으로 평가하게 되면 타인들로부터 평가는 거들떠보지도 않고 오로지 자신만이 행복하면 그것으로 성공이라고 생각하기 때문에 이 또한 편협한 사고이다. 따라서 성공은 객관적 수준과 함께 주관적 수준의 양측에서 우리들의 목표를 달성하는 일인 것이다.

성공은 어떻게 해야 이룰 수 있는가? 성공을 위한 요소로는 여러 가지가 있겠으나 가장 중요한 3가지 핵심 요소로는 단계적으로 성찰, 창의, 실천 등을 들 수 있다. 성공을 달성하려면 우선적으로 성찰부터 시작해야 한다. 성찰은 성공의 생각이다. 성공하기 위해서는 자신의 마음을 반성하고 살펴보는 것부터 출발해야 한다. 성찰 없이도 성공은 할 수 있겠으나 그 성공은 보리껍데기들로 가득한 가마니에 불과하다. 자신의 목표는 이루었으나 주위를 둘러보면 정작 허전함만 남겨지는 것이다.

성찰은 배움을 통한 깨달음이다. 우리들은 어릴 적에 말을 배우면서부터 우주만물의 개체를 배우기 시작한다. 각각의 개체는 그것의 개념을 표현하기 쉬운 이름을 가진다. 인간은 개체의 이름을 배우고 개체의 형식과 내용을 습득하면서 주변의 개체들에 대해 익숙해간다. 개체들에 익숙해지면서부터는 그 개체들과 주변 개체들 사이의 연관성을 함께 생각하는데 그 개체와 비슷한 개념 혹은 반대 개념을 알아가게 된다. 동서양을 막론하고 반대 개념의 개체들을 연관 짓는 것은 아이들뿐만 아니라 성인이 되어서도 일반화되어 있다. 특히 고대 중국에서는 반대 개념을 음양(陰陽)이라 하여 철학상의 기본적인 관념으로 삼아 왔다. 예를 들어서 남녀(男女), 주야(晝夜), 내외(內外), 천지(天地), 한난(寒暖) 등의 단어들이 음양을 표현한다.

그러나 이 세상만사를 음양의 조화나 갈등으로만 볼 수는 없다. 이 세상은 음과 양으로만 나눌 수 없다. 음과 양 사이의 경계선이 있을 수 있고 음과 양을 한꺼번에 가질 수도 있기 때문이다. 고대부터 널리 퍼져 있는 음양의 2개념에서 탈피하여 이제부터는 3개념을 도입함으로써 세상의 이치를 보다 새롭게 통찰할 수 있는 계기로 삼아야 한다. 숫자 3은 성찰의 숫자이다. 모든 개체의 상태를 표현하려면 기준선에 해당하는 경계선이 있어야 한다. 키가 '크다'와 '작다'라는 2개념 속에는 이를 판정하기 위한 제 3의 경계선이 존재함을 암시한다.

컴퓨터에서는 '0'과 '1'의 2개념을 사용하지만 이들 둘의 구분을 짓기 위한 경계구역이 존재한다. '0'도 아니고 '1'도 아닌 경계구역을 '트라이 스테이트'라고 부름으로써 컴퓨터의 실제적인 신호는 '0', '1', '트라이 스테이트' 등과 같이 3가지 레벨을 가진다. 반도체 칩의 디지털 세계에서는 '0'과 '1'의 2개념을 사용하지만 양자역학 세계에서는 '0'과 '1'의 2개념에 더하여 '0과 1의 중첩상태'의 3개념이 도입된다. 이러한 3개념의 양자컴퓨터는 반도체컴퓨터보다 그 성능이 거의 무한대만큼 증가할 수 있다.

3은 창의의 숫자이다. 기존의 개념으로부터 혁신된 새로운 개념이 세상에 나오면 기존의 개념을 1이라 할 때에 새로운 개념은 2라고 말할 수 있다. 현재 나와 있는 이러한 새로운 개념을 뛰어넘어서 독창적인 개념을 창출한다면 그 독창적인 개념이 바로 3인 것이다. 여기가 1이고 저기가 2라면 3은 현 시점에서 보이지 않는 거기이다. 우리 삶 속의 정답은 지금 여기에서는 보이지 않지만 그때 그곳에서는 안개 속에서 홀연히 나타날 것이다.

3은 화해이다. 인간사회에서 양측이 서로 싸우는 것은 상대방을 굴복시키고 내가 이기기 위해서이다. 그러나 이러한 싸움에서 이기는 것이 반드시 이득이 되는 것은 아니다. 어느 한쪽이 지는 것이 0이고 이기는 것이 1이라고 하면 둘 다 이기는 것은 3이다. 둘 다에게 도움이 되는 3을 택함으로써 서로 간의 앙금을 충분히 해소시킬 수 있는 화해 모드로 들어갈 수 있다.

우리는 음과 양, 0과 1만을 머릿속에 떠올릴 것이 아니라 3을 염두에 둘 필요가 있다. 보이는 실체보다 보이지 않은 세계를 상상해야 한다. 하나의 사물을 관찰함에 있어 앞이나 옆과 같이 보이는 부분 못지않게 보이지 않는 뒤편이나 그 사물의 내면을 살필 줄 알아야 한다. 3은 우리의 여러 삶 속에서 귀하디귀한 다이아몬드처럼 찬란하게 빛이 나는 속살을 감추고 있다. 3이야말로 성찰의 숫자이고 창의의 숫자이며 성공의 숫자인 것이다.

이 책은 숫자 3으로부터 시작된다. 이 세상은 1등만이 대우받는 세상인가? 올림픽에 출전하면 결승에 올라가 적어도 은메달은 따야 하는 것인가? 동메달도 영웅적이고 귀중한 가치이다. 숫자 3은 세 번째라는 서수와 세 개 혹은 세 가지라는 기수로 사용된다. 우리는 여러 가지를 이야기하고자 할 때에 세 가지로 요약하여 말하는 편이 효과적이라는 것을 알고 있다. 새로운 개념을 설명할 때에도 위 단계부터 3개씩 구분되어 내려가는 방식이 구조적이며 명료함으로 비취진다.

이 책은 우리들의 삶 속에서 3을 찾는다. 숫자 3의 의미를 이해하려고 숫자의 발명, 숫자 3의 비밀, 숫자 3의 신비로움, 3의 세상 등으로 출발한다. 우리들이 관심 갖는 분야는 너무나 많고 이들은 모두 제각각이다. 그 많은 분야들 중에서 철학, 세계사, 한국사, 한국문화 등에 등장하는 수많은 내용들 중에서 일부를 3가지로 분류한다. 또한 인간의 인체, 뇌, 정신활동, 기분 상태, 인격체계 등에 관하여 각각 3가지로 분류 서술한다. 성공의 요소를 3가지, 즉 성찰, 창의, 행동 등으로 추출한 후 각각의 성공 요소를 설명함에 있어 3을 활용한다. 숫자 3을 강조한 나머지 각 분야의 내용을 3가지로 분류함에 있어서 무리함이 없지 않음을 밝혀둔다.

이 책을 통해서 많은 독자들이 3에 관한 생각을 강화함으로써 삶속에서 새로운 활력과 지혜를 얻을 수 있기 바란다. 이 책에 부족한점이 많아 독자의 기대에 못 미칠 우려도 있다고 생각하며 앞으로많은 조언과 충고를 받아들여 그야말로 훌륭한 성공 관련 자기계발서적으로 오래도록 활용될 수 있기를 바란다.

2017년 7월
오창환

Contents

머리말 · 5

part 01 _ 숫자 3의 의미

· 인류 최초의 수 개념 / 17
· 인류 최초의 셈법 / 20
· 기본수의 발명 / 22
· 숫자의 발명 / 25
· 숫자 3의 비밀 / 29
· 숫자 3의 신비로움 / 31
· 3의 세상 / 34

part 02 _ 철학 속의 3

· 3가지의 철학적 요구(회의, 모순, 절망) / 39
· 3가지의 철학 개념 / 42
· 3가지의 개념 종류 / 45
· 상식, 과학, 철학의 구분 / 48
· 철학의 3대 분야(실재, 인식, 가치) / 51
· 실재(實在)에 관한 3가지 의론 / 54
· 인식론(認識論)에 관한 3가지 의론 / 57
· 실체(實體) 구성의 3단계(질료, 형상, 순수형상) / 60

· 가치론(價値論)의 3분야 / 63
· 현대철학의 3가지 방향 / 68
· 동양의 3대 전통철학(유학, 노장철학, 불교철학) / 73

part 03 _ 세계사 속의 3

· 세계는 3대 육지로 출발 / 81
· 농업혁명을 통한 3대 계급 탄생 / 84
· 세계 3대 문명 / 87
· 로마시대의 세계 3국(로마, 중국, 제 3세계국) / 91
· 세계 3대 종교 발생 / 95
· 칭기즈칸 시대의 세계 3국(몽골, 중국, 제 3세계국) / 101
· 18세기 아메리카 대륙의 세력 3국(영국, 프랑스, 미국) / 104
· 18세기 운송수단을 위한 3대 발명(증기기관, 철도, 전신) / 108
· 제 1차 세계대전의 세계국 3구분(동맹국, 연합국, 중립국) / 112
· 제 2차 세계대전의 세계국 3구분(동맹국, 연합국, 중립국) / 116

part 04 _ 한국사 속의 3

· 고조선 시대의 3국(고조선, 한, 흉노) / 123
· 고조선 이후의 국가 3분류(부여, 고구려, 기타국) / 126
· 4세기의 우리나라 3국(고구려, 백제, 신라) / 130
· 5~6세기의 우리나라 3국(고구려, 백제, 신라) / 132
· 7~8세기의 한반도 주변 3국(발해, 당, 신라) / 136
· 후삼국 시대 3명의 세력가(견훤, 궁예, 왕건) / 139

· 11세기 고려시대의 주요 3국(고려, 요, 송) / 143
· 13세기 고려시대의 주요 3국(고려, 원, 일본) / 145
· 조선시대 중기의 3세력(왕, 훈구파, 사림파) / 150
· 16세기 조선시대의 3국(조선, 왜, 명) / 154
· 19세기 조선시대의 3국(조선, 청, 일본) / 158
· 19세기 말의 3국(대한제국, 러시아, 일본) / 163

part 05 _ 한국 문화 속의 3

· 우리나라의 3가지 전통 그릇(청자, 백자, 분청자) / 169
· 한옥 재료의 세 가지(돌, 흙, 종이) / 172
· 불탑(佛塔)의 세 부분(기단부, 탑신부, 상륜부) / 175
· 우리나라 궁궐 왕실의 세 공간(내전, 외전, 동궁) / 178
· 판소리의 세 역할(소리꾼, 고수, 구경꾼) / 181
· 한국음악의 장단은 3박자 / 185
· 집안의 3대 신(성주신, 삼신할머니, 조왕신) / 189
· 장독대의 3대 장독(간장독, 된장독, 고추장독) / 192
· 초가삼간(草家三間) / 195
· 갓난아기 일 년 동안 세 번의 통과의례(삼칠일, 백일, 첫돌) / 198

part 06 _ 인간 속의 3

· 신체의 3부분(머리, 몸통, 팔다리) / 205
· 인체의 구조적 3단계(세포, 기관, 기관계) / 209
· 대뇌의 기능 영역 3분류(감각영역, 운동영역, 연합 영역) / 212
· 뇌의 3부위(좌뇌, 우뇌, 뇌량) / 216

· 인간 정신활동의 3단계(입력활동, 처리활동, 출력활동) / 219
· 인간의 3가지 기분 상태(좋음, 나쁨, 중간) / 224
· 인간의 인격체계 3요소(본능, 정신 주관, 이상) / 227
· 인간 욕구의 3분야(생리적 욕구, 유기체적 심리적 욕구, 획득된
  사회적 욕구) / 230
· 자기결정의 양에 따른 동기의 3구분(무동기, 외재적 동기,
  내재적 동기) / 234

part 07 _ 성공의 3

7.1. 성찰 / 241

· 3의 성찰 / 241
· 성공의 3요소(성찰, 창의, 실천) / 246
· 자신의 경험에 관한 3가지의 설명양식(비관성, 낙관성, 통제성)
  / 251
· 행복하기 위한 3가지 요소(직업적 성취, 외적 관계, 내적 추구)
  / 255
· 성공 메커니즘의 3요소(자동 시스템, 창조 시스템, 생각 틀) / 260

7.2. 창의 / 264

· 창의의 3단계(창의 대상, 창의 해결, 창의 산물) / 264
· 창의 모드 전환을 위한 3요소(동기, 통제, 환경) / 270
· 창의시스템의 3요소(창의적 인식, 창의적 처리, 창의적 실행) / 274
· 창의력 증강을 위해 고려해야 할 3요소(시간, 공간, 개체) / 281
· 창의 해결의 3구분(방안 습득, 심리적 창의, 역사적 창의) / 286

7.3. 행동 / 290

- 성공을 위한 습관의 3요소(What, How, Why) / 290
- 성공을 위한 행동의 3단계(목표설정, 활동수행, 목표달성) / 294
- 성공을 위한 내적 자산 투자 3가지(신체적 자산 투자, 지적 자산 투자, 감정적 자산 투자) / 297
- 인간관계의 3가지 요소(언어, 감정, 행동) / 300

참고문헌 · 307

Part <u>01</u>

숫자 3의 의미

• 인류 최초의 수 개념

선사시대의 인류는 '1'과 '2'의 개념만을 이해했었다고 한다. 두 개를 넘어서 3부터는 '많다', '여럿이다', '다수'라는 식으로 표현했었다. 그들에게 다섯을 넘어서는 수는 오늘날 우리가 '수십억 경(京)'과 같은 수량을 상상하는 것만큼 어려운 일이었다. 오늘날의 원시부족민 가운데 어떤 이들은 서너 개가 넘는 것이 있으면 마치 '머리에 난 머리카락만큼이나 무수하다'는 의미를 나타내려는 듯 자신의 머리카락을 내보이고 만다고 한다.

선사시대에서 1은 곧 창조 작업과 관련된 활동을 수행하는 남성을 가리킨다. 1은 살아 있는 단 하나의 존재를 상징한다. 2는 남성과 여성의 분명한 이중성, 인체의 확연한 대칭에 상응한다. 또한 2는 대립, 분리, 경쟁, 갈등 혹은 반목의 상징이기도 하다. 파라오 시대 이집트의 그림문자에서는 똑같은 상형문자를 세 번 반복한 것뿐만 아니라 여러 개를 나타낼 때에도 3으로 표현했다. 고대 중국에서는 '나무'를 뜻하는 그림문자를 세 번 반복하여 '숲'이라는 관념을 표현했으며 사람의 형상을 세 번 되풀이하여 '군중'이라는 개념을 나타냈다. 영어에서 thrice는 '세 번'과 '여럿'이라는 두 가지 의미를 가진다. 이처럼 아주 오래전부터 숫자 3은 '복수', '다수', '무더기' 등과 동의어였을 뿐만 아니라 이해할 수도 정확히 가늠할 수도 없는 한계에 부닥쳤다.

오늘날 어린아이의 발달연구에서도 이러한 현상이 나타나고 있다. '생후 6개월에서 1년 사이'의 아이는 주변의 물건이나 사람들이 있는 공간을 뭉뚱그려 파악한다. 이 연령층의 아이는 유사한 물건들이 흩어져 있을 때 이를 하나의 집합으로 모을 수 있지만 아직 수를 이해하지 못한다. '1년에서 1년 6개월 사이'의 아이는 차츰 '하나', '둘', 그리고 '여럿'인 물건들을 구분할 수 있고 사람이나 물건의 두 집합체에 대한 상대적 크기를 한눈에 분간하게 된다. 그러나 수적 능력은 여전히 매우 좁은 한계 안에 갇혀 있어서 수와 그 수만큼의 집합체들 사이의 분명한 차이를 분간하지 못한다. '2~3세' 시기에 이르러 일단 말하는 법을 배우고 최초의 수 몇 가지를 부를 줄 아는데 대부분의 아이들은 '하나', '둘' 하고 셈을 하지만 세 번째 수는 어느새 잊어버린 채로 '하나, 둘, 넷'이라고 헤아린다고 한다.

인간뿐만 아니라 일부 동물들도 수를 직접적으로 인지하는 능력을 어느 정도 갖추고 있다. 방울새나 까마귀는 집합체 내의 개수를 세 개까지 구분할 수 있는데 넷을 넘는 수는 알아차리지 못한다. 수를 직접적으로 인지하는 천부적인 능력 측면에서 인간이 까마귀보다 더 낮다고 생각하는 것은 착각에 불과하다. 인간이 수량의 정도를 알아내고자 할 때에 기억이라든가 서로 비교하거나 둘로 나누거나 머릿속으로 집합을 만들거나 추상적인 계산 능력을 활용한다. 그러나 여러 사람을 한 줄로 세우거나 물건들을 한 줄로 죽 늘어놓고서 한 번에 재빨리 훑어보라고 하면 아마 우리는 하나, 둘, 셋, 넷까지 실수 없이 한눈에 알아낼 수 있을 것이다. 넷을 넘어서면 머릿속이 혼란스러워지고 우리의 눈대중은 더 이상 별로 도움이 되지 못한다. 몇 개인지를 정확히 알려면 셈을 해보아야 한다. 셈을 하지 않고 수를 직접적으로 인지하는 눈의 능력이 4라는 수를 넘어서는 경우는 매우 드문 일이다.

이러한 사실의 예증으로서 로마인들은 남자아이들에게 붙여준 이름이 네 번째 아이까지만 개별 호칭이었고 다섯 번째 아이부터는 단순 번호로만 부르고 말았다. 또한 로마시대에 고유한 이름을 지닌 달은 처음 네 달뿐이었고 다섯 번째 이후부터는 단지 번호순이었다.

고대 이집트, 바빌로니아, 페니키아, 그리스, 마야 문명에서 초기에는 처음 9개의 정수를 동일선상에 해당하는 수만큼의 막대기를 배열함으로써 나타냈다. 이후 바빌로니아인과 페니키아인들은 '3의 원칙'에 의거하여 수를 나타냈다. 즉, 4는 막대기 3개 밑에 1개, 5는 막대기 3개 밑에 2개, 6은 막대기 3개 밑에 3개, 7은 막대기 3개 밑에 3개를 그리고 그 밑에 1개를 수직으로 배열하는 방식을 활용했다. 또 다른 종족들은 4개까지는 막대기 개수를 배열하고 5를 나타내는 문자를 하나 더 만들어서 6부터는 5문자 옆에 막대기를 하나씩 추가하는 방식으로 9까지 나타냈다.

이상으로 미루어 볼 때 수를 직접적으로 인지하는 인간의 능력이 4를 넘어서지 못한다는 사실이 확실해졌다. 인간의 원초적 수 개념은 일부 동물의 수준을 가까스로 넘어섰으나 다행스럽게도 인간은 몇 가지 암기 방식을 발명함으로써 제한된 수 감각의 여러 가지 가능성을 확장시킬 줄 알게 되었다. 그러한 암기 방식들이 오늘날처럼 수의 세계 속으로 발전해 나갈 가능성을 충분히 열어줄 수 있었던 것이다.

● 인류 최초의 셈법

인류가 수를 발명하여 어떤 사물의 개수를 세기 시작한 것은 삶의 유용한 실용적 관심에 따른 것이다. 예를 들어 자신이 키우는 양 떼나 염소 떼의 마리 수, 생필품의 개수, 연장의 개수 등을 확인하고자 할 때에 셈이 필요했다. 또한 적대 관계인 이웃 집단과 싸우러 나갈 때마다 자기편 군사의 수가 제대로 맞는지를 확인했을 것이다.

인류 최초의 셈법은 '일대일 대응 방식'에서 시작되었다. 이 방식은 어떠한 추상적인 셈의 도움 없이도 쉽게 사물을 셀 수 있도록 해준다. 자신의 목장에서 양이 한 마리씩 밖으로 나갈 때마다 자갈 하나를 웅덩이 속에 넣고서 저녁이 되어 양이 목장 안으로 한 마리씩 들어올 때마다 자갈 하나를 웅덩이에서 꺼내 보아서 자갈이 남아 있게 되면 그 수만큼 양이 목장 안으로 안 들어왔음을 알 수 있게 된다. '일대일 대응 방식'에서는 이와 같이 양의 집단과 자갈 집단의 요소를 서로 '짝'을 지어 줌으로써 셈을 수행한다.

이슬람 교도나 불교 교도들이 교리를 암송할 때에 사용하는 '묵주'도 이와 같은 방식에 해당한다. 예를 들어 50개의 작은 묵주 알이 10개째마다 굵은 묵주 알에 의해 나눠지는 묵주를 사용함으로써 자신의 암송 횟수를 셀 수 있다. 즉, 한 번 암송할 때마다 묵주를 손가락 사이로 하나씩 밀어 올리면서 굵은 묵주 알에 다다르면 자신이 목표로 한 암송 횟수에 도달함을 알 수 있게 된다. 이러한 '일대일 대응 방식'은 셈을 전혀 모르는 사람이라도 얼마든지 물건의 개수를 셀 수 있게 해준다.

'일대일 대응 방식'의 셈법에서 사용되는 도구는 자갈, 묵주 등뿐만 아니라 뼛조각에 눈금 매기기, 조개껍질, 구슬, 작은 막대, 상아, 노끈 매듭 등이 있었다. 손가락이나 팔다리 같은 인간의 신체 부위가 이런 셈에 이용되기도 했다. 오른손의 손가락을 하나씩 접으면서 5개를 세고 다음으로 왼손의 손가락을 하나씩 접으면서 세면 10개까지 셈을 할 수 있다. 10보다 많은 수를 세기 위해서는 손가락 마디를 사용하기도 했고 손목, 팔꿈치, 어깨, 귀, 눈, 양쪽 가슴, 엉덩이, 양쪽 무릎과 발목, 발가락 등을 활용하기도 했다.

매우 중요한 종교의식을 치를 달과 날을 알아낼 때에도 물질적 매개물을 이용하였다. 새로 태어난 '달'이 먼저 가득 찼다가 완전히 비워질 때마다 큰 돌로 매핑하여 달수를 세고 태양이 떠오르고 질 때마다 조약돌을 하나씩 올려놓음으로써 제삿날을 찾아낼 수 있었다. 날수를 세는 것은 양떼를 세는 것과 달리 짝 맞춤과 동시에 연속의 방법을 요구한다. '정월은 31일이다'라는 말은 정월의 전체 일수를 가리키는 것으로 이것은 기수(基數)에 해당한다. 이와는 달리 '정월 31일'과 같은 표현에서는 정월의 '서른한 번째' 날을 의미하는 서수(序數)를 나타낸다.

실용적인 면에서 우리에게 정말로 중요한 것은 기수이지만 이 수는 산술의 토대가 될 수 없다. 산술이라는 것은 어떤 수에서 연속적인 수로 이행할 수 있다는 암묵적인 가정이 필요하기 때문이다. 우리가 기수뿐만 아니라 서수 체계를 확립했기 때문에 모든 수학과 모든 과학 영역에서 발전을 이룰 수 있었던 것이다.

인류가 기수와 서수들을 점차 습득하게 된 것은 바로 열 손가락 덕택이다. 초등학생들이 아직도 손가락으로 셈을 배우는 것이나 어른들이 가끔씩 자기 생각을 강조하기 위해 손가락을 사용하는 것은 분명히 우연이 아니다. 신체를 이용하여 수를 헤아리는 여러 기법들 중에서 손가락을 사용하는 방법이야말로 사실상 결정적인 역할을 했다고 볼 수 있다. 모든 인류는 한 손의 손가락들에서 다섯까지 추상적으로 헤아리는 법을 배웠고 다른 한 손의 손가락들에서 열까지 연장시키는 법을 배웠으며 자연정수의 규칙적인 연속을 무한히 확장시킬 수 있게 되었다.

셋이나 넷, 일곱 혹은 열 개의 요소를 내포한 어떤 집합을 가리키고 싶을 때, 즉 손가락들을 기수 모델로 사용할 때에는 그 수에 맞는 손가락 개수를 '동시에' 치켜세우거나 접으면 된다. 집합 내의 동일한 요소들을 헤아리고 싶을 때, 즉 서수 체계로 사용할 때에는 셋이나 넷, 일곱 혹은 열 개의 손가락을 하나씩 '연속적으로' 치켜세우거나 접는 방식으로 표현한다. 이와 같이 인류는 자신의 손가락으로 개수를 세거나 순서를 헤아림으로써 셈법을 시작했던 것이다.

• 기본수의 발명

인류는 수를 추상화하고 기수와 서수 사이에 존재하는 미묘한 차

이를 구분할 줄 알게 됨에 따라 이제는 물질적 매개물(돌, 조개껍질, 나무막대, 묵주 알, 눈금 매긴 막대, 노끈 매듭 등)을 이용하여 정수들을 비교하고 구별하고 조합하는 데 편리한 진짜 '수의 성질들'을 표현하려 했다. 그러나 점점 커지는 수를 표현하기 위해 노끈 매듭이나 새김 눈금을 무한히 늘려 나갈 수 없는 노릇이었다. 많은 수를 헤아리기 위해 인류는 기본수를 사용하기 시작했다.

가장 널리 쓰이는 기본수로는 10(십)이 있다. 가축이 한 마리씩 통과할 때마다 흰색 가죽 끈에 조개껍질 하나를 꿰고 이를 반복하여 열 번째가 될 때마다 흰색 가죽 끈의 조개껍질을 모두 풀고 열 번째마다 사용하는 푸른색 가죽 끈에 조개껍질을 하나 꿴다. 흰색 가죽 끈을 1의 자리로 사용하고 푸른색 가죽 끈을 10의 자리로 사용함으로써 1에서 100까지를 셈할 수 있게 된다. 이러한 방식을 수학자들은 '십진법'이라고 부른다. 인도어, 유럽어, 셈어, 몽고어 등에서는 수의 이름들이 일반적으로 십진법을 바탕으로 한다.

10진법에서는 10 이하의 수들에게 각각 하나의 이름이 붙여진다. 처음 아홉 번째까지는 '십진법 제 1열의 단위들'이며 맨 마지막 수가 이 체계의 '기본수'(제 2열의 한 단위를 나타냄)를 구성한다. 10을 넘어서는 수를 가리키기 위해서는 10의 꾸러미들로 단위들을 모은다. 즉, 11(십일), 20(이십), 12(십이), 30(삼십) 등과 같이 구성된다. 10 자릿수 자체가 10개 이상이 되면 그 역시 10의 꾸러미들로 묶어 100 자릿수가 된다. 10진법을 사용하게 된 이유는 개수를 헤아릴 때 사용해왔던 인류의 손가락이 10개이기 때문이었다.

어떤 민족들은 동물이나 물건을 5씩 묶는 습관이 있었다. 이 셈 방식에서는 왼손으로 1에서 5까지 헤아리고 오른손으로는 5, 10,

15, 20, 25를 셈함으로써 손가락 10개로 25까지 헤아릴 수 있게 된다. 손가락 10개와 발가락 10개를 동시에 활용하여 20진법을 사용한 민족도 있었다. 12진법도 사용되었는데 '다스'는 12를 나타내고 '그로스'는 12다스를 표현한다는 사실에서 이 기수법이 과거의 상거래에서 곧잘 쓰였다는 사실을 확인할 수 있다. 수메르인들은 거리나 면적, 체적, 무게 등을 측량할 때 주로 이 기본수에 의거하여 곱셈이나 나눗셈을 했다. 또한 그들은 하루를 동일한 길이의 12개 시간대로 나누어 '단나(danna)'라고 불렀다.

60진법을 사용하기 위해서는 1에서 60까지 이르는 수를 표현할 60개의 각기 상이한 말 혹은 기호를 가져야 하기 때문에 사용자로 하여금 기억력에 상당한 부담을 주게 된다. 그러나 역사를 돌아보면 몇몇 민족들이 이미 이러한 셈 방식을 사용했다. 시, 분, 초와 같이 시간을 측정하거나 도, 분, 초와 같이 각도를 측정할 때 아직도 이러한 셈 방식을 이용하고 있다.

사람들이 모든 생필품을 자연에서 취하며 제한된 공동체에서 생활하던 시대에는 다른 사회와의 교류가 거의 없었다. 그러나 수공업과 문화가 발달하면서 각 지역의 생산물들이 불균형적으로 분포되기 때문에 상거래가 점점 더 필요해졌다. 상거래의 첫 번째 유형은 '물물교환'이었고 어떤 일정한 '단위'나 '표준'을 규정하면서부터 '교환 화폐'의 개념이 싹트기 시작했다. 상거래를 통해 물건 값을 계약하거나 국가가 세금을 거둘 때에 기본수를 사용한 셈법이 중요시되었다.

인간은 기본수 원리에 따라 모든 요소들을 집합시킨다거나 추상적으로 셈하는 법을 습득함으로써 여러 유형의 크기(무게, 길이, 면적, 체적, 용적 등)를 '추정'하고 '평가'하며 '측량'할 수 있게 되었다. 더욱이 점점 더 큰 수를 이해하는 법을 배웠고 마침내는 무한에 관한 관념을 다룰 줄도 알게 되었다. 또한 여러 가지 계산 방식을 개발하여 산술의 첫걸음을 내디디게 되었고 이는 곧 추상적 단계로 넘어가 대수학에 이르렀다. 기본수 원리 습득 덕분으로 인류는 역법과 천문학도 만들어냈고 기하학을 거쳐 다른 학문들 발전시키기에 이르렀다.

• 숫자의 발명

인류 역사에서 '문자언어의 발명'과 '아라비아 숫자와 0의 발명'은 불의 사용이나 농경의 발달, 첨단기술의 눈부신 발전에 못지않은 혁명적 사건이다. 문자언어는 훌륭한 표현수단이자 지속성 있는 의사소통의 수단으로서 시각적 재현과 사고의 기억에 대한 욕구를 충족시켜준다.

한편 숫자와 0의 발명은 모든 수의 일관되고 완벽한 개념화를 가능하게 해주었으며 모든 사람들에게 손이나 주판, 셈판 등의 보조수단 없이 어떤 계산도 할 수 있게 해주었다. 또한 이것을 발명함으로써 수천 년 동안이나 수행하지 못했던 여러 가지 계산이 가능해졌으며 수학과 기술을 비롯한 모든 과학이 발전하는 계기가 마련되었다.

기원전 3300년경에 수메르의 회계원들은 진흙 위에 여러 가지 표시로 숫자를 나타냈다. 1은 '가는 눈금', 10은 '조그만 둥근 자국', 60은 '굵은 빗금', 3,600은 '큰 원형 자국' 등으로 표현했다. 이집트인들도 기원전 3000년경에 수메르인으로부터 어떠한 영향을 받지도 않은 채 숫자와 표의문자를 발명했다. 이집트인들의 문자와 숫자는 수메르인의 그것과 완전히 달랐다. 수메르인들은 숫자나 글자 기호를 거의 진흙덩이에 표기했지만 이집트인들은 망치와 끌을 사용하여 석재 기념물에 새기거나 조각했으며 뾰족하게 다듬은 갈대를 물감에 적셔 파피루스에 적기도 했다.

그리스인들은 기원전 6세기경부터 숫자들을 나타내는 그림 형상을 버리고 각각 수가 갖는 이름의 머리글자에 해당하는 알파벳 문자로 대체했다. 그리스 숫자에 이어 로마숫자에서는 I=1, V=5, X=10, L=50, C=100, D=500, M=1,000을 나타냈다. 그런데 로마인들은 4를 나타낼 때 네 개의 I로 나타내지 않고 V의 왼편에 I을 붙여서 -1을 표시함으로써 (=5-1) IV로 표기했다. 이와 마찬가지로 VIIII 대신에 IX로 9를 나타냈다.

오늘날에 사용되는 기수법의 우수성과 정교함은 제로(0)라는 개념과 위치 원리의 결합에서 비롯되었다. 그리스나 로마, 히브리 기수법뿐만 아니라 이집트 상형문자 체계에서 숫자들은 자신의 위치에 상관없이 하나의 고정된 값을 지녔다. 마찬가지로 중국 기수법에서도 위치 원리를 적용하지 못했다. 예를 들어서 칠천팔백육십일을 위치기법을 사용한다면 칠팔육일과 같이 훨씬 간단하고 빠르게 표기할 수 있었을 것이다.

숫자의 위치기법은 기원전 20세기 초 메소포타미아의 학자들이 처음으로 발명했다. 그러나 이 기수법은 오늘날의 위치 기수법처럼 10진법이 아니라 60진법을 바탕으로 했다. 바빌로니아 수학자들 이후 2,000년이 지난 뒤 중국의 학자들도 독자적으로 숫자의 위치기법을 발명했다. 몇 세기 뒤에는 지구 반대편에 위치한 중앙아메리카 마야 문명의 신관과 천문학자들도 외부의 영향 없이 동일한 발견을 해냈다.

위치기법을 발명한 바빌로니아인, 중국인, 마야인들 중에서 제로를 발견한 민족은 바빌로니아인과 마야인이었다. 그러나 그들은 제로를 발견했음에도 연산 기능에 제대로 활용할 줄 몰랐다. 마야의 제로는 수를 표기할 때 그 가운데나 끝에 사용되었다. 10진법에서 어느 위치에 해당하는 숫자가 비어 있다는 것을 자유롭게 표현하지 못했다. 이들은 근본적인 발견을 해냈음에도 불구하고 수 표기법의 최종 완성으로 나아가는 결정적인 한걸음을 내딛지 못했다.

인도 학자들이 5세기경에 제로 개념을 만들었던 시기부터 기수법이 간단해졌고 또한 산술 기술에도 혁신적인 발전이 도모되었다. 그들은 7629를 표현할 때에 오른편부터 시작하여 구이육칠이라고 표기했다. 인도 학자들은 기수법을 이렇게 단순화하는 과정에서 진정한 위치 기수법, 즉 수를 표현할 때 그 위치에 따라 값이 달라지는 9개의 단순 단위를 가리키는 이름들을 만들어냈다. 그런데 칠천육백구와 같이 10의 자리가 비는 수를 표현할 때에는 큰 어려움이 있었다. 인도 학자들은 '공(空)'을 의미하는 단어를 사용하여 이 난관을 피해 나갔다. 그들은 칠천육백구의 수를 구공육칠이라고 표현함으로써 수를 나타내는 방법의 모호성이 완전히 제거되었다.

중세로 접어들면서 아시아 문명과 서양 문명의 교류는 거의 없었다. 8세기부터 13세기까지 과학의 역사에서 가장 빛나는 한 시기가 이슬람 세계에서 펼쳐졌다. 그들은 자신들이 정복한 모든 나라에서 철학, 과학, 문학 분야의 그리스 저작을 모조리 찾아냈다. 그리고 그

책들을 아랍어로 번역하여 주의 깊게 연구했다. 숫자의 경우 아랍인들은 먼저 그리스인과 유대인의 알파벳 기수법에 관심을 가졌는데 이를 자신들 고유의 28개 알파벳 문자에 적용하여 사용했다. 또한 아랍인들은 시리아 및 메소포타미아의 기독교들과 그리스인들을 통해 바빌로니아 학자들의 60진법 위치 기수법 체계와 제로도 받아들였다.

그들은 페르시아 만을 거쳐 인도와 무역관계를 맺으면서 인도 학자들에게서 천문학, 산술, 대수학 등을 배웠다. 그리고 8세기 말부터는 숫자들이며 십진 위치 기수법, 제로와 계산법 등 인도의 수 체계를 모두 받아드렸다. 아랍 이슬람 제국의 단일성이 붕괴되면서 북아프리카와 에스파냐 이슬람권은 이미 9세기에 바그다드의 영향력에서 벗어났다. 이들 서아랍인들도 다른 아랍지역과 마찬가지로 인도의 숫자를 사용해왔으나 시간이 흐를수록 숫자 모양이 변해갔고 인도 글자체와 매우 다른 독특한 양상을 띠게 되었다. 12~13세기에 기독교인들은 에스파냐의 아랍어 저작이나 아랍어로 번역된 그리스 및 인도 저작들을 라틴어로 번역하기 시작했다. 이때부터 유럽인들도 아랍인들이 사용해온 숫자와 연산법칙을 익힐 수 있게 되었다.

아라비아 숫자는 13~14세기부터 오늘날 우리가 알고 있는 형태를 갖추게 되었다. 1440년경 구텐베르크의 인쇄술 발명은 아라비아 숫자들의 모양을 고정시키고 유럽 전역으로 퍼지는 데 일조를 담당했다. 인도에서 발명된 숫자를 아라비아 사람들이 퍼트리고 이를 다시 유럽인들이 온 세계에 퍼트렸던 아라비아 숫자는 언어가 서로 다른 세계인들에게 통일된 숫자 개념을 가지도록 해주었다.

• 숫자 3의 비밀

숫자 3은 숫자 1과 숫자 2의 더하기로 이루어진다. 우리나라 옛날 사람들은 숫자 1이 남자를 뜻하고 숫자 2는 여자를 뜻한다고 생각했다. 숫자 3은 숫자 1과 숫자 2가 더해져서 만들어진 것처럼 남자와 여자가 결혼을 해서 아기가 태어나듯이 생명의 탄생을 뜻하는 완전한 수로 여겨졌다. 숫자 3은 음양의 조화가 이루어진 완벽함을 의미했다. 음과 양이 서로 대칭적이며 극단적으로 부딪치는 형상보다는 서로 끌어안으면서 조화를 이루어야만 평안한 삶을 누릴 수 있다는 우리 조상의 슬기를 엿볼 수 있는 대목이다.

숫자 3은 고구려의 기상 속에서도 나타난다. 주몽이 세운 고구려의 문화 유물에서는 삼족오 문양이 많이 나타나는데 삼족오는 태양 속에 사는 다리가 세 개 달린 까마귀를 뜻한다. 고구려 사람들은 삼족오를 하늘의 뜻을 인간에게 전해주는 '하늘의 아들'이라 여겼고 또한 세 개의 다리로 땅을 지탱하고 있어서 완벽함을 상징했기 때문에 전쟁터에 출진할 때나 국가의 주요 행사를 치룰 때에 삼족오를 그린 깃발을 휘날렸던 것이다. TV연속극으로 인기가 드높았던 '주몽'에서 주인공 주몽이 신궁의 활 솜씨로 적들을 쓰러트릴 때에 삼족오 깃발을 펄럭이며 말 달리던 고구려 병사들 모습은 시청자들의 가슴을 뭉클하도록 만들었다.

옛날 사람들은 귀신이 집안으로 들어오지 못하도록 새해가 되면 대문에 삼두매 그림을 붙여 놓았다고 한다. 삼두매는 머리가 셋에 한 개의 다리를 가진 매를 말한다. 사람들은 삼두매가 머리를 세 개씩이나 갖고 있기 때문에 나쁜 귀신을 잡을 수 있는 신비한 능력을 가지고 있다고 믿었다. 머리 하나 달린 매도 무서운데 머리가 세 개 달린 매라면 집안으로 들어오려는 나쁜 귀신을 물리치고도 남을 것으로 사람들이 여겼을 것이다.

단군신화에서도 숫자 3이 나타난다. 천제의 아들 한웅이 풍백(風伯), 우사(雨師), 운사(雲師) 등 세 명의 신을 데리고 태백산의 신단수(神檀樹)라는 성소에 내려왔다. 농사가 잘 되어 풍년이 들려면 바람의 신, 비의 신, 구름의 신 등의 힘을 한곳으로 모아야 한다는 것을 나타낸 것이다.

옛날 사람들은 집안에서 새로운 생명이 태어나려면 삼신할머니의 점지가 반드시 필요하다고 믿었다. 왕가뿐만 아니라 일반 가정에서도 대를 이을 자손이 번창하는 것이 다른 어떤 사랑 못지않게 중요시되었다. 삼신할머니는 아기를 잘 낳게 해줄 뿐만 아니라 아기가 건강하게 자랄 수 있도록 도와주는 신이라고 믿었기 때문에 아기를 낳고서 7일째, 14일째, 21일째 총 세 번에 걸쳐 삼신상을 차렸더랬다. 밥, 미역국, 물 등을 각각 세 그릇씩 삼신상에 차려 놓고 삼신할머니께 절을 함으로써 태어난 아기가 건강하게 자라기를 기원했다. 기도가 끝나면 삼신상에 차렸던 밥과 국을 산모가 먹었다.

우리나라 옛날이야기 속에는 숫자 3이 많이 들어 있다. 옛날이야기에서는 어려운 일을 당해도 꼭 세 번이고 무슨 일이든 세 번 만에 해결되며 셋이 힘을 합해야 좋은 결과를 얻고 셋째 아들이나 셋째 딸이 주인공이 되는 경우가 많았다. 왜 이렇게 숫자 3이 많이 등장하는 것일까? 그것은 숫자 3이 역경이나 고난을 이겨내고 완전해지는 것을 상징하기 때문이다. 다른 한편으로는 옛날이야기가 오랫동안 입에서 입으로 전달될 때에 이야기를 전하는 사람들이 많은 내용을 기억하기가 힘들었으므로 적은 수에서는 가장 많고 많은 수에서는 가장 적은 숫자 3을 좋아했던 것이다.

음력 3월 3일은 봄이 시작된다는 삼짇날이다. 옛날 사람들은 삼짇날이 숫자 3이 두 번이나 연속해서 들어 있기 때문에 특별한 날로 여겼다. 삼짇날은 겨울이 시작될 무렵에 따뜻한 강남땅을 찾아 떠났던 제비가 돌아오는 날이기도 하다. 또한 옛날 사람들은 삼짇날에 새로운 변화가 일어나고 세상의 모든 것들이 다시 살아난다고 믿었던 나머지 삼짇날에 머리카락을 잘라서 땅에 묻으면 머리카락이 쑥쑥 자란다고 생각했다. 아들을 낳고 싶은 사람들은 이날에 절에 가서 소원을 빌기도 했다. 이러한 풍습은 모두 숫자 3이 완전성과 탄생의 의미를 가지고 있기 때문에 생겨난 것이다.

우리나라 속담에도 숫자 3이 자주 등장한다. 그 예로서 '세 살 버릇이 여든까지 간다', '서당 개 삼 년이면 풍월을 읊는다', '겉보리 서말이면 처가살이 안 한다' 등이 있다. 앞에서 서술한 바와 같이 숫자 3은 우리나라 신화, 국가살림, 가정살림, 전통문화, 속담 등에 등장함으로써 우리 조상의 삶과 함께 지내왔던 것이다.

• 숫자 3의 신비로움

1863년 11월 19일, 미국 남북전쟁의 격전지였던 펜실베이니아 주의 게티즈버그에서 대통령 에이브러햄 링컨은 전몰한 병사들의 영혼을 위로하며 명연설을 남겼다. 그는 국민이 국가의 단순한 지배 대상이 아니라 국가를 구성하고 직접 운영하며 국가로부터 혜택을 받는 존재라는 점을 강조하며 유명한 'of the people, by the people, for the people' 어귀를 남겼다. 링컨은 국가의 형태를 강조함에 있어 국민들로 하여금 이해하고 기억하기 쉽도록 세 어귀로 축약했다.

유명한 연설자나 강연자는 자신이 대중들에게 전하고 싶은 내용을 세 가지로 요약한다. 청중들은 강연자가 셋을 넘어 넷이나 다섯 가지씩 말하려들면 듣기도 전에 질리기 시작하여 아예 딴청을 부리기 시작한다. 길영로는 그의 저서 『기획이란 무엇인가』에서 "숫자 3은 단순한 것의 마지막이면서 복잡한 것의 시작인 숫자로서 신비한 점이 많다"고 서술한다.

불교에서는 삼법인(三法印), 즉 제행무상(諸行無常), 제법무아(諸法無我), 열반적정(涅槃寂靜) 등을 근본 교리로 삼고 있다. 기독교에서도 성부, 성자, 성신의 삼위일체(三位一體)를 가르치고 있다. 동양에서는 우주가 천지인(天地人)의 3요소로 이루어져 있다고 여겨온다. 옛날 우리나라에서도 하늘에는 낮과 밤, 땅에는 육지와 바다, 사람에게는 남자와 여자 등과 같이 우주 만물은 음양을 벗어날 수 없다고 믿었지만 그렇다고 숫자 2를 좋아한 것은 아니었다. 우리 조상들은 숫자 2와 같이 짝수보다는 3과 같이 홀수를 반겼다. 딱 떨어지는 짝수는 정이 없어 보이지만 홀수는 덤이 있어 보여 좋아한 것이다.

숫자 3은 여러 곳에서 눈에 띤다. 미스코리아의 등수는 진, 선, 미로 이루어져 있고 올림픽의 순위는 금메달, 은메달, 동메달 등과 같이 셋으로 구성된다. 대부분의 세상 사람들은 하루에 아침, 점심, 저녁 등의 세 끼를 먹는다. 색상과 빛은 각각 3원색으로 다른 색깔과 빛을 만들어낼 수 있다. 민주 정부에서는 입법부, 행정부, 사법부로 삼권이 분리되어 있으며 군대도 육군, 해군, 공군으로 구성되어 있다.

드라마에서도 3각 관계의 스토리가 인기 있다. 이 세상에서 가장 안정된 도형이 삼각형이라서 이집트의 피라미드가 삼각형을 기본으로 삼고 있다고 하지만 드라마에서는 3각 관계의 당사자들이 심적 갈등을 유발함에 따라 관객들로 하여금 불안감, 분노, 통쾌함, 안정감 등을 느끼도록 하여 드라마에 푹 빠져들게 만들어버린다.

야구에서는 3명이 아웃되어야 공격과 수비가 바뀌고 응원구호에서는 '나가자, 싸우자, 이기자' 등을 연속하여 외친다. 술자리에 늦게 온 사람은 '후래자 3배'라고 하여 연달아 술 세 잔을 마셔야 기존 멤버들과 합석할 수 있다. 술안주로 홍어, 돼지고기, 김치 등의 홍어삼합은 전라도에서 최고 인기 메뉴이다.

고스톱은 세 명이 치는 게임이며 3점이 나야 하고 쓰리고를 하면 점수가 두 배로 늘어난다. 고도리도 석 장을 취해야 하고 청단, 홍단, 초단도 각각 석 장을 얻어야 하며 광도 석 장을 취해야 3점이 되어 이길 수 있는 조건이 된다.

구슬이 서 말이라도 꿰어야 보배라는 말이 전해오며 맹자의 어머니는 자식교육을 위해 3번이나 이사를 했다는 맹모삼천지교가 요즘 부모들에게도 크게 관심 사항이 되고 있다. 삼국지의 유비도 제갈공명을 얻기 위해 삼고초려를 했다. 논리학에서 논증을 펼 때에 삼단논법이 널리 사용된다. 또한 논문은 서론, 본론, 결론 등으로 구성된다.

'참을 인(忍) 세 번이면 살인도 피한다'는 속담이 있다. 아무리 어려운 일이라도 참고 견디면 좋을 날이 찾아온다는 뜻이다. 상대방과 대화를 나눌 때에 아무리 화가 나도 3초 동안 속으로 생각하고 말하면 실수가 생겨나지 않아 인간관계가 좋아질 것이다. 이렇게 숫자 3

은 우리의 삶에 있어서 조화와 슬기로움을 선사하며 문화, 교육, 이
야기, 규범, 속담 등으로 전해 내려오고 있다. 우리들 삶의 번영과
행복을 위해 숫자 3에 대해 다시 한 번 곰곰이 생각해볼 때이다.

• 3의 세상

사람은 원시시대부터 이 세상의 모든 개체들을 분류하는 일에 익
숙해왔다. 이러한 분류 활동의 출발이 하향식이었는지 상향식이었는
지는 알 수 없으나 모든 개체들은 개념과 기능에 따라 가깝거나 혹
은 멀게 분류되어 우리들의 기억에 저장되고 있다. 예를 들어 사자,
기린, 코끼리 등은 각각 이름을 가지고 있으면서 이들은 모두 동물
로 분류되는데 이것은 상향식에 해당한다. 원시인들이 동물이라는
단어를 먼저 쓰고서 거기에 해당하는 각각의 개체를 생각하지는 않
았을 것이다. 상향식과는 반대로 어느 개념이 먼저 만들어지고 그
개념에 부합되는 각각의 개체가 뒤따르는 하향식은 과학 문명이 발
달하고부터 등장하기 시작했다.

동양에서는 옛날부터 우주의 만물을 음양(陰陽)으로 분류했다. 이
세상의 만물은 음과 양이 만나서 상극상생(相剋相生)의 조화를 이루
어야 한다고 믿었다. 음양의 원리를 배우지 않았던 서양에서도 갈등
과 대조를 이루는 2가지 분류법을 보편적으로 사용해왔다. 특히 형
태와 형질을 표현하는 말에는 항상 2가지 분류가 사용된다. 초등학
교 시절에 교육하는 '반대말 찾기' 학습은 아이들로 하여금 보다 쉽
게 어휘를 늘릴 수 있도록 해주기 위함이었다. '가볍다'라는 말에는

'무겁다'라는 반대말이 있고 '밝다'라는 말은 '어둡다'라는 말에 상응한다. 동서양을 막론하고 사람들은 이 세상의 만물들을 2가지로 분류하는 데에 익숙해져 있다.

오늘날 세계는 디지털 기술로 동작된다. 사람들은 단 몇 분이라도 스마트폰으로부터 떨어지려 하지 않는다. 인터넷은 지구를 가까운 동네로 만들어버렸다. 공간적으로 아무리 멀리 떨어져 있어도 그 먼 곳까지 메시지를 전달하는 데에는 수초밖에 걸리지 않게 되었다. 컴퓨터 속도가 빠르고 인터넷 속도가 증가할 수 있는 것은 바로 디지털 기술 덕분인 것이다. 0과 1로 이루어진 디지털 기술이야말로 '2분류'의 역작이라고 말할 수 있다.

그러나 이 세상의 모든 형태, 현상, 동작 등을 2가지로 분류하는 것이 우리들에게 행복을 안겨줄 수 있을까? 이어령은 이것이냐 저것이냐의 양자택일적인 선형적 사고에서 벗어나 모순되는 두 개의 이것과 저것 모두를 포용하는 순환적 사고가 필요하다고 말한다. 그는 디지털과 아날로그를 융합한 디지로그(digilog)를 도입해야만 우리나라가 디지털 강국에서 한 발 더 나아가는 길이라고 역설한다.

이제부터는 음과 양, 이것과 저것, 이전과 이후 등과 같이 세상의 모든 것들을 2가지로 나누는 것 대신에 3가지로 나눌 필요가 있다. 3가지로 나눌 때에 어느 요소들이 각각 포함되는지는 우리들 스스로가 자율적으로 정하는 것이다. 예를 들어 음과 양의 2가지에 음과 양의 조화를 또 다른 1가지로 구분하여 전체적으로 3가지로 분류할 수 있다. 혹은 음과 양의 조화 대신에 음과 양의 경계선을 제 3의 구역으로 분류할 수도 있는데 이는 음의 숫자와 양의 숫자의 경계점에 숫자 0이 존재하는 것과 동일한 이치이다.

일반적인 분류로 3을 넘을 경우에는 3가지로 분류함으로써 복잡하게 나열되어 있는 개체들의 구분을 보다 더 단순화시킬 수 있다. 예를 들어 성서의 십계명도 3가지, 즉 하느님과 인간의 관계, 인간의 행동, 인간과 인간의 관계 등과 같이 분류할 수 있는 것이다. 이 세상의 모든 정수는 3으로 나눌 때에 나머지가 0인 수, 나머지가 1인 수, 나머지가 2인 수 등과 같이 3종류만이 존재한다. 또 다른 예로는 이 세상에는 나, 너, 그리고 제 3자만이 있을 뿐이다. 혹은 나, 너, 나와 너 등과 같이 '우리'를 제 3으로 꼽을 수도 있다. 이는 나와 상대방 중의 한 사람이 이기고 지는 것이 아니라 둘 다 이길 수 있는 생산적인 사고를 유추할 때에 필요한 분류 습관이다.

어느 개그 프로의 유행어였던 '1등만 기억하는 더러운 세상!'이라는 말이 우리들의 삶을 되돌아보게 한다. 1등만 기억된다고 2등이나 3등의 삶은 실패한 것일까? 그렇지 않다. 3등까지는 괜찮을 듯하다. 우리들은 1등까지는 아니더라도 3등을 목표로 꾸준히 노력하면 성공에 이르기에 충분하다. 3등 안에 들어야 성공이냐고 묻는다면 사실은 할 말이 없다. 이 세상의 모든 분류는 우리들 각자의 몫이기 때문이다.

3은 1과 2를 아우르는 조화일 뿐만 아니라 1과 2에서 찾을 수 없는 또 다른 세계, 즉 독창성을 나타낸다. 미래의 세계는 탈대중의 시대로서 독창성과 창조성이 강조된다. 지금까지 습관적으로 믿고 행동했던 우리들의 삶 속의 여러 요소들을 새로운 시각인 3으로 분류함으로써 삶의 여유와 행복의 문을 활짝 열어보자.

Part <u>02</u>

철학 속의 3

• 3가지의 철학적 요구(회의, 모순, 절망)

사람들은 무엇 때문에 철학에 관심을 가지기 시작하고 이를 배우며 깊은 학문적 연구에 빠지는 것일까? 사람들에게 주어지는 철학적 요구는 무엇일까? '철학개론'에서는 이러한 철학적 요구에 3가지, 즉 회의(懷疑), 모순(矛盾), 절망(絶望) 등이 있다고 한다.

우리는 삶의 네트워크 내에서 생활하고 있다. 삶의 네트워크는 수많은 개체들로 구성되어 있다. 이러한 개체는 공간에 속하는 것들과 시간에 속하는 것들로 구분된다. 우리 자신과 삶의 네트워크의 개체들과의 상호작용이 우리의 삶이며 이러한 작용은 시간이 흐름에 따라 우리의 인생이 되는 것이다. 삶의 네트워크의 모든 개체들은 우리 자신과 직간접적인 영향을 서로 주고받고 있다. 우리와 공간적 시간적 거리가 가깝다고 하여 영향력이 크고 반대로 멀다고 하여 영향력이 약한 것은 아니다. 또한 직접적으로 연결되어 있다고 하여 영향력이 큰 것도 아니요 간접적으로 관계되어 있다고 하여 작은 것도 아니다. 어제의 현실이 오늘의 삶에 커다란 제약을 가하며 오늘의 현실은 또한 내일의 삶을 좌우하므로 이러한 영향은 공간뿐만 아니라 시간의 흐름에 따라 변화하는 것이다.

그런데 우리는 환경의 영향으로 순탄한 생활을 맞기도 하지만 때로는 참을 수 없는 고통을 당하기도 한다. 사랑하는 사람을 여읜다든가, 뜻하지 않은 질병으로 신음한다든가, 직장을 잃는다든가, 남에게 배신을 당할 때에 우리는 커다란 충격을 느끼며 삶에 회의를 갖게 된다.

인간이 그를 에워싸고 있는 환경과의 상호작용이 순조롭지 못한 문제 상황이 발생하면 우리의 상황은 불확실해지고 마음은 평정을 잃은 채로 고뇌하게 되며 생활에 커다란 차질을 입게 된다. 사람에 따라서는 현실적인 여러 문제들뿐만 아니라 인생의 근원적이고 궁극적인 문제들, 예를 들어 행복이란 무엇인가, 죽고 난 뒤에 저 세상이 있는 것일까, 정의란 무엇인가 등의 문제들을 곰곰이 생각하는 이도 있다. 어찌 보면 우리 주변에는 무수히 많은 문제들로 둘러 막혀 있는 셈이다. 하나의 문제를 풀면 다른 문제가 야기된다. 인생은 문제의 연속선이라고 말할 수 있다.

인생에 있어서 문제를 갖는다는 것은 곧 3가지의 철학적 요구(회의, 모순, 절망)를 갖는다는 것이다. 회의란 무엇이(what, 본질), 무슨 이유로(why, 근거), 무엇 때문에(for what, 목적), 어떻게(how, 방법) 등에 관한 물음이다. 본질에 대한 물음으로는 '나는 누구인가', '자연은 무엇인가', '신이란 무엇인가' 등이 있다. 근거에 대한 물음으로는 '나는 왜 태어났는가', '자연은 왜 변화무쌍한가', '신은 왜 존재하는가' 등이 있으며 목적에 관한 물음에는 '나는 무슨 목적으로 살아가

고 있는가', '자연의 목적은 무엇인가', '신은 무슨 목적으로 존재하
는가' 등이 있다. 방법의 측면에서는 '나는 어떻게 존재하는가', '자
연은 어떻게 변화하는가', '신은 어떻게 우주 만물을 다루는가' 등이
있다.

모순은 서로 대립관계에 있는 양측을 동시에 수용할 수 없음을 의
미한다. 돈이 없다는 사람이 비싼 물건을 구입하는 것은 모순이다.
돈이 없다는 사실과 비싼 물건을 구입한 사실을 동시에 인정할 수
없기 때문이다. 모순은 자연계와 인간계에 모두 나타난다. 모순은
자연계의 양전자와 음전자, 인간계의 자본가와 노동자 등과 같이 서
로 갈등하면서 동시에 서로 의존하려는 관계에서도 발생한다.

모든 것을 회의의 눈으로 바라볼 때 여러 가지 모순이 발견된다.
우리가 모순을 의식하면 그 모순이 생겨난 이유나 원인을 밝히려고
한다. 모순을 의식한다는 것은 모순을 해소하려는 마음으로 연결됨
을 의미한다. 모순의 해결방법들 중의 하나가 변증법이기도 하다.
헤겔은 인식이나 사물은 정(正)·반(反)·합(合)의 3단계를 거쳐서
전개된다고 생각하였으며 이 3단계적 전개를 변증법이라고 생각하
였다. 정(正)의 단계란 그 자신 속에 실은 암암리에 모순을 포함하고
있음에도 불구하고 그 모순을 알아채지 못하고 있는 단계이며, 반
(反)의 단계란 그 모순이 자각되어 밖으로 드러나는 단계이다. 그리
고 이와 같이 모순에 부딪침으로써 제 3의 합(合)의 단계로 전개해
나간다.

절망은 인생의 좌절에서 나타난다. 사랑하는 사람을 잃었을 때,
불치의 병에 걸려 신음할 때, 뜻하지 않은 사고로 사업이 실패할 때
우리는 커다란 좌절을 체험하게 된다. 그러나 사람은 언제까지나 절

망을 절망으로서 감수하지는 않는다. 인간은 절망에 직면하여 어떻게 살아가느냐에 따라 그 사람이 어떤 사람이 되는가를 이해할 수 있다. 따라서 절망은 새로운 삶에로의 출발이기도 하다.

우리는 가정, 직장, 사회에 대해서 모순과 위기를 느끼며 저마다 자기의 삶에 불안을 느끼고 있다. 우리는 현실에 민감하면 할수록 여러 가지 문제들에 봉착한다. 인생에 있어서 문제를 갖는다는 것은 철학적 요구를 갖고 있다는 뜻이므로 철학은 모든 사람의 생활의 도구인 것이다. 비록 철학은 돈을 버는 방법을 가르쳐주지는 않지만 삶의 문제를 풀어가는 가장 중요한 방향이라고 말할 수 있다.

• 3가지의 철학 개념

철학이란 무엇인가? 일반적으로 사람, 기관, 사회 등에서 어떤 가치관을 고상하게 표현하려 할 때 어떠어떠한 철학이라고 부른다. 삶의 철학이니 경영철학이니 사회철학이니 하는 말들은 가치관, 신념, 태도 등에 해당하는 것들이다.

그러나 학문적 측면의 철학은 한마디로 가장 참된 것을 알려고 하는 마음가짐과 노력이다. 이것을 기반으로 철학의 개념은 3가지, 즉 '사랑으로서의 철학', '지식으로서의 철학', '경계점에서 바라본 철학' 등으로 구분된다. '사랑으로서의 철학'은 지혜를 사랑하는 마음가짐, 즉 지혜를 대하는 행동을 의미한다. '지식으로서의 철학'은 참된 지혜 자체를 뜻한다. '경계점에서 바라본 철학'에서는 철학이 과학과 종교의 경계점에 위치함을 나타낸다.

첫 번째의 '사랑으로서의 철학'은 그리스 말의 필로소피아 (philosophia), 즉 '지혜(sophia)에 대한 사랑(philos)'에서 출발하였다. 인간은 스스로 지혜를 가질 수 없고 오직 지혜를 사랑할 뿐이라고 깨달은 사람들이 사용했다. 이것은 스스로 지혜가 있는 사람이라고 자랑하던 소피스트에 맞서서 썼던 말이다. 소크라테스(B.C. 470～ 399)는 사람으로서 영혼을 잘 가꾸는 일이 무엇보다도 중요한데 이를 위해서는 지혜를 사랑해야 하며 사람답게 사는 길이 곧 철학이라고 말했다. 이와 같은 철학을 위해서는 무엇보다도 자기도 남과 마찬가지로 지혜가 없다는 것을 뼈저리게 깨달을 때 비로소 지혜를 정말로 사랑하게 된다고 한다. '너 자신을 알라'는 것은 지혜가 없다는 것을 스스로 깨우치라는 의미이다.

플라톤(B.C. 427～347)은 철학이 곧 사랑이라고 말하면서 철학의 개념을 지혜 쪽보다 사랑 쪽에 그 중심을 두었다. 사랑이라는 것은 아름다움에 대한 그리움이다. 사랑이 아름다움을 그리워한다는 것은 사랑 자체는 아름다움이 아니라는 의미가 된다. 그렇다고 사랑이 미움은 아니다. 밉기만 하면 아름다움을 그리워할 수조차 없기 때문이란다. 사랑은 미도 추도 아닌 중간 존재에 해당한다. 마찬가지로 선과 악의 중간 존재, 지와 무지의 중간 존재가 바로 사랑이다. 이러한 중간 존재가 바로 사람의 본성을 뜻한다. 미, 선, 지는 이상에 해당하고 추, 악, 무지는 현실을 나타낸다. 사람은 본성적으로 사랑을 추구하는 존재, 즉 현실에 발을 딛고 높은 이상을 향해 끊임없이 힘을 써야 하는 존재인 것이다.

칸트는 학생들에게 철학을 가르치는 것이 아니라 '철학하는 것'을 가르칠 뿐이라고 말했다. 그는 '철학하는 것'을 '철학에 대한 사랑'으로서 철학을 그리워하고 그것을 위해 모든 정성과 힘을 다 기울이는 것을 뜻하였다.

1874년에 일본에서 출판된 책 속에서는 필로소피아가 희철학(希哲學) 또는 철학(哲學)으로 번역되었는데 이는 필로소피아를 '철인(哲人)이 되려고 하는 학문'이라고 보았기 때문이다. 여기에서는 철학이 '사랑으로서의 철학'으로 받아들여졌던 것이다.

두 번째의 '지식으로서의 철학'은 아리스토텔레스(B.C. 384~322)로부터 시작되었다. 소크라테스와 플라톤은 지혜는 원래 신의 것이고 사람이 지닐 수 있는 것이 아니라고 생각했다. 사람은 단지 지혜를 사랑할 뿐이라는 것이다. 그러나 아리스토텔레스는 철학이 지혜에 대한 사랑이라기보다 오히려 사랑을 통해 얻은 지식들 중에서 가장 참된 것이라고 주장했다. 즉, 그는 지식으로서의 철학을 강조했던 것이다. 그는 철학을 모든 체계적인 지식이라고 넓게 잡기도 했다. 그는 수학, 자연학, 신학 등을 '이론적인 철학'들이라고 말했는데 이들 중에서 신학이야말로 참된 철학이라는 의미로 '제 1철학'이라고 불렀다.

헤겔은 칸트와는 달리 사람은 지혜에 대하여 사랑에 그치지 않고 지혜에 다다를 수 있다고 보았다. 그는 가장 참된 지식이 절대지(絶對知)이며 이러한 절대지가 바로 철학이라고 말했다. 이와 같이 헤겔은 철학을 '지식으로서의 철학'으로 내세웠다.

세 번째의 '경계점에서 바라본 철학'이라는 것은 철학과 가장 인접한 학문에 관한 내용이다. 앞에서 살펴본 바와 같이 철학이란 가장 참된 것을 알려고 하는 노력이다. 진리를 알아내려 노력한다는 점에서 철학은 과학과 깊이 통하는 면이 있다. 특히 자연과학은 모든 물체의 본질과 다른 물체들과의 상호작용, 동물과 인간 사이의 관계 등을 연구하는 분야이지만 실험을 통하지 않고 가설적 접근 부분에서는 철학과 깊은 관련성이 있다 하겠다. 그러나 가장 참된 것을 문제 삼는다는 점에서 철학에는 종교와 통하는 면이 있다. 종교에서 믿음으로 전개되기 위해서는 반드시 앎이 우선되어야 한다. 즉, 종교의 믿음은 지식적 탐구가 필요한 것이다. 이와 같이 철학은 과학과 종교 사이에 놓여 있다고 말할 수 있다. 물질에 관한 학문은 과학과 철학의 경계점이고 형이상학과 영혼에 관한 것은 철학과 종교와의 만나는 부분이다.

• 3가지의 개념 종류

개념이란 무엇인가? 소크라테스는 철학을 '개념의 학'으로 자각한 최초의 철학자이다. 개념은 인간의 사고활동에서 필요로 하는 기본 형태이다. 개념은 어떤 대상을 파악하기 위한 부호이며 명명작용(命名作用)이라고 말할 수 있다. 부호는 한 사물을 다른 사물과 대조하여 함수관계로 표현하는 분석에 사용된다. 분석은 수학이나 자연과학에서 큰 비중을 차지하는 논리적 이성의 기능이다.

개념이 언어로 표현되면 그것을 명사(名辭)라고 한다. 명사에는 고유명사와 보통명사가 있듯이 개념에도 소크라테스, 대한민국 등과 같은 개별적 개념과 과학과 수학에서 사용되는 일반개념이 있다. 개념화 작업은 그 개별성보다 일반화적 성격을 갖는다. 예를 들어 학교나 동물 등의 보통명사는 일반성을 나타낸다. 여러 개별적 '배우는 곳'들을 일반화하여 학교라고 명명하고 사자, 호랑이, 개 등의 공통점을 집약하여 동물이라고 부른다.

개념은 3가지의 종류, 즉 이성적 개념, 감각적 개념, 영성적 개념 등으로 분류된다. 첫 번째의 이성적 개념은 감각적 경험에 기초하지 않은 개념들을 말한다. 빨간색을 본 사람은 빨간색의 심상(image)을 가짐으로써 감각적으로 빨간색 개념을 획득할 수 있다. 그러나 맹인도 색깔과 빛의 파장과의 대응관계를 성립시킴으로써 비록 색의 심상을 가질 수는 없어도 색채에 대한 개념을 가질 수 있다. 이성적 개념은 이와 같이 심상 없이도 관념(idea)을 통해 획득할 수 있는 개념들을 의미한다. 자유, 성실성, 실존 등과 같은 것들은 감각적으로 획득할 수 없는 이성적 개념들이다.

데카르트 이래 이성론자들은 사람이 이성적 개념 파악 능력을 태어날 때부터 가지고 있어서 이성을 지닌 인간이라면 감각적 경험 없이도 누구나 원인의 개념과 신의 개념을 가질 수 있다고 주장한다. 그러나 현대 심리학의 연구 결과는 이러한 이성적 개념의 생득설(生得說)에 대해 치명적인 타격을 안겨주었다.

두 번째의 감각적 개념은 영국의 철학자 로크가 주장한 개념경험론에서 제기된다. 경험론자들은 개념(concept)이라는 말 대신에 관념(idea)이라는 용어를 사용하며 모든 개념은 경험에서 유래된다고 주장한다. 이러한 경험은 시각 및 청각과 같은 외관(外官)과 아픔 및 기쁨의 경험과 같은 내관(內官)에서 유래한다. 경험론자들은 직접적 경험 없이는 어떠한 개념도 가질 수 없다는 것이다. 그러나 우리는 감각적 경험 없이도 수많은 개념을 가질 수 있다. 우리가 빨간색을 본 적이 없으면 빨간색의 심상(心像)을 가질 수 없는 것이 사실이다.

그러나 우리는 감각적 경험이 불가능한 자외선에 대하여 그것의 심상을 가질 수는 없어도 자외선의 개념을 가질 수는 있다.

감각적 개념은 우리들의 경험적 체험만을 통해 획득할 수 있는 것이다. 그러나 이성적 개념은 자신이 획득한 기존 개념들을 바탕으로 유추함으로써 개념의 폭을 넓힐 수 있는 것이다. 독서나 다른 매체들을 접근하는 것이 간접경험이라면 이성적 개념도 감각적 개념과 마찬가지의 성격이라고 말할 수 있으나 이성적 개념은 인간의 분석과 판단에 근거하기 때문에 별도로 구분할 필요가 있다 하겠다. 우리는 이성적 개념과 감각적 개념의 둘 다를 통해 모든 개체들의 개념을 파악하고 있다고 말할 수 있다.

세 번째의 영성적 개념은 신에 대한 관념을 뜻한다. 로크는 영성적 개념도 감각적 경험에 기초하여 획득할 수 있다고 주장했다. 그는 이러한 주장을 위해 모든 관념을 단순관념과 복합관념으로 구분하였다. 감각적 경험 없이도 직접 경험을 통해 획득한 단순관념을 복합함으로써 복합관념을 가질 수 있다고 주장했다. 그는 신의 관념을 복합관념으로 보고 그것을 구성하는 수많은 단순개념들을 인위적으로 자유롭게 통합함으로써 신의 관념을 알게 된다는 것이다.

그러나 신의 존재에 대한 경험 없이도 신의 관념을 가질 수 있을까? 단순히 신은 인간과 달리 전지전능하다는 생각만으로 그 개념에 접근했다고 볼 수는 없다. 신에 대한 개념은 이성의 힘만으로는 부족하다. 감각적 경험이나 이성적 사고를 뛰어넘어 신에 대한 믿음이 있어야만 신에 대한 개념 획득이 확실하다고 말할 수 있을 것이다.

• 상식, 과학, 철학의 구분

철학은 과학과 어떻게 구분 짓는가? 또한 과학은 상식과 어떻게 구분 지을까? 이들 3가지 분야는 일반성, 객관성, 주관성 등의 파라미터에 따라 경계 지을 수 있다. 상식에서는 일반성이 제 1의 파라미터이며 과학은 다른 분야들과 비교하여 객관성이 강조되고 철학은 상대적으로 주관성이 크게 포함되어 있다.

첫 번째로 상식은 '네이버 사전'에 의하면 두 가지, 즉 ① 일반인(一般人)이 공통(共通)으로 가지고 있거나 또는 가지고 있어야 할 보통(普通)의 지식(知識) ② 누구나 가지고 있는 흔해 빠진 생각이나 지식(知識) 등으로 정의되어 있다. 따라서 상식은 과학, 경제, 정치, 사회, 문화 등의 분야에서 일반 사람들에게 널리 알려져 있는 보통 지식이라고 말할 수 있다.

두 번째로 과학은 상식과 같은 일상적인 앎과 대비해볼 때보다 엄밀한 지식에 해당한다. 동물도 인간처럼 경험기능들을 어느 정도 지니고 있다. 일부의 동물은 지각과 동시에 기억능력도 가지고 있다. 그러나 동물에게는 이성적 기능이 결여되어 있다. 동물에게는 사고의 조건인 추상화의 능력, 일반개념을 형성하는 능력, 언어능력 등이 없다. 이외에도 동물은 유사나 대칭과 같은 관계 등에 관한 판별력뿐만 아니라 원인의 능력인 경이감이 결여되어 있다. 인간은 '왜(why)'를 연발하며 모든 존재가 그 존재이유를 가지며 설명할 수 있다는 것을 알고 있다. 이러한 인간의 일상적 앎 속에는 이미 과학의 싹이 포함되어 있다.

과학적 지식이 상식과 구별되는 사항은 무엇인가? 첫째로 과학은 객관적이기 때문에 보다 확실한 앎에 해당한다. 둘째로 과학은 객관성에 바탕을 두므로 보다 정확하다. 일상인들은 '오늘은 춥다' 등의 질(質)에 만족하지만 과학자는 기호화된 분석에 힘쓴다. 셋째로 진정한 과학은 원인을 인식한다고 베이컨이 말한 것처럼 과학은 합리성을 추구한 결과를 통해 보다 체계적인 성격을 지닌다.

과학은 엄밀하게 수집된 광범위한 관찰 사실 자체가 아니다. 탐구된 결과로서의 과학적 지식은 관찰 사실과 함께 법칙, 이론 등이 결합된 것이어야 한다. 과학에서는 실험과 관찰에 의해 얻은 결과를 가지고 그것에 추론을 가하여 이론적인 체계를 구성한다. 이러한 추론에는 연역법과 귀납법이 동원된다.

과학의 역사는 연속적 변화 대신에 일정한 단계마다 질적으로 다른 비연속적 변화가 진행되며 거듭되는 과학적 혁명을 통해 발전한다. 쿤이 '과학적 혁명의 구조'에서 제시한 '패러다임' 개념은 사고와 실험의 방향을 정해놓는 이론적인 틀을 의미한다. 패러다임이란 일정한 기간 동안에 성숙된 과학자 집단이 채용하는 방법, 문제영역, 해결기준의 원천에 해당한다. 코페르니쿠스의 지동설, 뉴턴의 역학, 아인슈타인의 일반상대성 이론 등은 낡은 패러다임을 버리고 새로운 패러다임들을 채용함으로써 일으킨 과학혁명에 해당한다.

자연법칙은 자연계에서 발생하는 사건들의 규칙성이다. 과학의 대상이 되는 사건은 반복해서 일어나는 사건이어야 한다. 자연법칙은 보편적 경험명제이어야 한다. 즉, '모든 철은 산소에 접촉하면 녹슨다'와 같이 전칭명제(全稱命題)가 아니면 안 된다. 자연법칙은 예측의 바탕이 되는 것이므로 미래에도 적용 가능해야 한다. 자연법칙은 다른 법칙들과 연관되어 하나의 체계를 구성할 수 있어야 한다.

예를 들어서 '모든 까마귀는 검다'라는 말은 다른 법칙과 연관되어 있지 않고 단 한 가지의 사실에 관한 하나의 증거만을 가진다. 그러나 '모든 까마귀는 죽는다'라는 전칭명제는 다른 생물들도 죽는다는 일반법칙과 연관되어 있으므로 자연법칙으로 간주될 수 있는 것이다.

법칙과 이론은 어떻게 다른가? 법칙은 발견되는 것이지만 이론은 구성되거나 고안된 허구라고 말할 수 있다. 과학에 있어서 직접적으로 경험하거나 관찰하지 않았어도 그것이 마치 있는 것처럼 상정하는 일이 반드시 필요한데 이를 이론적 실체라고 한다. 물속에 설탕을 타면 전체가 달게 되는데 이러한 결과를 설명할 때에 육안으로 보이지 않는 작은 알맹이들, 즉 '소립자의 집합'이라는 상정이 크게 도움이 되었다. 원자의 이론은 이와 같이 관찰 불가능한 이론적 실체를 상정한 결과물이다.

세 번째로 철학은 그 어원인 '지혜에의 사랑'에도 나타나 있듯이 끊임없는 지적 탐구활동의 산물이다. 지혜는 지식(과학)의 총체를 의미해왔다. 지혜와 지식을 구별한다면 지혜는 주로 실천 면에 있어서의 가치에 관계하고 지식은 이론적 측면에 있어서의 사실에 관계한다.

근대 이후 수세기에 걸쳐 철학의 모체로부터 수많은 개별과학이 분가해나갔다. 그 결과 한때 철학에 고유한 것으로 남은 것은 형이상학과 그것에 기초한 윤리학뿐이었다. 경험에만 근거해서는 해답할 수 없는 문제들, 예를 들어 정신과 신의 문제, 인식론적인 문제, 가치의 문제들만이 남게 되었다.

철학은 과학자들에게 새로운 문제감각을 줄 수 있다. 철학자들이 가지고 있는 회의와 비판의 정신은 분과과학의 일면성과 그 편견을 시정해줄 수 있을 뿐만 아니라 과학자들이 자명한 것으로 가정하고 있는 모든 원리와 방법마저도 문제로 제기하여 비판의 대상으로 삼는다. 철학은 협소한 자기 전공분야에만 매몰되기 쉬운 전문가들에게 그들의 관심과 문제를 인간과 세계의 탐구의 총체 속에 통합되도록 이끌 뿐만 아니라 전문가적 편견에서 눈을 뜨도록 자극할 수 있다.

과학은 실증적이요 객관적인 연구이다. 실증적인 지식과 가치판단은 결코 서로 무관할 수가 없다. 과학이 인류 생존과 인간성의 존엄에 대한 휴머니즘과 건전한 가치판단을 회복할 수 있기 위해서는 철학이 마련하는 가치감각을 언제까지나 외면할 수는 없을 것이다.

● 철학의 3대 분야(실재, 인식, 가치)

철학은 우리 삶 주변의 모든 문제들을 다루는 학문이다. 이들 문제는 삶의 네트워크에서 하나의 개체 혹은 개체들의 묶음, 개체들 사이의 관계 등에서 연유된다. 인간을 중심으로 보면 이러한 문제들은 관찰 대상, 관찰 주체, 관찰 행동 등으로 구분할 수 있다. 따라서 철학이 다루는 3대 분야는 관찰 대상인 실재(實在)에 대한 문제, 관찰 주체를 다루는 인식에 대한 문제, 관찰 행동에 관한 가치에 대한 문제 등으로 나눌 수 있다.

첫 번째로 실재에 대한 문제는 형이상학(形而上學) 분야로서 한마디로 참된 실재를 제대로 알아내려는 분야이다. 참된 실재는 사람의 마음 밖에 별도로 존재하는 진정한 그 무엇이다. 이것을 철학에서는 실체(實體)라고 한다. 이러한 실체를 제대로 알아내려면 감각이 아닌 이성이 요구되었을 뿐만 아니라 물질적인 것으로부터 벗어나서 깨끗한 마음으로 돌아가는 노력이 필요로 했다.

참된 실재라는 것을 무엇으로 보느냐에 따라 형이상학은 두 갈래, 즉 유심론(唯心論)과 유물론(唯物論) 등으로 나누어진다. 유심론에서는 참된 실재를 어떤 마음과 같은 것이라고 보지만 여기에서는 물질을 제대로 밝히기 어렵다. 물질은 마음과는 아주 다르기 때문이다. 유물론에서는 어떤 물질적인 것을 참된 실재라고 보는데 마음이 물질과는 아주 다르기 때문에 마음을 제대로 밝힐 수 없게 된다.

유심론이나 유물론으로는 참된 실재를 밝힐 수 없다는 의견을 제시하며 참된 실재를 정신적인 것과 물질적인 것의 두 가지로 보는 이원론(二元論)이 대두되었다. 데카르트도 이원론을 주장하였는데 그는 아주 본질적으로 서로 다른 두 가지 실체가 곧 정신과 물질이라고 본다. 그러나 여기에서도 정신과 물체의 관계를 설명하는 어려움이 제기된다. 다른 한편으로 형이상학에는 참된 실체를 그 수효에 있어서 하나로 보는 일원론(一元論)과 두 가지보다 많다고 보는 다원론(多元論)이 있다. 그러나 일원론은 사물들의 복잡한 현상을 설명하기 어렵고 다원론은 현상들의 관계를 설명하기 어렵다.

두 번째로 인식에 대한 문제, 즉 인식론은 한마디로 '제대로 안다는 것'이 무엇이냐를 따지는 분과이다. 사람에게 참된 지식이 어떻게 얻어지는가를 다루는 분야가 인식론이다. 플라톤이나 아리스토텔레스는 사람에게 이성이라는 특별한 능력이 있어서 지식을 얻을 수 있다고 믿었다. 중국의 맹자는 사람의 본성 속에 이미 지(智)라고 하는 옳고 그름을 가리는 능력이 있어서 이것을 통해 참된 지식을 얻을 수 있다고 믿었다.

그러나 서양에서는 근대에 들어와 인식론에 대해 깊은 반성을 하게 되었다. 칸트는 사람이 본래 참된 실재를 제대로 알 수 없다고 주장하였다. 칸트 뒤에 등장한 헤겔은 참된 지식을 사람이 알아낼 수 있다고 주장했다. 근대 이후에 서양철학에서는 형이상학과 인식론이 거의 맞먹는 커다란 두 줄기를 이루고 있는 분야이다.

세 번째로 가치론은 사람이 살아가는 데 있어서 가장 중요한 가치들을 다루는 분야이다. 가치론에서는 모든 사람들에게 널리 받아들여지고 있는 중요한 가치들, 즉 진(眞), 선(善), 미(美), 성(聖) 등과 같은 것들이 다루어지고 있다. 이러한 가치들을 전문적으로 다루기 위해 논리학, 윤리학, 미학, 종교철학 등과 같은 분야가 저마다의 몫을 다하게 된다. 이들의 분야를 규범학(規範學)이라고 하는데 이러한 규범학이 이론적인 학문과 다른 영역인가에 대한 의문이 제기되기도 한다. 이론적 학문은 사실을 살피는 데 그치는 순수한 이론적 태도를 가지고 있지만 사실이 마땅히 어떻게 있어야 한다는 당위(當爲)의 태도가 바로 가치론에 해당한다는 것이다. 따라서 규범학은 이론적 학문과 그 맥을 같이한다는 주장이 제기된다.

철학의 분야는 개체, 인간, 가치 등이 주를 이룬다고 말할 수 있다. 개체 분야는 진리를 밝히려는 과학 등의 학문들로 분화되었다. 인간 분야는 인류학, 역사학, 심리학 등으로 전개되어 왔다. 가치 분야에는 대표적으로 윤리학이 있다. 서양철학에서는 세 분야 모두에 대해 관심이 높았지만 동양철학에서는 상대적으로 개체 분야에 대한 관심도가 높지 않았다고 생각한다.

• 실재(實在)에 관한 3가지 의론

철학에서는 인간 밖의 대상에 대해 궁금증을 가졌다. 우리가 바라보고 있는 물체가 외부에 실제적으로 존재하는 것인가 아니면 존재하지 않는데도 감각적으로만 느끼고 있는 것인가에 대한 문제인 것이다. 인간 밖의 실재와 인간의 감각기관 사이의 관계에 관해서 3종류, 즉 실재론(實在論), 관념론(觀念論), 현상론(現象論) 등이 제시되어 왔다.

첫 번째로 실재론에서는 우리의 의식작용 밖에 독립적으로 대상들이 실재한다고 주장한다. 이러한 실재론은 소박실재론(素朴實在論)과 대표설(代表說) 등으로 구분된다. 우선 소박실재론에서는 물리적 대상은 지각과는 독립적이어서 지각과 상관없이 역시 존재하며 우리는 감각에 의해 물리적 세계를 거의 있는 그대로 지각한다고 주장한다.

그러나 우리의 지각은 지각 기관의 본성에 따라 결정된다. 예를 들어서 사탕을 먹은 후의 사과 맛은 달라지기 마련이다. 또한 우리 인간은 착각에 의해 사물을 있는 그대로 지각하지 못하는 경우가 있다. 곧은 막대라도 그 반을 물에 넣으면 굽어보인다. 파란 색안경을 끼고 보면 외부의 물리적 대상들이 파랗게 보인다. 이러한 반성을 더욱 깊게 하면 우리는 대상들의 존재에 관해 점점 더 회의적으로 된다. 데카르트는 의심하는 자신을 제외하고는 이 세상의 물리적 대상들이 실제로 존재하지 않을는지 모른다고 의심했다.

대표설(representationalism)은 과학적 실재론을 뜻한다. 과학적 실재론에서는 대상을 감각적 성질 부분과 이성적 성질 부분으로 나누는 인식이원론(認識二元論)을 주장한다. 대상의 이성적 성질은 수학적으로 측정 가능한 특성을 의미한다. 수학적으로 측정 가능한 대상의 성질을 제1성질이라 부르는데 여기에는 크기, 형, 무게 등과 같은 것이며 감각적 성질인 제2성질에는 색깔, 냄새 등을 지칭했다. 대표적 실재론은 우선 감각경험이 그 외부에 존재하는 물리적 대상들로부터 연유되며 우리의 감각경험의 체계는 질서 있고 정합적인 상태를 유지하는 물리적 세계로부터 온다고 주장했다. 감각경험과 물리적 실재와의 관계는 거울에 비친 실물의 관계 혹은 사진과 그 실물의 관계와 같은 모사, 반영 등의 관계라는 것이다. 데카르트는 제1성질밖에 갖지 않은 외계가 존재한다고 주장했는데 이는 눈에 보이지 않는 전자(電子)가 실제로는 존재함을 뜻하는 것이다.

그러나 로크나 데카르트의 대표설이 지닌 난점을 파헤친 사람은 영국경험론자 중의 버클리였다. 그는 제2성질은 제1성질과 분리시킬 수 없다고 주장했다. 하나의 사물도 가까운 데서 본 것과 먼 데서 본 것이 다르고 여러 가지 보는 각도에 따라 그 모습이 달라진다. 그러므로 형이나 크기와 같은 제1성질도 색깔과 냄새처럼 가변적이다. 또한 오늘날 색깔도 크기처럼 광의 파장에 의해 측정할 수 있게 되었다. 따라서 측정가능성 유무가 제1성질과 제2성질을 구별해주는 기준이 될 수 없다는 것이다.

두 번째의 관념론에서는 정신으로부터 독립하여 존재하는 물리적 대상은 없다고 주장한다. 버클리는 모든 실재는 정신에 의해 지각된 것이고 정신과 독립적으로 존재하는 외계는 따로 있을 수가 없다고 주장했다. 그는 방 안에 책상이 있다고 할 때 실제로 책상이 있음을 의심하는 것은 아니다. 책상이 있다는 것을 알게 되는 것이 책상 자체에 의해 야기되었다는 주장을 그는 부인한다. 그는 책상이라는 물리적 대상도 모두 감각경험의 반복적인 패턴이거나 감각경험의 복합에 붙인 이름에 불과하다고 본다. 그는 물리적 대상의 제 1성질을 인정하지 않고 그것도 제 2성질의 묶음이거나 그 복합이라고 간주한다. 책상 표면의 감각경험은 질서 있는 연속을 이룬다. 형의 모든 연속은 하나의 족(族, family)을 이루고 있다. 대표적 실재론자들이 상정한 물리적 대상이나 형이상학자들의 실체는 버클리에 의하면 감각경험의 족 이외의 다른 것이 아니다.

버클리는 우리의 경험이 진정인가 환각인가의 결정적 기준은 그 족의 질서 유무라는 것이다. 환각 상태에서는 무질서의 경험만을 느끼게 되는데 예를 들어서 술에 취한 사람 눈에 핑크색 쥐가 보이고 만져볼 수 있다고 해도 시각과 부합되는 촉감경험은 가질 수 없다. 버클리는 우리의 경험이 진정인가 환각인가의 결정적 기준은 우리의 감각경험들 간의 상호관계라고 주장한다. 즉, 어떤 대상에 대해 눈으로 본 것에 만져본 것이 부합되면 진정한 경험이라고 할 수 있다는 것이다.

그러나 '물리적 대상이 경험되지 않고도 존재한다는 것은 자기모순이다'는 관념론의 명제에 가장 큰 난점이 있다. 우리는 전자(電子)의 예에서와 같이 경험하지 않고도 과학적 지식을 통해 물리적 대상의 존재를 믿을 수 있기 때문이다.

세 번째로 현상론은 대표적 실재론과 관념론의 입장을 지양하여 새로운 해결을 시도하기 위해 등장했다. 현상론에서는 물리적 대상이 현실적일 뿐만 아니라 가능적인 감각경험의 족이라고 주장한다. 현상론자인 에어는 관념이라는 용어 대신에 감각여건(感覺與件,

sense-data)이라는 용어를 사용하는데 그 이유는 감각여건이 정신적인 것도 물리적인 것도 아닌 중성적인 존재자를 뜻하기 때문이라고 한다. 에어는 모든 지식이 경험에 기초해 있고 경험을 초월한 지식은 인정할 수 없다는 점에서 철저한 경험론자이다.

현상론에서는 데카르트 등 형이상학자들이 옹호하는 사유적(思惟的) 실체인 정신뿐만 아니라 연장적(延長的) 실체인 물체도 온당한 철학적 범주의 자격을 가질 수 없게 된다. 그렇다면 물체나 정신은 무엇인가? 현상론에 따르면 물체나 정신은 현실적 또는 가능적인 감각여건의 집합이며 그들이 차이는 서로 다른 성격과 관계에서 온 것에 불과하다는 것이다. 관념론에 대해 현상론의 이점은 물리적 대상을 '가능적' 감각여건의 논리적 구성으로 이해함으로써 그 존재를 긍정할 수 있게 되었다는 점이다.

현상론에서는 현실에서 지각할 수 있는 대상은 그 존재를 인정할 수 있고 현실에서 지각 불가능한 대상이라도 그 지각이 가능해지면 그 존재를 인정해야 한다는 것이다. 현상론은 이와 같이 경험론적인 관념론을 보다 완화시켜 수정한 이론이다. 현상과 실재에 관하여 현대 철학자들은 낡은 형이상학을 탈피하고 현상론에까지 도달하고 있지만 이 현상론도 다시 수정되거나 변경될 운명에 놓일 것이다.

• 인식론(認識論)에 관한 3가지 의론

고대나 중세의 철학은 우주의 최고 존재나 초월적 신의 존재를 탐구하고 이를 통해 세계를 설명하려는 존재론에 중점을 두었다. 그러나 근세의 철학에서는 인간이 신의 계시나 교회의 권위로부터 독립하여 세계를 이해하려고 했기 때문에 인간의 인식론이 대두되기 시작했다. 이러한 인식론은 3가지 의론, 즉 이성론(Rationalism), 경험론(Empiricism), 칸트의 비판철학 등으로 구분 지어 있다.

첫 번째로 이성론에서는 진리를 파악하는 능력이 선천적 능력, 즉 이성에 근거한다고 주장한다. 명석하고 판명하며 또한 필연적이고 보편적인 진리를 파악하기 위해서는 만인에게 공통되고 보편적인 능력이 전제되어야 한다. 그런데 후천적으로 얻어진 심적 능력은 각자의 경험에 따라서 항상 동일하지는 않으므로 진리를 파악하기 위해서는 선천적인 능력이 있어야 한다는 것이 이성론의 주장이다.

이성론은 합리론이라고도 불리며 유리론(唯理論)이라고도 한다. 이성론에서는 선천적인 인식능력으로서 이성의 존재를 인정하고 이는 경험으로부터 독립해서 만인에게 공통된다. 그리고 확실한 인식은 오직 이와 같은 이성의 순수 사유에 의해서만 가능하다. 즉, 확실한 인식의 근본 원리는 본유관념(本有觀念)에 의해서만 나타난다. 또한 본유관념에 의한 확실한 진리로부터 출발하여 다른 진리들을 연역법으로 이끌어낸다. 그리고 경험적 지식은 보편타당성이 없으며 따라서 상대적이라는 것이다.

두 번째로 경험론에서는 우리의 인식이 선천적인 본유 관념에서 유래하는 것이 아니라 후천적인 경험으로부터 유래한다고 주장한다. 경험론에서는 첫째, 어떠한 선천적 인식능력도 있을 수 없다. 둘째, 직접적인 경험만이 가장 확실하고 지식의 유일한 원천이다. 셋째, 이성은 우리에게 아무것도 가져다주지 않으며 다만 경험에 의해서 얻어진 표상을 분석하고 결합할 뿐이다. 넷째, 일체의 지식의 증가와 진보는 모두 경험에 의존하고 가장 추상적인 개념이나 원리까지도 경험에 의해서 성립된다. 다섯째, 경험적 사실을 출발점으로 하기 때문에 철학의 방법으로는 귀납법을 취한다.

경험론자인 로크는 합리론자들이 주장하는 것처럼 신의 관념이라든가 동일률(同一律)의 원리 같은 것이 생득적이라면 모든 사람에게 있어야 하고 또한 서로 일치해야 하는데 바보나 미개인이나 어린아이들에게는 그러한 관념이 없으며 설사 있다 하더라도 일치하지 않는다고 제기한다.

세 번째로 칸트의 비판철학(批判哲學)은 합리론과 경험론의 대립을 넘어선 보다 높은 입장에서 이들 두 입장을 포괄하는 고차적(高次的)인 길이다. 칸트는 우리가 책상을 책상으로서 인식할 때 우리는 먼저 책상의 형상, 색, 크기 등을 감각한다고 말한다. 그런데 이러한 감각경험이 성립되기 위해서는 시간과 공간이 전제되어야 한다는 것이다. 즉, 책상을 감각하기 위해서는 언제와 어디서라는 전제가 요구된다. 그러나 감각은 본래 개인적이고 상대적이기 때문에 책상을 제대로 인식하기 위해서는 감각을 통일해서 판단하는 사유작용이 추가되어야 한다. 사유에는 반드시 저마다 형식이라는 것이 있는데 그것을 범주라고 한다. 따라서 이 범주 없이는 책상이라는 인식은 성립되지 않는다.

그는 인식이 성립되기 위해서는 감각이 필요하지만 하나의 사물의 인식을 구성하기 위해서는 먼저 시간과 공간과 범주를 전제로 해야 한다고 주장한다. 이 인식의 요소로서의 감각을 질료(質料)라고 하며 시간, 공간 및 범주를 그 형식이라고 한다. 형식은 다시 직관의 형식인 시간과 공간, 사유의 형식인 범주로 나누어진다. 그는 직관의 형식을 감성형식이라 하고 사유의 형식을 오성형식(悟性形式)이 라고 부른다.

감각은 본래 우연적이며 개인적이고 주관적이다. 따라서 인식의 필연성과 보편성은 그 질료에 의해서가 아니라 형식에 의해서라고 할 수 있다. 그리고 인식의 형식이 모든 사람들에게 필연적이며 보편적이기 위해서는 그것이 경험에 의존하지 않는 것이어야 하며 경험에 앞서는 것, 즉 선험적(先驗的)이어야 한다. 반면에 질료는 후천적이다.

오성의 작용은 판단작용이다. 인식은 질료로서의 감성에다 오성이 판단을 내림으로써 성립되기 때문에 이때 지각된 사물들 사이에 이것은 같다, 이것은 닮았다, 이것이 원인이고 저것이 결과이다, 하나다, 여럿이다 등 여러 가지로 판단할 수 있는데 이때 판단의 형식을 오성형식 또는 범주라고 부르고 12범주를 제시했다.

칸트에 의하면 범주란 각 개인이 제멋대로 내리는 판단의 형식이 아니라 모든 사람에게 공통된 것으로서 이를 의식일반 또는 선험적 통각이라고 한다. 범주는 초개인적이며 개인에게는 무의식적인 의식의 작용이라고 할 수 있다.

• 실체(實體) 구성의 3단계(질료, 형상, 순수형상)

실체(實體)는 이 세상에 존재하는 각각의 개체를 의미한다. 눈앞에 보이는 나무, 사자, 사람 등은 각각 실체에 해당한다. 아리스토텔레스는 우주의 실체가 3단계, 즉 질료(質料), 형상(形相), 순수형상

(純粹形相) 등으로 구성되어 있다고 주장했다.

첫 번째 단계인 질료는 형상을 이루는 밑바탕이다. 예를 들어서 나무에는 여러 가지 질료들(뿌리, 줄기, 나뭇잎 등등)이 포함되어 있고 사람은 피부, 뼈, 머리 등 수많은 질료로 구성되어 있다.

두 번째 단계인 형상은 실체에 갖추어져 있는 가장 고유한 것, 곧 본질(本質)이다. 예를 들어 나무에는 수많은 종류가 존재한다. 우리 눈앞에 보이는 나무, 우리나라에 존재하는 나무, 다른 나라에 자라고 있는 나무 등 실체로서의 나무 개체들은 모습, 색깔, 물질 등이 제각기 다르기 마련이다. 이렇게 제각기 다른 나무들이라고 해도 공통적으로 포함되어 있는 모습이 곧 본질이요 형상이다. 형상은 어떤 실체의 개념에 해당한다. 형상은 현실 속에 존재하는 수많은 실체들을 일반화시킨 개념이므로 어떤 실체의 이름이 곧 형상이라고 말할 수 있다. 우리 눈앞에 보이는 어떤 실체를 '나무'라고 부르는 것은 그 실체의 형상을 말하는 것이다.

플라톤은 이러한 형상, 즉 본질을 이데아(idea)라고 보았다. 그는 사물의 참된 모습을 보려면 모든 육체적인 것을 떨쳐버리고 맑고 깨끗한 이성의 눈으로 보아야 한다고 주장한다. 육체적 감각은 사물의 빛깔이나 소리를 보고 들을 뿐이다. 사물의 제 모습을 볼 수 있는 것은 오직 사고(思考)뿐이다. 감각으로 즉시 알 수 있는 것이 사물의 경험적인 부분이라면 사고를 통해 알 수 있는 것이 사물의 제 모습, 즉 이데아이다. 이러한 사물의 제 모습인 이데아를 아는 것이 사물의 참된 앎 곧 진리이다. 사물은 그 종류에 따라 그 이데아를 달리한다. 예를 들어 갑돌이, 갑순이, 홍길동 등은 모습이 다르고 성격이 제각기 다를 수밖에 없으나 '사람'이라고 하는 공통된 모습, 즉 이데아는 하나이다.

플라톤은 이상과 같이 이데아를 어떤 사물을 일반화시킨 개념으로 나타내기도 하지만 참된 존재로서의 이데아, 이상(理想)으로서의 이데아 등을 표현하기도 한다. 참된 존재로서의 이데아는 어디까지나 스스로 버젓이 있는 참된 존재이고 감각적인 사물은 그 이데아에 기대서만이 있을 수 있다는 것이다. 이상으로서의 이데아는 가장 온전한 존재로서 현실의 사물들을 움직인다고 보았다.

세 번째 단계는 순수형상이다. 아리스토텔레스는 모든 실체가 형상과 질료로 구성되어 있고 이들 실체는 가장 낮은 단계와 가장 높은 단계 사이에 존재한다는 것이다. 가장 낮은 단계는 형상이 아직 실현되지 않은 단순질료만으로 구성된다. 단순질료에서 시작하여 수많은 단계를 거치게 되면 이번에는 어떠한 질료로부터도 벗어나 있는 아주 완전히 실현된 순수형상, 즉 우주의 우두머리인 신에 다다른다고 주장한다.

아리스토텔레스에 의하면 어떤 실체의 형상은 바로 위 단계의 실체에서는 질료가 된다고 한다. 예를 들어 눈앞에 보이는 책상이라는 실체는 '책상'이라는 형상과 나무와 못이라는 질료로 구성된다. 나무는 책상에서는 질료에 해당하지만 '나무'라는 형상 단계에서는 참나무, 소나무, 은행나무 등의 질료를 가진다. 결국 눈에 보이지 않는 물질에서부터 시작하여 눈에 보이는 물질을 이루고 이는 점점 더 위 단계로 올라가면서 수많은 실체를 구성하며 최종적으로는 우주라는 실체까지 도달하게 된다. 우주는 형상과 질료를 가지는 실체이지만 이것의 위 단계는 질료가 존재하지 않고 오로지 형상만이 존재하는 참된 최고의 존재인 순수형상이라는 실체, 즉 신에 도달하게 되는 것이다.

• 가치론(價値論)의 3분야

인생이란 의식주를 포함한 생리적 욕구를 비롯하여 명예욕, 권력욕, 성취욕 등의 사회적 욕구에 이르기까지 끝없는 욕구를 만들어내고 충족하는 여정이라고도 말할 수 있다. 가치(價値) 행동이라는 것은 이러한 '욕구를 만족시켜주는 것', 혹은 '욕구 만족에 합당하는 것을 추구하는 것'이다. 가치는 환경과의 상호관계 속에서 이루지는 만큼 때와 장소에 따라서 그것의 판단기준이 다를 수 있다. 따라서 공맹시대(孔孟時代)와 오늘날의 가치가 서로 다르고 동양과 서양의 가치가 다르며 나아가서는 가정과 사회의 가치가 상이함은 당연한 것이다.

가치는 욕망의 종류에 따라 경제적, 사회적, 예술적, 도덕적 등의 여러 분야에서 상재한다. 철학에서 의미를 두어온 가치에는 진, 선, 미라고 부르는 이른바 문화적 가치이다. 이에 대응하는 가치론의 3분야로서 '논리학', '윤리학', '미학' 등이 있다.

첫째로 논리학은 인간의 지적인 활동, 즉 추론과 증명에 대한 올바른 방법을 연구하고 제시하는 학문이다. 논리학은 크게 귀납논리학과 연역논리학으로 구분된다. 귀납논리학은 현재의 관찰된 사실로부터 어떤 보편적인 명제를 끌어내는 추리에 관하여 연구한다. 이 보편적인 명제는 현재 아직 관찰되지 않은 경우도 포함하고 아직 발생하지 않은 미래의 경우도 포함한다. 예를 들어 과거와 현재까지 관찰된 까마귀가 까맣다는 관찰을 근거로 '모든 까마귀는 까만색이다'라는 보편적 명제를 주장할 수 있다. 이러한 보편적 명제는 법칙이 아니라 가설(假說)이라고 부른다.

연역논리학은 연역적 추리에 관련된 많은 문제들을 다룬다. 연역논리학에서는 사유의 법칙으로서 'A는 A이다'라는 동일률(同一律), '어떠한 명제도 동시에 참이면서 또한 거짓일 수 없다'라는 모순률(矛盾律), '어떠한 명제도 참이거나 거짓일 뿐 그 중간치는 없다'라는 배중률(排中律) 등이 활용된다.

논리학은 추론이나 증명함에 있어 명제를 사용한다. 논리주장이 타당하려면 각각의 명제들의 관계가 형식적으로 틀리지 않아야 할 뿐만 아니라 각각의 명제 내용도 정당해야 한다. 논리학의 각 명제는 자연적, 인공적 개체들에 관한 설명에 해당한다. 따라서 논리학은 철학을 다른 학문들, 즉 과학, 경제학, 정치학, 사회학, 역사학, 예술학 등으로 분가시킬 수 있게 한 계기가 되었다고 볼 수 있다.

두 번째로 윤리학은 선(善)이라는 가치를 추구하는 분야이다. 선의 개념은 시대의 흐름과 장소의 다름에 따라 그 형식과 내용을 달리해왔기 때문에 무척이나 다양할 수밖에 없다. 윤리학은 크게 자본주의사회 이전과 이후로 양분하여 살피는 것이 바람직하다.

자본주의사회 이전의 윤리에 대해 살펴보기로 하자. 그리스 사람들은 시민사회가 전사공동체(戰士共同體)였으므로 용기를 arete(德)로 삼고서 시민 간의 평등과 조화 등을 중요시 여겼다. 그러나 전쟁의 승리로 노예의 수가 증가하고 상업이 발달하면서부터 지배계급이 등장하게 됨에 따라 노동 천시의 에토스(윤리)가 성숙해갔다. 오랫동안 그리스인들이 지켜왔던 폴리스의 노모스(nomos: 법)와 에토스는 점점 미약해지고 '자연철학'과 소피스트들의 사상들이 유행하게 되었다. 자연철학은 현실생활을 떠난 문제를 대상으로 삼음으로써 폴리스생활을 등한시하게 했으며 소피스트 사상은 고정적 절대적인 원리나 선의 부정, 현재의 노모스와 에토스의 타당성의 부인, 극단적인 개인주의 등을 주장했는데 이는 폴리스적 원리를 근저로부터 흔드는 위험 사상이었다. 이러한 때에 폴리스적 에토스와 노모스에 대한 도덕적 자각을 시민들에게 주려고 한 사상가의 한 사람이 바로 소크라테스였다.

그러나 상업의 발달과 농업의 쇠퇴, 사유재산의 급격한 발전, 개인주의 팽배, 빈부의 격차, 노예의 증가, 실업자의 증가, 펠로폰네소스 전쟁 등으로 폴리스 윤리가 근저로부터 허물어져 간 아테네는 마침내 북방 마케도니아의 침략을 받아서 폴리스적 원리는 코스모폴리테스(cosmopolites)의 원리 앞에 패배하고 말았다. 이러한 쇠퇴와 몰락의 시기에 플라톤의 이상적 폴리스의 구상은 향수에 지나지 않았으며 아리스토텔레스의 현실 타협 노력도 헛된 시도에 불과했다.

그 후 알렉산더 대왕의 마케도니아 대제국이 분열함에 따라 나라는 어지러워지고 국토는 이방인의 수라장으로 화해버림에 따라 사람들은 오직 개인의 안심입명(安心立命)을 꾀할 뿐이었다. 이러한 새로운 개인주의적 풍조에 대응하는 윤리로서 스토아학파의 금욕주의와 에피쿠로스학파의 쾌락주의가 등장하게 되었다. 스토아학파는 정욕이 없는 안정된 마음 상태인 아파테이아(apatheia)에, 에피쿠로스학파는 아무것에 의해서도 마음이 흔들리지 않는 평정한 상태인 아타락시아(ataraxia)에서 진정한 선과 행복의 길을 찾았다.

그리스 철학 이후 그리스도교가 등장하였다. 폴리스의 윤리가 외면적인 에토스에 있었다고 하면 그리스도교의 윤리는 내면적 정신에 있었다. 그리스의 최고의 덕이 정의에 있었다고 하면 그리스도교의 덕은 사랑이었다. 그리스도교가 내적·정신적인 것을 존중하고 초자연적인 신의 신앙을 설교한다고 하여 현실 생활이 무의미하다는 것은 결코 아니다. 그리스도교 초기의 교부(敎父)들은 지복(至福)한 나라를 대망(待望)하기 때문에 내면생활을 삼가고, 마음으로부터 신의 사랑을 믿으며 빈고, 병고, 죄 속에서도 희망을 가져야 한다고 역설하였다.

중세사회는 횡적 관계인 공동체적 관계와 종적 관계인 봉건적 관계라고 하는 두 개의 인륜관계에 기초를 두었다. 중세적 세계 전반의 관념적 표현은 중세 그리스도교였다. 지상에서의 신분 관계를 하나님의 섭리로 보고 자신의 직업에 충실하며 욕심을 부리지 않고 가난을 참으며 하나님의 뜻을 찾으려고 하는 그리스도교의 에토스야말로 봉건영주들에게는 다시없는 윤리였다. 그러나 봉건적 위기를 중심으로 하여 공동체를 거점으로 하는 농민층 및 시민층의 봉기는 '아담이 밭을 갈고 이브가 베를 짤 때에는 귀족 따위가 어디 있었던가'라는 사상으로 이어졌다.

수공업이 발달해감에 따라 그것에 종사하는 사람의 수가 증가하게 되고 도시 수공업자들이 농촌으로 역류했다. 그 결과 마을의 낡은 규제나 습관은 공동체 내부에서 허물어져 갔고 공동체의 해체가 촉진되었다. 십자군운동의 실패 이후 경제적으로 곤궁해진 봉건영주들은 농민에게 권리 침해를 가하게 되고 농민들은 그들의 자유와 권리를 위해 항거했다. 이와 같이 공동체 내부의 생산력 증가와 농민 내부의 계층 분해, 상업경제의 전개, 공동체 규제의 이완, 봉건적 위기, 영주 지배에 대한 농민의 항쟁 등 여러 가지 계기로 근대화의 길이 열리게 되었다.

자본주의가 도래하면서부터는 사회가 자본가와 임금노동자라고 하는 두 개의 계급으로 이루어진다. 자유경쟁 아래 보다 많은 이윤 획득을 위해 발명된 기계가 활용되어 대량생산이 진행된다. 이러한 대량생산은 생산과잉을 초래하고 마침내 불경기에 빠져 사회의 불안을 가져왔다. 19세기 중엽 이후 자본주의사회의 모순이 드러나기 시작하면서부터 유럽에서는 새로운 사상, 즉 생철학(生哲學), 마르크스주의, 실존주의 사상 등이 싹트게 되었다. 실존주의자들은 개체와 전체의 관계에 있어서 절단되어 있는 주체를 자각적으로 인식함으로써 위기를 극복하려고 했다. 이처럼 자각적으로 자기의 현존(現存)을 초월하여 진정한 자기를 추구하는 것이 실존주의이다. 실존주의 철학 외에도 미국의 프래그머티즘의 윤리가 있으며 분석철학(分析哲學)의 윤리도 전개되었다.

지금까지 우리는 윤리의 문제를 고대로부터 현대에 이르기까지 개략적으로 살펴보았다. 이를 통해 우리는 어떠한 도덕을 막론하고 유일·절대·보편적인 것이란 있을 수 없다는 사실과 함께 어떠한 윤리설이라고 해도 시대와 사회에 대응하고 있다는 것을 알게 되었다.

가치론의 세 번째 분야인 미학은 아름다움이 무엇이냐를 연구하는 학문이다. 미학은 윤리학이나 형이상학처럼 처음부터 독립된 학문적 자각을 가지고 수립된 것은 아니다. 그런데 미(美)라는 것이 무엇이냐 하는 문제는 결코 단순하지 않다. 같은 산이라고 해도 그것을 볼 때의 감정에 따라서, 그리고 보는 사람에 따라서 그것으로부터 발견되는 아름다움은 항상 같지는 않을 것이다. 심지어 동일한 사람이 동일한 대상에 대해서까지도 동일한 미적 체험을 되풀이할 수는 없을 것이다.

예술은 그 소재를 아름다운 것을 선택하든지 추악한 것을 선택하든지 그것의 목표는 모두 미적인 효과를 거두는 데 있다. 예술에서 아름다운 대상이라 할지라도 그 처리를 그르치면 아름답지 못하며 반대로 추악한 대상이라고 해도 적절히 처리하기만 하면 아름답게 표현될 수 있다. 따라서 여러 가지 종류의 미를 일정한 객관적 법칙을 가지고 파악한다는 것은 매우 어려운 일인 것이다. 오히려 미적 객관성에 주목하는 것보다 주관에다 눈을 돌리는 것이 훨씬 적절할지도 모른다. 그렇다고 미나 예술을 주관적 판단만으로 평가하는 것은 보편성이 결여될 수 있다.

미나 예술은 주관과 객관과의 상관관계에서 산출되는 사실이다. 우리가 한 떨기 꽃을 아름답다고 판단하면 우리 이외의 모든 사람들에게도 그 타당성을 요구한다. 이런 의미에서 미는 오히려 객관적 사실이다. 예술에서는 이러한 사정이 현저하다. 예술은 비록 주관적인 근원에서 출발하였다 하더라도 그것은 단순한 주관적 입장을 넘어선 어떤 종류의 보편성을 요구하고 있으므로 객관적인 사실이라고 말할 수 있다.

• 현대철학의 3가지 방향

현대철학은 대체적으로 19세기 후반부터 오늘날에 이르기까지의 철학을 통틀어서 말한다. 영국에서 시작되어 유럽 전체에 파급된 산업혁명은 몇 세기에 걸쳐 발전해오던 자본주의적 생산양식을 획기적으로 비약시키고 근대시민사회를 결정적으로 다듬었다. 그러나 자본주의가 차츰 독점화되고 세계시장을 위한 강대국의 대립이 더욱 심화됨에 따라 근대문명의 어두운 측면이 점점 드러나 이성과 진보에 대한 신뢰가 사라지고 말았다. 이와 같은 근대시민사회의 변질과 혼란을 배경으로 현대철학은 매우 복잡한 모습을 나타내고 있다. 19세기 후반 이후의 현대철학은 대체로 합리주의에 반대하는 경향이 강한데 이를 편의상 세 가지 방향으로 나누어보면 실증주의적 방향, 비판주의적 방향, 비합리주의적 방향 등으로 구분할 수 있다.

첫 번째로 실증주의적 방향은 산업혁명이 확대되어 근대과학이 발전하면서 형성하게 되었다. 산업혁명이 시작된 이후에는 과학자들이 각각 특수한 전문과학자로서 혹은 일종의 지능기술자로서 자본주의적 생산기구에 편입되었고 이 자본주의적 사회체제의 기능적 분화와 합리적 조직화가 진행됨에 따라 과학자의 활동도 분업화하였다. 이리하여 19세기 중엽 이후 세분된 개별과학이 자립적인 발전을 하였고 이에 따라서 과학의 진보가 더욱 촉진되었다. 이와 동시에 형이상학에 대한 불신이 높아가고 실증과학적 사고방법을 모든 영역에 적용하려는 경향이 나타났다.

독일에서는 헤겔학파의 분열과정에서 헤겔좌파가 종교를 철저히 비판하여 신을 부정했다. 포이에르바하(1804~1872)는 신이란 인간이 자기의 원망 또는 이상을 객관적으로 투영한 것이라고 말했다. 그는 헤겔의 관념을 유물론으로 뒤집고 현실적으로 존재하는 감성적 인간으로부터 출발하여 새로운 철학을 세워야 한다고 주장했다. 포이에르바하의 현실적 인간주의를 이어받고, 다시 종교비판으로부터 법의 비판, 정치의 비판으로 나아가 헤겔좌파의 입장을 넘어서고 포이에르바하의 현실적 인간주의까지도 넘어서 사회주의의 입장에 도달한 것이 마르크스의 입장이다.

프랑스의 콩트는 인간의 지식이 신학적 단계로부터 형이상학적 단계를 거쳐서 실증적 단계로 발전한다고 주장했다. 그는 수학, 천문학, 물리학, 화학, 생물학 등은 이 순서대로 이미 실증적 단계에 들어갔는데 사회학은 아직 이 단계에 이르지 못하였다고 생각하여 실증과학으로서의 사회학을 세우는 데 주력했다.

19세기 후반에 미국에서 태동한 프래그머티즘도 역시 실증주의적 경향이라고 말할 수 있다. 그 근본 입장은 실제 생활에 유용하다고 검증된 지식만이 진리라고 보는 데 있다. 이것은 결국 인간 및 그 인식을 환경에 대한 적응이라고 하는 생물학적 관점에서 보려는 태도이다. 오늘날 주로 영미(英美)의 철학에서 하나의 주류를 이루고 있는 분석철학도 역시 실증주의적 경향에 속한다. 그 사상적 특징은 어떤 세계관이나 인간관을 적극적으로 탐구하는 대신에 언어 또는 기호의 논리구조를 분석하는 데 목적을 둔다는 점이다.

두 번째로 비판주의적 방향은 독단적인 형이상학을 부정하고 자연과학의 기초를 세운 칸트의 비판정신을 이어받으려는 데에서 출발한다. 이것이 이른바 신칸트학파이다. 신칸트학파는 칸트를 공통적으로 전제하면서 그 특징에 의하여 두 학파, 즉 마르부르크학파와 서남학파로 나누어진다. 마르부르크학파의 창설자인 코헨(1842~1918)은 모든 인식의 내용이 우리의 사유로부터 산출된다고 했다.

그러므로 공간, 시간까지도 칸트가 생각한 것처럼 사유로부터 독립해서 주어진 직관이 아니라 사유의 카테고리라는 것이다. 이와 같이 코헨은 칸트의 직관과 사유의 이원론의 대립을 철저한 사유일원론으로 발전시켰다. 이 학파에서는 사유가 모든 인식의 내용을 만들어 나간다고 생각하지만 그렇다고 우리의 주관이 자신의 사유에 의해 모든 내용을 만들어낸다는 것은 아니라고 주장했다. 오히려 자연과학적인 인식이 감각적으로 주어진 것을 그대로 확실하다고 보지 않고 이것을 사유에 의해 규정해나감으로써 자연과학적인 인식의 내용을 산출한다는 것이다. 이렇게 함으로써 자연과학의 기초를 밝히려고 노력했다.

서남학파는 빈델반트(1848~1915)에 의해 시작되었으며 마르부르크학파가 자연과학의 기초를 밝히려고 한데 대해 이 학파는 역사과학 혹은 문화과학의 기초를 밝히려고 하였다. 빈델반트는 자연과학과 역사과학의 구별은 결코 그 대상에 의한 것이 아니라 그 대상을 다루는 방법에 의한다고 하여 자연과학은 법칙정립적(法則定立的)이고 역사과학은 개성기술적(個性記述的)이라고 하였다. 예를 들어 건축물이라도 그 특수성을 버리고 오로지 그 보편성만을 파악하려는 것은 자연과학에 해당하며 그 한번만의 특수성, 즉 그 문화적인 가치를 파악하려는 개성화적 방법을 쓰면 문화과학이라고 하였다.

서남학파의 리케르트(1863~1936)에 의하면 인식은 대상을 있는 그대로 파악하는 것이 아니라 동일한 대상도 다른 방법에 의하여 다른 논리의 형식으로 보면 다른 인식의 내용이 생긴다는 것이다. 그러므로 인식은 반드시 형식과 내용으로 성립된다고 한다. 이것이 모든 인식의 기본구조라는 것이다. 형식은 논리적인 체계를 나타내고 내용은 비논리적인 요소를 의미한다. 이와 같이 리케르트는 형식과 내용이라고 하는 아주 이질적인 것이 서로 관계함으로써 모든 인식이 성립한다고 한다. 요컨대 이 학파의 인식론은 마르부르크학파의 사유일원론에 대하여 철저한 이원론적인 입장이라고 말할 수 있다.

세 번째로 비합리주의적 방향은 과학에 대해서도 부정적인 태도를 가진다. 실증주의적 및 비판주의적인 철학자들은 다 같이 헤겔의 이성주의적인 형이상학에 반대했으나 과학에 대해서는 모두 긍정적인 태도를 가졌다. 그러나 비합리주의적 방향은 이성적인 것, 합리적인 것 등에 반대하고 충동적인 것, 비합리적인 것을 존중하는 생철학(生哲學)의 입장을 취했다. 이 비합리적인 삶을 더욱 파고 들어가서 대상화할 수 없는 단독적이며 절대적인 실존을 찾아내고 이것으로부터 출발하는 것이 실존주의 사상이다. 이것은 현대의 대중사회에서 인간성이 소외되는 경향에 대항하여 주체로서의 자아를 찾게 하는 입장으로서 두 차례의 세계대전을 계기로 현대철학의 한 주류가 되었다.

쇼펜하우어(1788~1860)는 세계가 이성에 의해 지배된다는 헤겔의 이성주의에 정면으로 반대하고 세계의 본질은 비합리적인 의지라고 주장했다. 그런데 이 의지는 '삶에로의 맹목적인 의지'이므로 그 끝없는 욕구는 영원히 만족될 수 없다. 그러므로 '삶'은 곧 '괴로움'이라고 주장했다.

니체(1844~1900)는 쇼펜하우어와 달리 철저히 삶을 긍정하는 적극적인 삶의 철학을 전개했다. 니체에 의하면 세계의 본원(本源)은 다만 살려고 하는 '삶에로의 의지'가 아니라 보다 나은 '삶'을 바라는 '힘에로의 의지'라고 주장하며 이 무한히 상승하려는 '힘에로의 의지'는 항상 현재의 부정, 끝없는 자기극복을 통해 발전한다는 것이다.

베르그송(1859~1941)은 과학을 비판하고 프랑스의 전통인 '정신

주의'를 대성했다. 이 정신주의는 간단히 말하면 산 것을 죽은 것으로 설명하는 유물론에 대하여 죽은 것을 산 것으로 설명하는 입장이다. 베르그송에 의하면 우리가 보통 자아라고 생각하는 것은 아무 쓸모없는 껍데기와 같은 자아에 불과하다고 한다. 이 그림자와 같은 '표면적인 자아'의 밑바닥에는 살아 움직이는 '근원적인 자아'가 숨어 있다고 한다. 이와 같은 자아는 끊임없는 변화의 과정이며 어느 순간이나 항상 새로운 자기를 만들어가는 자기창조의 연속이라는 것이다. 이러한 존재의 양식을 '순수지속(純粹持續)'이라고 한다.

진정한 자아에 있어서 존재한다는 것은 변화한다는 것이며 무한히 자기 자신을 창조한다는 것이다. 자아를 포함한 전 우주 자체가 무한한 창조적인 진화를 하고 있다. 이러한 의미에서 전 우주는 순수지속을 그의 본질로 하고 있다. 우주의 모습은 오직 공간적인 물질의 세계만을 파악할 수 있는 분석적인 방법으로서는 인식될 수 없다. 오직 대상의 내부로 뛰어들어 가서 대상의 고유한 것, 따라서 표현할 수 없는 것과 합일하는 '공감'으로서의 직관에 의해서 비약적으로 다다를 수 있을 뿐이라고 한다.

• 동양의 3대 전통철학(유학, 노장철학, 불교철학)

전통사상은 오늘날의 우리 생활, 의식, 관념 등에 하나의 제약으로 작용하고 있다. 우리들의 삶을 보다 역사적으로 이해하기 위해서는 우리의 전통사상의 내적 측면을 우선적으로 파악해야 할 필요가 있다. 또한 새로운 삶을 개척하기 위해서는 항상 낡은 의식·낡은 사고를 벗는 노력이 필요한데 전통사상은 이러한 노력에 대해 제약 작용을 가하기 마련이다. 그러므로 새로운 삶을 이룩하기 위해서라도 우리들의 전통사상에 대한 투철한 각성이 요구된다. 동양의 3대 전통사상은 유학, 노장철학, 불교철학 등으로 이루어진다.

첫 번째로 유학사상은 공자의 사상을 중심으로 이루어져 있으며 동양의 전통사상 중에서 가장 큰 비중을 차지한다. 한국, 중국, 일본 등 이른바 한문문화권에서는 유학이 과거 역사를 이끌어오는 데 가장 큰 영양을 끼쳤기 때문이다. 원래 중국에서 예(禮)가 제대로 시행되기 시작한 것은 주초(周初)라 전해진다. 주나라의 봉건제도가 확립되는 것과 때를 같이하여 예가 본격적으로 제정 시행되었으며 특히 당시의 귀족층에서 발달되었다.

수직적 지배력을 행사하는 봉건제의 질서를 뒷받침하는 도구로서 예의 규범적 성향은 사회의 수평적 질서보다도 주로 상하 수직적 질서로서의 차등 관념을 심어주는 방향으로 굳어졌다. 원시신앙에서 하늘을 숭배하기 위해 제사(祭祀)라는 일정한 예식을 취할 때 부정(不淨)을 전제로 정해졌던 여러 가지 금기가 곧 예의 원형이었다. 이와 같이 예의 기원이 하늘에 대한 제사에서 출발했기 때문에 예의 규범적 질서의 관념은 본래부터 수직적 차등의 성향을 지니지 않을 수 없었던 것이다.

주 왕실이 약화됨에 따라 중앙집권적 봉건체제가 붕괴되었고 학문이 민간계층으로 파급되면서부터 예가 민간계층에 널리 전파되기 시작했다. 각 지방의 서민층에 흩어진 이전의 축관, 사관, 예관들은 서민들 속에서 서민들에게 결혼, 장례, 제사 등 제반 행사의 예들을 가르쳐주며 살아가게 된다. 그 당시 민간의 교육열이 대단했는데 이는 각 제후들이 국세의 신장을 꾀하기 위해 귀천 또는 자타국인을 막론하고 학식과 재능 위주로 인재를 등용함에 따라 학문이 곧 출세의 도구라는 의식이 투철했기 때문이다.

공자(B.C. 552~479)도 처음에는 서민들에게 예를 가르쳐주던 사람이었다. 그는 예를 중요시했기 때문에 주 문화의 계승을 통해 당시의 혼란한 사회에 질서(道)를 수립하려고 하였다. 그러한 질서의 수립은 한걸음 나아가 전 인류의 구제, 이른바 박시제중(博施濟衆)을 위한 것이었다. 인간애를 바탕에 두고 출발한다는 점에서 그의 철학에 인본의 성격이 농후함을 알 수 있다. 인본사상이 그의 철학의 입장인 것이다. 공자의 철학에 일관되게 흐르는 그 근본 원리는 대체로 인(仁)으로 파악하고 있다. 인은 질직(質直)한 마음씨로 예(禮)에 입각하여 극기하는 인(忍)의 태도를 취할 때 갖게 되는 마음가짐이다. 공자에 의하면 남을 사랑하는 마음가짐이 곧 인이라 한다. 인은 사람과 사람 사이에서 느끼게 되는 따뜻한 인정이다.

공자는 인의 구현을 대체로 두 가지 측면, 즉 윤리적 측면과 정치적 측면으로 말했다. 윤리적 측면에서는 인을 충서(忠恕), 즉 남을 위하여 자신의 성의를 다하고 남을 이해하고 용서해주는 것을 의미한다. 일상생활에서 인을 구현하기 위해서는 나와 가장 가까운 관계에 있는 사람과의 사이에서부터 먼저 이루어져야 한다는 것이다. 즉, 나와 가장 가까운 부모에 대한 일정한 공경의 태도로 구현되기 시작한다. 그리하여 공자는 '효제가 인을 실천하는 근본'이라고 했다. 인을 정치적 측면에서 구현하려 할 때 이른바 인정(仁政)의 사상이 나온다. '군주가 군주답고 신하가 신하답고 아비가 아비답고 자식이 자식답게 되는' 정명정신(正名精神)이 실현될 때에 국가와 사회가 바로잡힌다고 그는 생각했다. 유학은 대체로 도덕철학과 정치철학의 두 부문이 두드려지며 다른 학자들에 의해 공자의 철학이 계승 발전해왔다.

두 번째로 노장철학은 유학과 쌍벽을 이루며 대립 병존해왔다. 그러나 대립의 위치에 있는 유학이 관학화되고 정통 철학시됨에 따라 노장철학은 자연히 반정통 철학시되었다. 춘추전국시대와 같이 사회가 극도로 혼란한 때에 몰락하여 실의에 빠진 무수히 많은 지식인들은 유학과 같은 세간적 사고에 반발을 느끼지 않을 수 없었다. 이에 노장사상은 극도의 이상주의에 입각한 초속적(超俗的) 철학사상을 창출하였다고 할 수 있다. 노장 사상가들은 물질적 욕구의 충족이 아니라 정신적 행복, 즉 '안심입명(安心立命)'으로서의 마음의 평안을 바랬던 것이다.

노자는 우주의 근원이 '무' 또는 '도'라고 했다. 노자의 이 도는 우주의 본체인 만큼 인의와 예로서의 도인 유학의 도와는 다르다. 이 노자의 도야말로 초감각적이고 절대적인 것이어서 무엇이라 말로 표현할 수 없는 것이다. 현상인 만물이 본체인 도로부터 생겨났으므로 만물은 궁극적으로 다시 도에로 돌아간다고 한다. 인간도 만물 가운데 하나이니 도로 말미암아 생겨났다가 도에로 돌아가야 하고 그럴 수밖에 없는 존재라는 것이다.

노자는 유학에서 중요하다고 생각하는 이상적 가치를 모두 부정한다. 인간들은 누구나 약(弱), 허(虛), 정(靜), 무(無)와 같은 태도로 살아가야 한다고 생각한다. 그러면서 동시에 무위자연(無爲自然)의 태도를 취해야 한다는 것이다. 그의 무위자연은 결코 아무것도 하지 않음을 가리키는 것이 아니다. 爲(거짓)로서의 인위적 조작이 없을 것을 역설한 것이다. 노자의 철학에 있어 인간은 어디까지나 허정(虛靜), 무욕(無慾), 겸하(謙下), 유약(柔弱)한 태도를 취해야만 이상적 인격을 이루는 것이다. 요컨대 타고난 그대로의 자연성을 잃지 않은 '영아(嬰兒)'와 같은 인간이라야 이상적 인간이라는 것이다.

세 번째로 불교철학은 인도의 붓다에서 탄생했다. 그의 근본사상은 '사성체설(四聖諦說)', '사법인설(四法印說)'로 대표된다. 성체란 곧 '성스러운 진리'를 의미하는 것으로서 고성체(苦聖諦), 집성체(集聖諦), 멸성체(滅聖諦), 도성체(道聖諦) 등을 말한다. 고성체의 내용은 인생이 고(苦)로 차 있다는 것이다. 생로병사를 갖는 인간 자체가 고(苦)의 원천으로 간주된다. 원래 붓다가 속세의 생활에 회의를 품고 출가하게 된 동기도 이 고(苦)를 발견하고 그것을 극복할 수 있는 길을 찾으려는 데 있었던 것이다. 집성체의 내용은 고(苦)를 느끼게 되는 것은 원인이 있기 때문이라는 것이다. 감정의 측면으로는 갈애(渴愛), 즉 애욕(愛慾)이 가장 근원적인 고(苦)의 원인이고 이지(理智)의 측면으로는 무명(無明)이 가장 근원적인 고(苦)의 원인이라는 것이다.

멸성체(滅聖諦)란 고(苦)가 멸(滅)해질 수 있음을 주장하는 것이다. 고멸(苦滅)은 갈애와 무명 등을 초극한 경지라 말할 수 있다. 그 경지가 바로 열반(涅槃)이며 해탈(解脫)의 경지이다. 도성체(道聖諦)란 고멸(苦滅)에 방법이 있음을 말하는 것이다. 그 방법이란 바로 붓다가 자신의 생활, 특히 그의 수행에 적용하였던 '중도(中道)' 행법(行法)을 의미한다. 이 중도는 다시 '팔정도(八正道)'로 보다 상세히 설명된다. 이른바 정견(正見), 정사(正思), 정어(正語), 정업(正業), 정명(正命), 정정진(正精進), 정념(正念), 정정(正定) 등이 그것들이다.

Part <u>03</u>

세계사 속의 3

• 세계는 3대 육지로 출발

오늘날 지구는 5대양(태평양, 대서양, 인도양, 북극해, 남극해) 6대주(아시아, 아프리카, 유럽, 북아메리카, 남아메리카, 오세아니아)로 이루어져 있다고 말한다. 그런데 올림픽의 오륜기는 북아메리카와 남아메리카를 하나의 아메리카로 묶어서 5대주를 상징하고 있다. 그러나 B.C. 2만 년 전까지만 해도 세계의 육지는 크게 3부분으로 구성되어 있었다. 즉, 아시아, 아프리카, 유럽, 북아메리카, 남아메리카 등이 하나로 연결된 대륙, 오세아니아, 그 밖의 여러 제도(諸島) 등의 3부분으로 이루어져 있었다. 그 당시에는 오늘날의 인도네시아와 필리핀도 아시아 대륙에 이어져 있었다.

인류 최초의 인간들은 200만 년 전에 아프리카에서 과일과 견과류, 씨앗 등의 식용식물을 먹으며 살았었고 서서히 육류를 먹기 시작했다. 인간은 아프리카에서 사나운 동물들로부터 위협을 받았지만 다른 어떤 대형 동물보다도 번성하여 그 수가 꾸준히 증가하였다. 인구증가로 자원이 부족해졌던 탓인지 아니면 가뭄 때문인지는 모르지만 이들은 사하라 사막을 건너서 북쪽 방향인 유럽과 소아시아로 이동하였다.

　제프리 블레이니는 그의 저서 『아주 짧은 세계사』에서 인간들은 이동할 때에 마라톤 방식이 아니라 릴레이 경주에 가까운 방식을 취했다고 서술한다. 우선 여섯에서 열두 명으로 이루어진 한 무리(A 무리)가 짧은 거리를 이동해 정착하면 다른 무리(B 무리)가 뒤를 따라와 이들(A 무리)보다 더 앞선 지역으로 이동하거나 혹은 A 무리를 더 멀리 밀어내버리는 방식으로 이동했던 것이다. 이러한 방식으로 그들은 아시아를 가로지르는 데 약 1만 년에서 20만 년까지 걸렸다. 그들의 조상은 열대지방에서 생활했지만 북쪽방향으로 이동하면서 훨씬 더 추운 지역으로 나아갔다. 불을 발견하기 전까지는 불 간수에 여간 조심하지 않으면 안 되었다. 인류 이동의 선발대는 약 180만 년 전 중국과 동남아시아에 도달할 수 있었다.

　초기 인류의 뇌 크기는 $500cm^3$이었지만 이 기나긴 이동을 완수한 '호모에렉투스'의 뇌 크기는 $900cm^3$로 커졌다. 이와 같이 뇌가 커짐과 함께 '운동 언어 영역'이 발달하면서부터 손과 팔을 사용하는 능력이 향상되고 음성 언어가 서서히 발전하게 되었다. 음성 언어의 발달로 더 많은 단어와 더 높은 정확성을 가질 수 있었고 그즈음 미술이 나타나기 시작했다.

　약 6만 년 전 인간이 지적으로 각성하기 시작했고 이로부터 3만 년 동안 이루어진 일련의 느린 변화를 '대약진' 또는 '문화 폭발'이라고 일컫는다. 7만 5,000년 전쯤에 시작된 긴 빙하기 동안에 유럽에서는 미술이 꽃을 피웠다. 그들은 대부분 사후세계를 믿었다. 죽음 이후의 새로운 삶의 여정에 장신구나 지위를 상징하는 물건이 필요하다고 보았기에 특별히 선택된 물건을 시신과 함께 무덤에 묻었다.

B.C. 2만 년 전까지만 해도 그 옛날 사람들은 세계 어디서나 반유 목민의 삶을 살았다. 그 당시에는 전 세계 어디서도 500명쯤 되는 무리가 한 장소에 모여 살았던 적은 전혀 없었을 것이다. 왜냐하면 곡식을 저장할 기술도 없었고 가축을 기르지도 못했으므로 무리를 이뤘더라도 아주 오랫동안 먹고살 수 없었을 것이기 때문이다.

10만 년 전에 인류가 두 번째의 긴 이주를 시작했다. 동남아시아의 가장 가까운 바닷가와 뉴기니-오스트레일리아의 가장 가까운 해안선 을 따라 뗏목이나 작은 카누를 타고 바다를 지나 이 섬에서 저 섬으 로 건너가는 모험을 감행했다. 오늘날의 동남아시아 바다와는 달리 섬들끼리의 거리가 가까웠다고 해도 바람이 너무 거셀 때에는 배가 뒤집혀서 배에 탄 사람들이 모두 죽었을 것이다. 그들은 마침내 5만 2,000년 전에 뉴기니-오스트레일리아 해안에 도달할 수 있었다.

B.C. 2만 년 전에는 어느 곳이든 오늘날보다 기온이 훨씬 낮았을 것이다. 빙하가 활동 중이었기 때문에 지금은 바다 속에 가라앉아 있는 광대한 영토가 당시에는 마른땅으로 펼쳐져 있었다. 해수면이 그만큼 낮았기 때문에 잉글랜드 남부에서 프랑스까지 걸어갈 수 있 었고 인도네시아 자바까지도 걸어갈 수 있었다.

B.C. 1만 2000년부터 B.C. 9000년 사이에 세계의 방대한 양의 얼 음이 빠른 속도로 녹으면서 해수면이 높아졌다. 최대 상승 높이는 140미터, 평균 상승 높이는 약 120미터 이상으로 추정된다고 한다. 해수면이 상승하기 시작한 무렵은 인류가 아메리카 대륙을 발견한 지 얼마 되지 않은 때였다. 아마도 최초의 인간이 B.C. 2만 2000년 이전에 시베리아에서 알래스카로 건너갔을 것이다.

해수면이 상승하면서 일본 남부의 정착지는 졸지에 섬으로 변했고 우리나라와 일본 사이에 '대한 해협'이 형성되었다. 이러한 해수면의 상승으로 미국과 일본은 강대국의 침공으로부터 안전할 수 있었다. 만약 서기 1800년경에 미국이 유럽 어딘가에 있었다면 지금과 같은 궁극적 힘을 결코 얻지 못했을 것이다. 마찬가지로 일본의 본토 섬은 제 2차 세계대전 막바지 몇 달간의 절망적 군사 상황에서도 직접적인 침공을 당하지 않았다.

최초로는 지구를 3부분으로 구분하여 사람들이 거주하였으나 지구 온난화로 인해 해수면이 상승하면서 오늘날 6대주로 나누어지게 되었다. 지금도 우리가 모르는 사이에 지구 땅 덩어리가 움직이고 있다 하니 언젠가 다시 3부분으로 정렬될는지 모를 일이다. 그렇게 되면 칠레의 남쪽바다 끝에서 아프리카 희망봉까지 자동차 길이 열리게 될 지도 모를 일이다.

• 농업혁명을 통한 3대 계급 탄생

최초의 인류 집단들은 과일, 견과류, 식물 등을 먹으며 살아오다가 동물 사냥을 통해 육류를 섭취하기 시작했다. 원시사회에서도 힘 있는 사람과 힘없는 사람 사이에 계급이 존재했다. 농사를 지으면서부터는 지배계급, 중간계급, 노예 등의 3대 계급이 등장하게 되었다. 지배계급은 권력을 손에 쥔 우두머리 집단으로서 소도시를 관리하며 이웃 적들과의 전쟁에 이김으로써 포로들을 노예로 삼게 되었다. 중간계급은 생산자계급으로서 농업기술자뿐만 아니라 각종 전문기술자 집단들을 포함했다. 노예계급은 전쟁에서 패한 포로들로서 지배계급으로부터 갖은 압박과 고통을 감수해야 했었다.

B.C. 8000년경 지중해 연안의 시리아와 팔레스타인에서 작은 혁명이 일어났다. 작은 진흙벽돌로 지은 집에 사는 이곳 사람들은 야생에서 자라던 밀과 보리를 집 마당의 좁은 땅에 재배하기 시작했다. 이들은 밀과 보리를 재배하는 데 성공을 이루자 여러 가지 콩을 기르기 시작했다. 집안에서 곡식 재배를 할 수 있게 됨에 따라 야산에 살던 염소와 양을 길들여서 작은 무리로 모아 마을 가까이에서 길렀다. 작은 농장과 농지생활에서는 유목생활을 할 때와 달리 엄격한 시간표에 따라 일상의 작업을 수행해야 했다. 새로운 생활방식에 따른 여러 가지 규율과 의무는 수렵 및 채집 시절의 자유와는 정반대였다. B.C. 7000년에 이르러서야 그리스, 세르비아, 아드리아 해를 바라보는 이탈리아의 작은 계곡에서도 농작물이 자랐다. B.C. 3000년에는 스칸디나비아에서도 농경지며 가축 떼가 등장했다.

농업혁명을 통해 발생하게 된 새로운 질서는 중간계급, 즉 수많은 전문가 집단을 낳게 되었다. 즉, 벽돌 제조업자, 주택 건축업자, 제과업자, 양조업자, 도공, 방직업자, 의류 제조업자, 군인, 제화업자, 곡물 창고업자, 관개용 도랑을 파는 노동자, 그리고 농부와 목자를 비롯한 다양한 전문가들이 배출되었다. 새로운 전문가들은 마을 안에 살았고 마을이 커지면 소도시로 성장했다. 농업이 발전하기 이전까지 소도시와 도시는 존재 자체가 불가능했다.

마을에 정착한 농업기술 전문가들과는 달리 유목민들은 상대적으로 식량이 부족한 생활을 감수할 수밖에 없었다. 농업혁명 초기에는 이들 유목민들도 농사짓는 부족들과 오랜 기간 동안 공존하며 살 수 있었다. 그러나 기근에 가까운 시기가 되면 식량이 부족한 유목민들은 곡식과 가축이 있는 인근 마을을 침략하게 마련이었다. 그러나 유목민들은 숫자도 많고 더 조직화된 마을사람들을 이겨낼 수 없었다.

농업의 발달로 인해 한 지역이 주민을 먹여 살릴 수 있는 경제적 역량은 무려 6~7배씩 늘어남에 따라 세계 인구가 극적으로 증가하기 시작했다. 농업혁명의 초기에는 1,000만 명에 불과했는데 B.C. 2000년경에는 아마 9,000만 명에 달했고 기원후에는 3억 명에 가까워졌을 것이라고 한다. 이렇게 인구가 증가했으나 때로는 여러 가지 전염병 때문에 인구증가세가 주춤한 적도 있었다. 유목민의 경우에는 항상 이곳저곳으로 움직이다 보니 오물이 주위에 쌓이는 법이 없었고 열대기후에서 옷을 거의 입지 않다보니 살균 효과가 있는 햇볕을 더 많이 쪼일 수 있었다. 또한 가축이 없어서 질병의 표적이 되는 일도 적었다. 그러나 새로운 질서 속에서 소도시에 모여 살던 사람들은 북적이는 무리들 때문에 질병 감염의 위험성이 훨씬 커졌다.

농업혁명으로 식량문제가 어느 정도 해결되었지만 새로 형성된 집단 사회에서는 새로운 피지배계층, 즉 노예계급이 생겨나게 되었다. 유목민사회에서는 나이 많은 사람이 권력을 공유했지만 새로운 농경질서에서는 대체적으로 남성이었던 소수의 엘리트 지배자 또는 우두머리가 점차 권력을 독점하게 되었다. 이러한 지배계급들은 적들과의 싸움에서 이기면 몇 명의 적을 붙잡아 와서 노예로 삼았던 것이다. 유목민은 노예를 부릴 기회가 거의 없었던 반면에 정주한 지배자는 노예나 강제노동을 동원하여 관개수로, 사원, 요새 등을 구축했다. 유목민에게는 세금 자체가 없었지만 새로운 지배자는 곡식이나 고기 또는 다른 물품 등으로 세금을 징수했다.

새로운 지배계급은 사제를 임명하여 제사를 지내도록 했다. 사제는 비를 불러오고 풍년을 도모하며 적을 무찌를 수 있는 전략을 짰고 고민에 빠져 있는 사람들에게 마음의 평안을 제공했다. 유럽과 중동의 여러 시골 마을과 작은 소도시들 중에서 상당수의 장소에서는 놀라운 크기의 종교적 기념물이 세워졌었다. 새로운 종교는 우주와 그 작용에 대한 경이감을, 그리고 자연의 어마어마한 위력에 대해 느끼는 두려움과 희망을 반영했다. 토양을 기름지게 만들고 한 해의 수확을 풍성하게 하기 위해서 신들에게 선물을 바쳐야 했다. 인간이 바칠 수 있는 최고의 선물은 바로 인간의 목숨이었다. 이 희생은 풍요가 흘러나오는 문을 열어젖히는 기능을 한다고 여겨졌다. 이러한 희생 제물은 피지배계층인 노예들로 채웠을 것이다.

비록 농업혁명으로 인류의 삶은 그 이전과 비교하여 상대적으로 풍요로워졌다고 하지만 3대 계급사회, 즉 지배계급, 중간계급, 노예계급 등이 만들어지게 되었다. 계급형태는 다르지만 3대 계급사회는 중세사회를 거쳐 비록 민주사회인 오늘날에도 경제적 측면에서는 어느 정도 존속해오고 있는 것이 사실이다.

• 세계 3대 문명

일반적으로 세계 4대 문명 발상지로는 나일 강, 메소포타미아, 인더스, 황허 등을 꼽는다. 그러나 이들 중 황허 문명은 다른 세 곳보다 약 1,000년 늦게 출발하였기에 이 책에서는 세계 3대 문명에 대해 서술하고자 한다. 실제적으로 황허문명은 다른 세계문명들과의 문물 교류가 그다지 많지 않았다.

첫 번째로 나일 강은 이집트 문명을 일으켰다. 문명 발상지의 다른 강 지역민들은 홍수로 인한 범람을 걱정했지만 나일 강 사람들은 오히려 사막지대를 옥토로 바꿔주는 범람을 기다렸다. 나일 강이 홍수로 범람한 후에 물이 빠지고 나면 새로운 퇴적물이 쌓이는데 이 땅에 또 한 번의 보리와 밀 수확을 준비할 수 있었다. 이집트에는 강력한 군주, 인상적인 도시, 활기찬 종교와 경제생활, 풍년들 때마다 곡식이 가득한 곡물 창고, 영원한 어둠 속에서 많은 보물을 간직한 왕의 무덤 등이 오랫동안 있어 왔다. 건설업자들은 거대한 석재를 다루고 수천 명의 예술가들은 귀금속, 구리, 나무, 직물, 보석 등을 다뤘다. 설계자들은 수송과 관개를 목적으로 운하를 구축하여 나일 강과 홍해를 연결하기도 했고 과학자들은 1년을 365일로 나누는 달력을 선구적으로 고안했다.

이집트에서는 B.C. 2700년경에 파피루스를 이용하여 일종의 종이 형태를 만들어서 그 위에 갈대 펜으로 글자를 쓸 수 있게 했다. 이후 파피루스는 영어 페이퍼(paper)의 어원이 되었다. 의학 분야에서도 해부학, 외과 술, 약제학 등에서 성과를 올렸으며 붕대와 부목도 최초로 이들 지역에서 이용되었다. B.C. 2600년경에는 현대식의 이스트를 넣은 빵을 만들었다고 알려져 있다. 나일 강의 범람원으로 생산되는 식량으로 이집트 국민들이 충분히 먹고 남을 정도였기 때문에 이집트 국왕은 B.C. 2700년경에 최초의 피라미드를 건설할 수 있었다. 전체 인구가 100만 명에 불과한 왕국에서 피라미드를 만들었다는 사실은 놀라운 일이다. 이집트의 왕조는 3,000년 정도 지속되었으며 역사에 기록된 왕조들 중에서도 가장 오래된 왕조이다.

두 번째로 메소포타미아 문명은 티그리스와 유프라테스라는 두 강 사이에 위치하고 기후가 온화한 평야 지역에서 발생했다. 이 지역에서는 B.C. 3700년에 세계 최초의 국가가 세워졌다. 또한 단단한 나무로 만든 바퀴가 세계 역사 최초로 발명되었다. 계산 기술 역시 발전했는데 두 가지의 서로 다른 숫자 체계, 즉 10진법과 60진법을 사용하였다. 이 둘 가운데 궁극적인 승리는 10진법이 승리를 거두었지만 한 시간을 60분으로 나누고 1분을 60초로 나누게 된 것은 바빌로니아 수학자들의 계산 결과에 따른 것이다.

　메소포타미아 지역에서는 서로 경쟁관계에 있는 도시와 제국이 생존을 위해 싸움을 벌여오다가 오늘날의 이라크에 자리 잡았던 아시리아가 바빌론을 쓰러트리고 패권을 잡았다. 아시리아에서는 천문학, 시각예술, 공학 등이 번성했다. B.C. 1500년경에는 초기의 유리 제조업자들이 유리그릇을 만들어내기도 했다. 두 개의 큰 강이 구불구불 이어지는 넓은 평야에서는 2,000년이라는 시간 동안 여러 도시들이 탄생했다.

　그곳 사람들이 남긴 직사각형 점토판에는 자신들의 국왕 명단과 최초의 사전 등이 기록되어 있다. 그들의 경쟁자, 즉 바빌로니아를 중심으로 통치하는 또 다른 제국도 천문학에서 이에 못지않은 진보를 이루었다. 그곳에서는 달에 근거한 달력을 사용했으며 낮에는 해의 신이 그리고 밤에는 달의 신이 관장한다고 믿었다. 이 두 신 가운데 달이 훨씬 강력했다. 초승달은 달의 신이 올라타고 밤하늘의 광활한 공간을 느리면서도 당당하게 지나가는 보트라고 믿었다. 이 초승달이 여러 세기 후에 이슬람이라는 새로운 종교에서 다시 상징으로 등장하게 되었다.

세 번째로 인더스 문명은 인더스 강 유역에서 발생했다. 넓은 인더스 강 유역을 따라 흐르는 물은 눈 덮인 히말라야에서 흘러내려와 아라비아 해로 향했다. 인더스 강의 이름에서 인도라는 이름이 비롯됐지만 오늘날 이 강의 대부분은 파키스탄의 영토 안에 있다. 원래 비옥한 강변을 따라 정글이 있었지만 나무를 베어내 개간하면서 기름진 토양이 드러났다. 매년 발생하는 홍수로 6~9월까지는 저지대가 침수되는 덕분에 매년 생명을 키워내는 침적토층이 넓게 퍼졌다. 인더스 강 유역에서는 최고 B.C. 6000년부터 농부들이 일을 했다. 때때로 지금의 이란에 살던 사람들이 이들을 침략하기도 했다. B.C. 2500년경에 대두한 이 문명은 이후 7세기 또는 그 이상 동안 번영했다. 밀과 보리는 몇 가지 종류가 있었고 이 외에도 완두콩, 참깨, 겨자 등을 길렀다. 과일에는 대추야자와 수박이 있었다. 사탕수수와 면화도 이곳에서 최초로 재배되었다가 나중에 중동을 거쳐 아메리카로 전래되었다.

인더스 강의 전성기는 나일 강이나 메소포타미아의 두 강보다 수명이 더 짧았다. 청동과 철을 사용하는 새로운 기술이 도래하기 훨씬 전인 B.C. 1800년경에 이곳의 도시는 쇠퇴하기 시작했다. 인도 북서부에서 영토를 점점 확장하던 아리아인들이 결국 이 유역에 침투했다. 이곳에는 강과 침적토층뿐만 아니라 또 한 가지 뚜렷한 지리적 이점이 있었는데 바로 이들 문명의 측면에 자리 잡은 사막이 일종의 방패막이로 작용하여 외적의 침입을 막아준 것이다. 또한 강 유역의 기후가 온화하여 장기간 보관할 수 있었다는 점이다.

그러나 이들 3대 지역이 인류 문명을 태동시켰다고 해도 오늘날 이 지역의 문명은 다른 지역들과 비교하여 초라하기 짝이 없다. 역사적으로 보면 아무리 강병부국 한 나라라고 해도 내적으로 퇴보되고 외적으로 침입을 받게 되어 오랜 시간을 버텨내지 못해왔다. 이제는 이들 3대 문명 지역의 선조들이 남겨놓은 유적지를 방문하는 관광객들만이 아득한 먼 옛날의 영화를 간신히 느낄 뿐이다.

• 로마시대의 세계 3국(로마, 중국, 제 3세계국)

로마시대라 함은 로마가 강력한 군사력으로 지중해를 지배했던 시대를 말한다. 지중해는 오늘날의 세계가 대두되는 과정에서 그 어떤 바다보다 광범위한 영향력을 발휘한 바다이다. 지중해는 서쪽으로는 지브롤터 해협을 통해 대서양과 연결되어 있고 동쪽으로는 인도양의 두 군데 후미(홍해와 페르시아 만)와 거의 맞닿아 있다. 지중해에서 이스탄불을 통해 연결되어 있는 흑해는 아시아 내륙까지 뻗어 있고 지중해의 두 바다는 이탈리아 양옆을 지나 눈 덮인 유럽 알프스의 산자락 근처까지 뻗어 있다. 로마시대의 지중해는 아프리카, 유럽, 아시아 등을 하나로 이어주었다. 지중해는 바다가 길고도 폭이 좁았으며 깊은 만이 여러 개 있었기에 강력한 군사력을 지닌 나라가 넓은 지역을 호령할 수 있었다. 페니키아인, 그리스인, 카르타고인, 로마인이 실제로 지중해를 그런 용도로 사용했다.

로마시대에는 세계가 3국, 즉 로마, 중국, 제 3세계국들 등으로 구성되어 있었다. 로마는 일곱 개의 언덕 위에 세워졌지만 초기만 해도 그 모든 언덕에 사람이 살고 있었던 것은 아니다. 소도시 자체가 너무 작았기에 그렇게 넓은 공간이 필요하지는 않았다. 처음에는 군주 한 명이 이 소도시와 인근의 작은 영토를 다스렸지만 B.C. 509년에 이르러 토지를 소유한 여러 가문이 득세하면서 이후 거의 5세기 동안 공화국이 지속되었다.

그리스인은 바다를 자연적인 도로로 사용했지만 로마인은 자신들만의 도로를 육지에 만들었다. B.C. 312년에 로마의 공학자들은 최초의 동맥을 만들기 시작했다. 최초 건설 당시 로마의 도로는 훗날 자동차 시대의 유럽 고속도로보다 훨씬 뛰어난 수준이었다. 급한 메시지를 전달하기 위한 특사가 도로로 오갔는데 홍수나 폭설 등과 같은 자연재해가 발생하지 않는 한 마차는 대체로 시간을 엄수했다. 로마 제국의 여러 지역에서 도로를 통해 보낸 메시지는 해로로 보낸 메시지보다 훨씬 빨리 도착했다. 로마의 도로망을 따라 기수, 군인, 상인, 노예, 모험을 좇는 젊은이들이 오고갔다. 로마를 중심으로 모든 도로가 주변국들로 퍼져나갔다.

중국에도 로마에 못지않은 큰 도시가 있었지만 로마는 100만 명에 달하는 인구를 보유한 사상 최초의 도시였다. 산자락에서 계속 흘러내린 물이 아치 형태의 긴 다리를 통해 도시까지 수로로 연결되어 공중목욕탕과 수많은 가정의 물동이 및 주전자를 채웠다. 로마 시에만 무려 800개의 공중목욕탕이 있었다고 한다. 로마가 패망한 이유 중의 하나로 공중목욕탕이 많았다는 사실을 꼽는데 이것은 확증되지 못하고 있다.

로마는 공화국으로 시작했으며 당시에는 소수의 가문이 권력을 공유했다. 나중에는 이탈리아에 거주하며 선거권을 지닌 시민 유권자가 무려 100만 명 이상으로 늘어났다. 국가의 수장조차도 비밀선거로 선출했다. 로마의 넓은 영토에다가 계속 확장되는 제국을 통치하기란 결코 쉽지 않았고 새로운 세금을 징수하기가 여간 어렵지 않았다. 늘어만 가는 군 복무 기간을 시민군으로는 더 이상 감당할 수 없었기에 용병을 고용하거나 심지어 노예까지도 병사로 모집했다.

병사들은 로마가 아니라 직속상관인 장군을 향해 충성을 바쳤다. 누군가가 대단한 승리를 거두거나 대중 사이에서 너무 큰 인기를 누릴 경우에는 현재 권력을 쥐고 있는 민간 지도자에게 간접적으로나마 위협이 되었다. 로마의 지속적인 정치적 긴장 상태를 해결할 방법으로 황제 제도를 도입하여 B.C. 63년에 아우구스투스(옥타비아누스)가 황제로 등극했다. 공화정에서 군주정으로 이행하는 과정에는 어려움도 있었지만 덕분에 로마 제국에는 새로운 안정이 깃들었다. 제국은 이미 확보한 영토를 보유하면서 계속적으로 새로운 영토를 확장해나갔다.

중국에서는 로마시대에 한나라가 진나라에 이어 강력한 통일국가로 부상했다. 한나라(서한과 동한)는 기원전 3세기 말에 흥성하여 약 400년 동안 중국을 통치하고 기원 후 3세기 초에 멸망하였다. 한나라는 진나라의 군현제를 계승하여 중앙이 지방을 직접 통치하는 일련의 행정시스템을 갖췄다. 군에는 군수(郡守)와 군의 관리 약간 명을 두었다. 군의 아래에는 현(縣)을 두고 큰 현에는 현령(縣令), 작은 현에는 현장(縣長)을 두었으며 각각의 현에도 관리를 약간 명 두었다. 관리는 모두 국가가 임명했다. 한나라 때의 중국에는 자치 혹은 반자치의 도시는 없었다.

중국 서부에서 흑해의 가장 가까운 항구까지 이어져 있는 육로는 기원전부터 전 세계에서 가장 긴 길이었다. 이 길은 산맥과 고원, 돌투성이 평야와 소금기 어린 사막을 지나고 개울과 협곡과 거대한 초원을 가로지르며 줄곧 이어졌다. 이 길을 오가는 상인들의 모습은 꾸준한 행진이기보다는 릴레이 경주에 가까웠다. 로마와 알렉산드리아의 부자들은 중국의 비단옷을 매우 탐냈고 오랜 세월 동안 중국은 전 세계에서 유일하게 비단을 생산하는 나라였다.

중국의 경제생활은 다른 나라들과 비교하여 워낙 앞서 있었고 다양했기 때문에 서쪽에서 얻고자 하는 것이 거의 없었다. 그저 레바논과 이집트에서 만들어져서 교역로를 따라 아시아로 운송되는 우수한 유리 제품을 약간 얻는 데 만족했다. 비단길을 따라 운송되는 물품은 대황과 계피 같은 귀중한 약재도 포함되었고 씨앗과 살아 있는 식물도 있었다. 복숭아나무와 배나무를 최초로 재배한 곳도 중국으로 추정되며 이 두 나무는 A.D. 2세기가 지날 무렵 인도에도 도입되었다. 또한 오렌지가 처음 재배된 곳도 중국이었다.

중국인과 로마인의 사고방식에는 한 가지 공통점이 있다. 바로 자신의 문명이 다른 어떤 문명보다 우월하다고 믿었다는 것이다. 중국은 방대한 영토를 소유했다는 점이 로마와 비슷하고 중국 황제는 여러 언어와 문화와 민족으로 이루어진 인민을 통치했다는 점이 로마 황제와 비슷했다. 그러나 로마제국은 다민족과 다문화였지만 한나라에서는 한민족과 한문화가 절대 우세하였다. 또한 로마제국은 한나라와 달리 지방자치제가 광범위하게 존재했다.

로마시대의 제 3세계국들은 몇몇 국가를 제외하고는 강력한 국가체제를 갖추지 못했다. 로마제국의 라이벌로서 튀니지 해안의 카르타고는 기원전 814년에 페니키아인들에 의해 세워졌다고 간주되지만 확실하지 않다. 시리아 지방에는 로마제국과 서아시아 패권을 다퉜던 파르티아가 있었다. 아시아 지역에는 B.C. 20년경부터 5세기 중엽까지 인도 북서부에서 중앙아시아를 지배한 쿠샨 왕조가 있었다. 로마시대 당시의 우리나라는 고조선시대로서 다른 강대국들과 비교하여 강력한 군세를 갖추지 못한 상황이었다. 로마시대에는 이들 국가 외에도 제 3세계 국가들이 많이 존재했을 것이지만 역사적으로 전해지고 있는 나라의 수는 소수에 불과하다.

• 세계 3대 종교 발생

종교는 사전적 의미로 '초월적인 신을 믿고 숭배하여 마음의 평안과 행복을 얻고자 하는 정신문화의 총체적인 체계'이다. 이 세상에는 유사 이래 수많은 종교가 나타났다가 사라지곤 해왔다. 이들 종교 중에서 인종, 문화, 지역 등을 초월하여 널리 퍼져 있는 세계 3대 종교로서 기독교, 이슬람교, 불교 등이 꼽히고 있다.

첫 번째로 기독교는 이스라엘에서 출발하였다. 이스라엘의 히브리인은 바닷가가 아닌 초지에서 살았기 때문에 배보다 가축 떼를 더 많이 소유하며 살았다. 이스라엘의 북쪽에 위치한 레바논에는 자연 항구가 있어서 그곳의 페니키아인들이 다른 나라들과 교역하면서 번영을 누렸다. '히브리'라는 단어는 방랑자 또는 '건너온' 사람이라는 뜻이다. 히브리인은 페르시아 만 상류 또는 그 인근 사막에서 유래한 것으로 추정된다.

피라미드 시대에 이집트의 노예였던 히브리인들은 이스라엘의 지도자 모세를 따라 탈출해서 가나안 땅에 살기 시작했다. B.C. 1000년경에 다윗 왕의 치하에서 히브리인은 영광의 나날을 보냈는데 이는 이스라엘이 이민족의 지배에 있던 예루살렘을 점령했기 때문이다. 다윗의 아들이며 후계자인 솔로몬 왕은 이 대도시의 언덕 위에

웅장한 성전을 세웠다. 솔로몬 왕이 사망한 이후 B.C. 935년에 그의 왕국은 이스라엘과 유다라는 두 나라로 나뉘었다. 이 두 나라는 워낙 작고 약한 까닭에 야심만만한 외국의 침략 앞에서 버티지 못했다. B.C. 587년에는 신바빌로니아 제국의 병사들이 예루살렘의 성전을 약탈하고 파괴했으며 유대인 지도자들은 거의 1세기 동안이나 유배를 떠나야만 했다. 이스라엘은 여러 세기에 걸친 갖가지 변화와 미미한 승리 끝에 B.C. 2세기에 들어 기적을 경험했다. 즉, 80년 동안이나 독립에 가까운 상태를 누린 것이다. 그러다가 B.C. 63년에는 확장세에 있던 로마 제국의 지배를 받기 시작했다.

예수는 B.C. 6년에서 A.D. 4년쯤에 태어났다. 로마의 지배를 받던 이스라엘의 격앙된 종교 및 정치 환경 속에서 성장한 예수는 세례 요한의 가르침에서 특별한 영향을 얻었다. 30대 초반에 예수는 망치와 톱과 끌을 내려놓고 고향을 떠나 세례 요한과 같은 소명을 받아들였다. 30대였던 30년경에 예수는 십자가에 못 박혀 죽었다. 십자가에는 세 가지 언어(라틴어, 그리스어, 히브리어)로 '나사렛의 예수, 유대인의 왕'이라고 적혀 있었다고 한다.

그리스도의 메시지는 흩어져 살았던 유대인의 도움 덕분으로 퍼져나갈 수 있었다. 유대교는 원래 유대인만을 위한 것이었지만 오래전부터 그 영향력을 넓혀가고 있었다. 비유대인은 할례의 의무가 면제되었다. B.C. 1세기 로마 제국의 도읍에 세워진 여러 유대교 회당에서는 히브리어를 사용하지 않았다. 그리스어로 기도하고 그리스어로 된 성서를 낭독했다. 바울은 다마스쿠스로 가는 길 위에서 겪은 신비로운 체험으로 유대교에서 기독교로 개종하였다.

바울은 열렬한 기독교 선교사가 되어 그리스도 사후 14년 동안 유아기 상태의 교회를 반듯하게 세우는 일을 했다. 상당수의 유대계 기독교인은 외부인을 거부했는데 이는 기독교가 단지 유대교의 한 분파라고만 생각했기 때문이다. 그리스도 사후 10~20년 뒤에 안티오크에서는 회개한 사람이라면 누구나 기독교인이라는 결론이 내려졌는데 이는 유대인보다 국제주의자 쪽에 더욱 유리하게 되었다. 이로써 유대교 회당과 새로운 기독교 교회 사이의 균열은 점차 커졌다.

로마 시에서는 물론이고 멀리 떨어진 로마 제국의 도시에서도 기독교인은 군중으로부터 박해를 받았고 순교자가 늘어났다. 한편 로마 시는 더 이상 방대한 제국의 중심이 아니었다. 285년에 이르러 제국은 행정상의 편의를 위해 두 부분으로 분할되었다. 서쪽 제국은 밀라노를 수도로 정했고 동쪽 제국은 니코메디아(이즈미트)를 수도로 정했다. 서쪽 제국의 콘스탄티우스 황제는 기독교에 대해 매우 동정적이었으며 그로부터 6년 뒤 오늘날의 프랑스에서 그는 결국 기독교로 개종했다. 기독교는 다문화적 제국인 로마에 딱 맞아떨어졌다. 모든 사람을 평등하게 대하는 까닭에 그리스인, 유대인, 페르시아인, 슬라브인, 게르만인, 이베리아인, 로마인, 이집트인, 기타 여러 민족으로 이루어진 제국에 딱 맞았던 것이다.

312년에 젊은 황제 콘스탄티누스는 기독교인을 관용하라고 시민에게 지시했고 한때 로마인 통치자에게 호의적 대우를 받았던 유대교 회당이 이제는 도리어 경멸의 대상이 되었다. 서방과 동방 교회에서는 사용하는 언어도 분리된 상태였다. 동방교회에서는 그리스어 그리고 로마의 교회에서는 라틴어를 사용했다. 로마와 동방의 콘스탄티노플 사이를 배로 오가다 보면 최대 한 달이 걸렸기 때문에 양쪽이 항상 연락을 유지할 수 있는 것도 아니었다. 이후 여러 세기 동안 서방교회와 동방교회, 즉 가톨릭과 정교회는 신학은 물론이고 조직 또한 전혀 다른 체계를 형성해갔다. 정교회에서는 평신도도 설교를 할 수 있었지만 가톨릭은 이런 특권을 남용하지 않았다. 그런 면에서 정교회는 훗날 북유럽에서 발생한 프로테스탄트와 밀접한 유사성을 지닌다. 오늘날 기독교는 종교개혁으로 가톨릭과 프로테스탄트, 즉 개신교로 양분되어 있다.

두 번째로 이슬람교는 오늘날의 사우디아라비아에서 탄생했다. 이슬람교의 창시자인 무함마드는 서기 570년 메카에서 태어났는데 어린 나이에 아버지와 어머니를 모두 잃었다. 그는 매우 똑똑해서 부유한 미망인이었던 고용주에게 좋은 인상을 주어 그녀와 결혼했다. 그녀 나이 40세 그리고 그가 25세 때의 일이다. 그는 교역상 겸 특사로 일하면서 멀리 떨어져 있는 여러 도시를 돌아다녔고 외부 세계의 사상에 관해 많은 것을 배웠다. 그는 유대교와 기독교의 사상도 흡수했다. 610년에 그는 강력한 종교적 각성을 경험했고 이 세상에는 신이 오로지 하나뿐이라는 메시지를 받았다.

무함마드는 자신에게 알라신의 영이 충만하다고 생각하고서 메카의 성스러운 검은 돌을 우상시하는 이교도 순례자들을 비판했다. 여러 사람들로부터 비판을 받자 그는 622년에 메디나로 도망쳤다. 무함마드가 메디나에 도착한 622년 9월 24일은 나중에 새로운 이슬람 달력의 첫날이 되었다. 메디나에서 그는 세속과 종교, 양쪽 모두의 통치자가 되었다. 무함마드는 유능한 장군이었으며 부하의 대다수는 열광적인 신자이기도 했다. 무함마드는 군사력을 보강하기 위해 유목 부족들과도 동맹을 맺고 630년에 메카를 손쉽게 점령했다.

무함마드의 설교는 아랍어로 쓴 '코란'이라는 책 한 권으로 집성되었다. 무함마드가 630년 메카를 장악하면서 오랜 세월 분열되어 있던 아라비아의 통일을 상당히 이뤄냈다. 무함마드는 2년 뒤 사망해 메디나에 묻혔다. 이때까지만 해도 대부분의 주변 국가에서는 그를 구세주로 여기지 않았다. 무함마드 추종자들은 635년에 다마스쿠스를 그리고 1년 뒤에는 예루살렘을 점령했다. 무함마드가 사망한지 20년도 채 되지 않아서 그의 종교와 칼은 동쪽으로는 아프가니스탄 가장자리에서 서쪽으로는 트리폴리까지 약 5,000킬로미터에 이르는 지역을 통치하게 되었다.

712년에는 오늘날 파키스탄의 물탄과 중앙아시아의 사마르칸트를 점령했다. 1년 뒤에는 멀리 서쪽에 있는 에스파냐의 세비야도 이슬람 제국이 장악했다. 아프리카로 침투한 이슬람교는 로마 제국의 국경 너머까지 확장되었다. 아프리카에서는 주로 전도와 선행을 통해서 코란이 전파되었다. 기름진 땅에서 정착생활을 영위했던 농부들보다는 낙타 무리를 끌고 다니면서 계속적으로 이동해야 하는 사막 사람들이 새로운 종교에 더욱 공감했다. 유랑인들에게는 사제와 교회가 필요 없는 종교야말로 매우 실용적이었다.

이슬람교는 모든 사람이 서로 친족이라고 주장했지만 노예에게는 이러한 사상이 완전히 적용되지 못했다. 수백 년 뒤 아메리카 대륙으로 끌려간 노예 가운데 상당수는 이슬람교가 오랫동안 세력을 발휘한 지역 출신이었지만 이 노예 중에 열성적인 이슬람교도는 드물었기에 아메리카에서는 기독교가 들어설 여지를 남겨두었다.

세 번째로 불교는 B.C. 6세기에 다양성을 존중한 힌두교에서 갈라져 나왔다. 불교의 창시자인 고타마 싯다르타는 그리스도와 유사한 데가 있다. 다만 보름달이 뜬 밤에 태어난 고타마를 축하한 현인은 세 사람이 아닌 한 사람이었다. 고타마의 아버지는 네팔 어느 작은 나라의 군주였으며 오늘날 인도의 국경 근처에 살았다. 그는 나이가 들자 부친이 소유한 새 궁전에서 탕자처럼 갖가지 환락을 즐겼다. 그러다가 그는 갑자기 구원을 찾아 나섰고 금욕주의라는 강력한 인도의 전통에 따라 자기 몸을 학대했다. 그는 엄청난 고통을 견디고 황야에서 여러 시간을 보낸 뒤에 깨달음에 이르러 '깨달은 자' 또는 붓다가 되었다.

붓다는 거룩함을 추구했으며 자아를 소멸시키는 것이 필수적이라고 보았다. 궁극적인 목표는 '열반'의 경지에 이르는 것이었으니 이것이야말로 자아를 사실상 소멸시키는 이상적 상태라고 보았다. 그는 힌두교의 카스트 개념을 받아들이지 않았고 부유한 사람까지 매료시켰다. 붓다는 성나서 날뛰는 코끼리 앞에서도 평정을 잃지 않은 채 그 짐승을 굴복시켰다고 하는데 이 일화는 중세에 성 프란체스코가 이탈리아에서 야상 늑대를 굴복시켰다는 일화와 비슷하다. 불교는 300년에 미얀마 남부까지 그리고 400년에는 자바와 한국까지 도달했다.

당시에 인도, 중국, 지중해 동부 등은 세계에서 가장 역동적인 지역으로 꼽힌다. B.C. 480년대에 인도에서는 노년에 접어든 붓다가 갠지스 강 지역을 다니며 가르침을 베풀었고 중국 북부에서는 공자의 가르침이 글로 작성되었다. 그리스에서는 아테네가 페르시아를 상대로 마라톤 전투에서 승리하여 예술과 민주주의를 육성하는 기반을 마련했다. 붓다는 80세를 앞둔 B.C. 486년경에 입적했으며 그의 신조는 그가 죽고 2세기가 지나서야 전파되었다. 붓다 생전까지 수많은 왕국으로 분열되어 있던 인도를 최초로 통일한 통치자 아소카 왕이 나타난 것이다.

세 종교는 '신은 두려움의 상징이다'라는 믿음에서 '사랑은 거룩하다'라는 확신으로 이행됐음을 보여준다. 도시 간 교역을 담당하는 상인들은 신뢰를 강조한 새로운 종교를 시골 사람들보다 더 잘 받아들일 수 있었는데 이는 낯선 땅에 들어선 상인들에게는 계약과 구두 약속을 믿을 수 있는 신뢰할 환경이 필요했기 때문이다. 붓다의 초창기 추종자 가운데에는 상인이 많았다. 무함마드 역시 상인이었다. 기독교가 애초에 발상지에서 멀리 떨어진 곳까지 퍼져 나가게 된 것도 유대인 신자들 가운데 상당수가 낯선 땅에서 일하는 상인들이었기 때문이다.

이들 세 종교가 새로운 땅에서 궁극적으로 성공을 거둘 수 있었던 것은 대부분 대의명분을 위해서 기꺼이 자기 목숨을 내놓으려 했거나 실제로 목숨을 내놓은 사람들의 헌신과 희생 덕분이었다. 세 종교는 사회적으로 응집력이 부족한 백성을 다스려야 하는 황제들에게 특히 호소력을 지녔다. 불교는 인도의 아소카 때문에 퍼져나갈 수 있었고 기독교는 로마의 콘스탄티누스라는 강력한 황제 덕분에 국교로 채택되었던 것이다. 서기 900년에 이르러 세 종교는 그때까지 알려진 세계 대부분 지역에 침투했다. 단지 아메리카대륙, 아프리카 남부, 뉴기니, 오스트레일리아, 그리고 아주 먼 섬들만이 예외였던 것이다.

• 칭기즈칸 시대의 세계 3국(몽골, 중국, 제 3세계국)

칭기즈칸은 1206년 몽골족의 족장으로서 초원 지대의 여러 부족을 통일하는 기적적인 위업을 달성했다. 동아시아와 지중해의 대조적인 문명 사이에 초원과 산맥을 통하여 일종의 도로가 서서히 생겨났다. 초원 지대에 살던 사람들은 때때로 도로의 양 끝에 있는 잘 무장된 세계를 급습하곤 했다. 서쪽 끝에는 훈족이 위세를 떨침으로써 다 죽어가던 로마 제국을 공포에 떨게 만들었다. 그로부터 거의 천 년 뒤 동쪽 끝에는 용기와 잔인성 그리고 탁월함을 겸비한 몽골족이 대두하여 가장 방대한 영토를 정복했는데 이 시대를 칭기즈칸 시대 라고 부른다. 이 시대의 세계를 3지역으로 구분한다면 지배국인 몽 골과 주변 강대국인 중국 그리고 나머지 제 3세계국들이 된다.

몽골의 칭기즈칸은 13만 명에 달하는 기마대와 적국에 잠입한 첩 보망을 활용하여 본격적인 정벌에 나섰다. 그의 기마대는 항상 한두 필씩 여분의 말을 끌고 다녔는데 긴 여정으로 말이 지치면 갈아타기 위해서였다. 칭기즈칸은 매우 빠르게 이동하며 주로 기습 전술을 사 용했다. 그는 도시를 공격하기 전에 먼저 항복할 기회를 주었다. 항 복의 대가는 그 도시의 인구와 재산의 10분의 1을 내놓는 것이었다. 그렇게 함으로써 칭기즈칸의 군대는 병사를 징집하고 노예와 재산을 늘릴 수 있었다. 그러나 항복하지 않으면 대학살과 살생을 감행했다.

몽골족 앞에서는 만리장성조차도 아무런 소용이 없었다. 이들은 1215년에 중국의 수도인 베이징을 점령했다. 또한 그들은 높은 성벽 뒤에 숨어 안심하고 있던 이슬람 대도시들을 연달아 정복했다. 심지 어 바그다드까지 그들 수중에 떨어졌다. 13세기 말에 이르러 몽골 제국은 도나우 강가에서 저 멀리 홍콩의 어촌까지 세력을 넓혔다. 칭기즈칸은 로마인이 무려 수 세기에 걸쳐 정복한 영토의 크기를 20 년도 안 걸려 정복했다. 물론 제국을 수립하기 위해서는 바다보다 육지가 훨씬 유리하다. 칭기즈칸이나 알렉산드로스 대왕의 승리는 오로지 방대한 육지를 점령한 것이었다.

나폴레옹이나 히틀러가 판도를 넓힐 수 있었던 까닭도 애초부터 변화무쌍한 바다를 상대로 싸울 필요가 없었기 때문이다. 바다는 대개 수비군의 편이었다. 원정군 함대는 파도에 시달리거나 쉴 만한 항구도 없고 익숙하지 않은 바람이 부는 해안에 정박해야 했기에 몹시 불리하지만 수비군은 인근 해역에 대한 지식이 풍부했기 때문이다. 몽골족이 거둔 최초의 업적 가운데 하나는 길고 긴 비단길에 법과 질서를 만들어낸 것이다. 비단길이 통치자 한 명의 지배 아래 들어간 것은 이때가 처음이었다.

이 시대의 중국은 서양보다 우수한 기술들을 상당히 많이 가지고 있었다. 당시의 중국 농부는 전 세계에서 가장 실력이 뛰어났을 것이다. 이들은 실험을 통해 새로운 품종의 벼를 만들어냈다. 중국은 종이를 만들었고 868년에는 목판 인쇄술을 개발했다. 손으로 일일이 베껴 쓰지 않고 책을 인쇄할 수 있게 됨으로써 불교의 가르침은 물론 관직에 진출하려는 사람이라면 반드시 알아야 할 공자의 가르침을 전파하는 데도 아주 유용했다. 1273년에는 생사(生絲)를 취급하는 농부와 경작자를 위한 안내서가 인쇄되어 한 번에 3,000부가 유통되었다. 동일한 시기에 이탈리아에서 그 정도 분량의 책을 만들려면 수도원 한 곳의 수도사 전부가 동원되어 꼬박 한 해 동안 필사 작업에 전념해야 했을 것이다.

중국은 바다에서 성공을 거두지 못했다. 중국은 나침반을 발명했지만 미지를 향해 항해하겠다는 지속적인 열망을 품지는 못했다. 중국인은 지도 제작에도 솜씨가 있었지만 그들이 만든 최고의 지도는 어디까지나 농경 지역에 관한 소축척 지도뿐이었다. 세계지도에 관해서는 거의 관심이 없었다. 이들은 중국의 기름진 평야가 다름 아닌 세계의 중심이고 동양의 에덴동산이며 이 평야에서 멀리 떨어진

다른 지역은 그리 중요하지 않다고 믿었기 때문이다.

　중국 과학자들은 여전히 지구가 평평하다고 믿었다. 그러한 마음 편한 생각이 유럽에서는 이미 사라진 지 오래되었다. 유럽의 배가 동쪽이 아니라 서쪽으로 여행하면 결국 중국에 도착할 수 있다는 흥미로운 이론에 대해 중국인들은 그저 터무니없다고 생각했다. 만약 중국인이 지구가 둥글다는 사실을 알고 동쪽으로 멀리 항해했다면 콜럼버스보다 훨씬 먼저 아메리카를 발견했을 것이다.

　이 시대의 제 3세계국들은 칭기즈칸의 몽골로부터 공격을 받아 점령당하거나 다행스럽게도 그들의 세력에서 벗어난 나라들로 이루어졌다. 칭기즈칸은 육로를 통해 공격하였으므로 몽골로부터 육지로 이어진 지역의 나라들은 처참한 국면을 맞이하게 되었다. 우리나라도 고려시대인 1231년에서 1257년에 이르기까지 몽골, 즉 원나라로부터 수많은 공격을 받아서 온 나라가 쑥대밭이 되었다. 원나라의 공격으로 인해 고려의 무신정권이 막을 내리게 되었다. 그러나 일본은 카미카제(神風)의 덕택으로 고려와 몽골의 연합군의 침략으로부터 나라를 지켜낼 수 있었다. 이 시대의 유럽은 중세사회로서 신성로마제국이 세력을 떨치고 있었다.

● 18세기 아메리카 대륙의 세력 3국(영국, 프랑스, 미국)

　아메리카 대륙은 약 3만 년 전에 유라시아 대륙의 동부에서 베링해협을 건너온 몽고리언에 의해 최초로 발견되었다는 것이 정설로 되어 있다. 1492년에 스페인의 콜럼버스가 인디언 원주민들이 살고 있던 아메리카를 재발견한 후 1620년에 메이플라워호를 타고 영국의 청교도들이 아메리카로 이주했다. 그 후 수많은 유럽인들이 아메리카로 이주해와서 인디언 원주민들과 갖가지 전쟁을 벌여왔다. 18세기에 들어와 아메리카 대륙에서는 3개국, 즉 영국, 프랑스, 미국 등이 세력 전쟁을 벌이고 있었다.

1750년 당시 아메리카 대륙은 서로 다른 두세 개의 세계로 나뉘어 있었다. 아메리카 대륙의 남북에 위치한 극지방과 북아메리카의 초원 지대에는 열댓 개의 토착 부족이 자치를 누리고 있었다. 대륙의 해안 지역에는 유럽 국가들로부터 영향력을 받는 식민지들로 이루어져 있었다. 이들 식민지들은 점차 인구가 늘어나고 부(富)가 급증함에 따라 서유럽과 서아프리카에까지 널리 영향을 미치게 되었다.

유럽에서는 1756~1763년 동안 '7년 전쟁'이 발발했다. 원래 '7년 전쟁'은 독일 동부의 비옥한 슐레지엔을 프로이센에게 빼앗긴 오스트리아가 일으켰으나 유럽의 여러 나라들이 양분된 동맹국들 간의 전쟁으로 번졌다. 영국은 '7년 전쟁' 동안에 프랑스와의 식민지 전쟁에서 승리함으로써 캐나다와 노바스코샤의 지배권을 1763년에 프랑스로부터 넘겨받았다. 영국은 북아메리카의 동부 지역에서 이미 우위를 점유하고 점차 영향력을 넓혀가고 있었다. 캐나다의 허드슨 만에서부터 멕시코 만에 이르는 거의 모든 지역이 영국의 지배 아래 있었다. 뿐만 아니라 북아메리카의 식민지 주민 대부분은 영국의 지배가 지속되기를 바랐다. 그들은 가톨릭 국가이자 영리추구에 몰두하는 프랑스 정권에 지배당하는 것을 원하지 않았던 것이다.

그러나 막상 '7년 전쟁'이 끝나고부터는 본국인 영국과 북아메리카의 식민지 사이에 이전과 같은 우호관계가 더 이상 유지되지 못했다. 영국은 7년 전쟁으로 국가 부채가 두 배로 늘어났지만 이 빚을 갚는데 아메리카 식민지는 거의 도움이 되지 못했다. 국가의 세입에서 가장 중요한 원천이 수입품에 부과하는 관세이지만 아메리카 식민지 수입상의 상당수는 이 세금을 안 내려고 밀수를 하기에 이르렀다. 이로 인해 북아메리카 식민지 주민의 평균 세금이 영국민의 평균 세금에 비해 턱없이 부족해지자 이러한 불규칙을 바로잡고자 북아메리카 식민지에 대해 각종 조치가 시행되었으나 오히려 식민지 주민들의 분노와 반발을 불러일으켰다.

영국과 13개 식민지의 관계는 점점 멀어졌다. 1775년에는 조지워싱턴이 이끈 식민지의 반란군들이 영국군 수비대와 교전을 시작했다. 조지워싱턴은 프랑스와의 전쟁에도 참여했었다. 그는 영국의 숙적이자 영국의 지위를 호시탐탐 노리던 프랑스와 에스파냐로부터 중요하고도 은밀한 지원을 받기 시작했다. 그러한 지원이 없었다면 반란군은 결국 대패하고 말았을 것이다. 결국 영국은 북아메리카 식민지의 지배를 이어가지 못하게 되었다.

프랑스는 북아메리카의 반란군을 도와서 그들에게 승리를 안겨주었으나 전쟁 지원으로 인해 국가 부채가 늘어났다. 프랑스 왕은 전쟁 비용을 충당하기 위해 세금을 인상했다. 1789년 프랑스에서 벌어진 대중 혁명은 크고 작은 여러 원인들에서 비롯되었지만 그중에서도 가장 확실한 원인은 바로 미국에서 일어난 반란과 함께 그 반란에서 제기된 여러 가지 원칙들 때문이었다. 1789년 5월 베르사유와 파리에서 시작된 프랑스 혁명은 초기만 해도 혼돈의 서막이라기보다는 오히려 희망의 선언에 가까워 보였다. 그러나 7월로 접어들자 성난 민중이 파리 시내를 휩쓸기 시작했고 프랑스 의회는 '인권선언문'을 발표했다. 결국 1791년에 프랑스 국왕이 자기 나라에서 체포 구금되었다.

프랑스는 혁명 와중에 유럽의 다른 주요 군주국들과 전쟁을 벌였다. 이 시기에 나폴레옹이 전쟁 영웅으로 등장했다. 1793년에 툴롱 전투에서 나폴레옹이 제시한 전략으로 영국군을 몰아내면서부터 겨우 20대 중반인 그는 빠른 속도로 승진할 수 있게 되었다. 1799년 그는 프랑스의 국가원수이자 최고집정관이 되었다. 1804년에는 황제가 되어 파리에서 교황 피우스 7세의 집전 아래 대관식을 가졌다.

미국은 1776년에 제 3회 대륙회의에서 독립을 선언하였다. 신생 국인 미국은 프랑스의 혁명전쟁에서 한걸음 물러나 영국과의 전쟁에서 자신들을 도와주었던 프랑스와의 동맹 유지를 거절했다. 미국은 유럽에서 벌어지는 사건을 되도록 외면하고 스스로 고립을 자처하는 오랜 전통을 갖게 되었다. 이전과 마찬가지로 유럽에서 벌어진 소란이야말로 미국이 세력을 확장할 수 있는 기회가 되었다.

미국은 땅을 팔아서 바닥난 국고를 채우려는 프랑스의 나폴레옹으로부터 1803년에 미시시피 강 서부 지역의 영토를 에이커당 3센트를 주고 구입했다. 이른바 '루이지애나 매입'으로 일컬어지는 이 사건으로 미국은 캐나다에서 멕시코 만에 이르는 방대한 영토는 물론이고 북아메리카에서 가장 긴 강을 차지하게 되었다. 이때 구입한 영토가 현재 미국 전체 영토의 약 1/4에 달한다고 하니 그 크기를 이루 짐작할 수 있을 것이다. 러시아를 제외한 유럽 내 그 어떤 국가의 영토보다도 방대했던 이 지역이 만약 여전히 프랑스의 영토로 남았거나 혹은 프랑스계 식민지 주민들이 세운 정부에 의해 다스려졌다면 아마 오늘날 미국의 영토에는 서로 다른 두 개의 나라가 존재했을 것이다.

이 세상의 모든 개체들은 사물, 식물, 동물 등뿐만 아니라 개인사회는 물론 국가사회도 끊임없이 영향을 서로 주고받기 마련이다. 18세기 북아메리카에서도 이 지역 식민지의 지배권을 두고 영국과 프랑스가 오랜 전쟁을 벌였지만 결국 이들 두 나라로부터 독립한 미국이 어부지리로 탄생하게 되었다. 18세기에 식민지 나라였던 미국은 유럽의 전쟁 소용돌이에 휘말리지 않고 스스로 부국강병의 정책 덕분으로 오늘날 세계를 지배하는 초강대국으로 성장할 수 있었다.

• 18세기 운송수단을 위한 3대 발명(증기기관, 철도, 전신)

인간은 삶의 편리성을 개선하기 위해 수많은 발명품들을 창조하고 개발해왔다. 이러한 발명품들 중에서 시간제한과 공간제한을 극복할 목적으로 운송수단을 발전시켜왔다. 인류가 바퀴를 만들어내면서부터 운송수단이 혁신적으로 발전할 수 있었다. 그러나 사람, 소, 말 등이 끄는 운송수단은 거리와 속도 측면에서 많은 제한 요소들을 안고 있었다. 동력장치로 기계를 활용하기 시작함으로써 물품 이동 수단의 효율성이 증대되었을 뿐만 아니라 사람이 짧은 시간 내에 먼 거리까지 이동하는 수단에서도 커다란 혁신을 가져올 수 있었다. 이러한 혁신적인 운동수단 발명품에는 세 가지, 즉 증기기관, 철도, 전신 등이 거론된다.

증기기관은 광업에 처음으로 사용되기 시작했다. 지하수면보다 깊은 곳에 있는 갱도에서 물을 퍼 올리기 위한 펌프의 동력기관으로 증기기관이 사용되었던 것이다. 1693년에 토머스 세이버리가 석탄을 때서 산출되는 증기를 이용하여 광산의 펌프를 가동시켰다. 그리고 토머스 뉴커먼이 이를 개량하여 1712년에 왕복형 증기기관으로 실용화시켰으며 이 덕분에 과거에는 수많은 사람과 말들이 했던 일들을 이제 기계가 대신하게 되었다.

제임스와트는 뉴커먼 기관의 수리를 부탁받고 대폭적인 개량에 착수하여 1769년 1월에 '화력기관에서 증기와 연료의 소모를 줄이는 새롭게 고안한 방법'에 관한 특허를 취득했다. 제임스와트의 증기기관은 응축기만 냉각되고 실린더의 열은 보존되어 효율성이 매우 높았을 뿐만 아니라 석탄 소모량도 뉴커먼 기관에 비해 4분의 1 이하로 줄일 수 있었다. 그는 또한 피스톤의 상하운동 모두를 동력으로 활용할 수 있게 함으로써 진정한 의미의 증기기관이 탄생한 것이다.

제임스와트의 증기기관은 산업혁명시대를 활짝 펼친 주역들 가운데 하나일 뿐만 아니라 증기기관을 바탕으로 한 다양한 기술 혁신과 발명의 플랫폼 역할을 했다. 그러나 증기기관이 운송에 응용되기 전까지는 상업계에 거의 아무런 영향을 끼치지 못했다. 육상 운송에서는 증기기관을 통한 동력이야말로 로마의 도로 이래 가장 중요한 발명품이었다.

철도는 증기기관을 운송수단으로 활용한 기차의 도로이다. 증기기관 단독으로는 기계동력장치로서 공장 기계를 돌린다든지 혹은 공장물품을 이동시키는 데 이용했지만 인간의 이동수단으로까지 활용될 수는 없었다. 도시와 도시 사이를 철도로 연결하고서 그 위에 증기기관차를 운행함으로써 유사 이래 인간에게 공간과 시간의 제약을 극복할 수 있게 되었다.

1825년에 최초의 증기기관차가 잉글랜드의 스톡턴과 달링턴 사이를 오갔는데 이 기차의 주요 화물은 석탄을 비롯한 여러 종류의 광물이었다. 프랑스는 1828년, 오스트리아는 1832년, 독일과 벨기에는 1835년에 최초의 증기기관차 철도를 건설했다. 유럽과 미국에서는 철도 건설 노동자의 대부대가 시골로 퍼져 나가서 여기저기서 언덕을 깎고 흙과 진흙으로 둑을 쌓아 철도를 깔면서 평화로운 농촌 풍경을 싹 바꿔놓았다. 증기기관시대 이전에는 선박과 바퀴 달린 교통수단이 정해진 시간에 맞추어 도착한다는 것은 상상하기 어려웠다. 1838년에 잉글랜드에서 처음 고안된 '시간표(timetable)'라는 신조어는 숨 가쁜 현대를 상징하는 단어가 되었다.

시커먼 증기기관차는 인간 삶의 거의 모든 국면에 개입해 들어왔다. 신선한 달걀과 고기가 멀리 시골에서부터 도시까지 운반되었다. 도시의 유행이 외딴 계곡의 포복상에까지 전해졌다. 대부분의 국가에서 전국 일간지가 사상 최초로 가능하게 되었는데 이는 빠른 우편열차를 통해 당일자 신문 꾸러미를 대부분의 도시까지 운반할 수 있었기 때문이다. 그야말로 인간 삶의 공간적 그리고 시간적 제약을 극복할 수 있게 된 것이다.

증기기관 기술은 육지에서 거둔 성과에 비해 해상 운송은 빠르게 진전되지 못했다. 1840년에 이르러서야 최초의 증기선이 북대서양을 정기적으로 오가기 시작했으며 그때부터 유럽 이민자들이 미국으로 쏟아져 들어왔다.

전신은 철도 운송 때문에 그 필요성이 대두되었다. 최초의 기관사들은 기차보다 앞서 가는 특사가 필요하다고 생각했다. 전신(telegraph)이라는 단어는 '멀리서'와 '쓰다'라는 뜻의 그리스어 단어두 개를 합쳐 만든 것이다. 전신은 철이나 구리 전선 하나를 높은 기둥에 매달아 철도와 나란히 가게끔 연결한 것이었다. 전기 배터리를 이용해 이 전선으로 한 역에서 다음 역까지 신호를 보냈다. 예를 들어 단선 철도에 이미 열차가 있음을 다가오는 열차에게 경고할 수 있었다. 또한 기차가 방금 고장 났으므로 이를 대체할 다른 기관차가 필요하다고 알릴 수도 있었다.

미국인 새뮤얼 모스 박사는 1844년 워싱턴에서 볼티모어까지 이어진 철도에서 모스 부호의 초기 형태를 고안했다. 나중에는 철도가 없는 여러 마을 사이에도 전신 선로가 설치되었다. 1849년 미국에 깔린 전신 선로의 그물망은 1만 5,000킬로미터에 달했다. 1850년 잉글랜드와 프랑스 간의 해협 해저에 전신 선로가 설치되었다. 1870년대 중반에 이르자 오스트레일리아의 가장 외딴 지역까지 전신 선로와 케이블이 도달했다. 전신 선로의 긴 다리는 아시아를 가로질렀고 육지와 해저를 지나 인도네시아 군도를 가로질렀다. 운이 좋으면 24시간 안에 어떤 메시지가 세계를 한 바퀴 돌 수도 있었다.

1876년에 국제 전신이 세계의 가장 외딴 지역에까지 도달할 수 있었던 바로 그때 북아메리카에서 전화가 탄생했다. 가까운 지역에 있는 사업체들끼리 전화로 서로 이야기를 주고받을 수 있었다. 직접 연락할 수 있었던 것은 아니고 주로 여성 교환원들의 도움에 의존해야 하는 수동교환 방식이었다.

오늘날 지구 곳곳을 연결하는 인터넷의 시발점은 전화망에 있었다. 전화망을 통해 음성뿐만 아니라 데이터를 보낼 수 있도록 개발된 기술이 바로 인터넷이다. 전화망은 다시 전신망에서부터 출발하였다는 것을 상기 글에서 알 수 있다. 결국 정보혁명은 산업혁명을 이끈 증기기관 발명에서 출발할 수 있었으니 증기기관이야말로 인류 문명 역사에서 가장 훌륭한 기술이라 말할 수 있을 것이다.

• 제 1차 세계대전의 세계국 3구분(동맹국, 연합국, 중립국)

제 1차 세계대전의 기폭제는 사라예보 사건이었다. 1914년 6월 28일에 오스트리아의 황태자 부부가 보스니아의 수도인 사라예보를 방문하던 중에 세르비아 청년에 의해 암살당했는데 이것이 바로 사라예보 사건이다. 이 사건을 계기로 오스트리아가 세르비아에게 선전 포고를 하자 세르비아의 동맹국인 러시아가 반격을 가했다. 그러자 러시아를 견제하던 독일은 오스트리아를 돕고 영국은 독일에 선전 포고를 하였다. 이처럼 사라예보 사건의 여파가 유럽으로 확산되어 제 1차 세계대전이 일어나게 되었다. 제 1차 세계대전에는 세계가 3역할, 즉 동맹국, 연합국, 중립국 등으로 구분되었다.

제 1차 세계대전은 1914년 8월에 시작되었고 각국은 그 어느 때보다 확실한 군사 기술을 가지고 있었기 때문에 크리스마스 이전이나 늦어도 그 직후에는 승리를 거둘 것이라고 기대했다. 전쟁을 일으킨 동맹국으로는 독일, 오스트리아, 헝가리, 오스만 제국 등이 있었다. 독일과 그 동맹인 오스트리아-헝가리는 동유럽에서 러시아와 격돌했고 독일은 프랑스 북부 평야에서 프랑스 및 영국과 격돌했으며 오스트리아는 세르비아와 격돌했기 때문에 전쟁은 신속하게 끝나는 듯했다. 동맹국에 맞서 싸운 연합국에는 러시아 제국, 프랑스, 영국, 세르비아 등이었고 나머지 대부분의 나라들은 중립국에 속해 있었다.

일본이나 미국은 중립국에 속해 있었지만 실제로는 제 1차 세계 대전을 계기로 그들의 힘을 막강하게 키울 수 있었다. 특히 일본은 영국과의 군사동맹을 구실로 독일에 선전 포고하면서 동아시아에 잠재하던 독일의 군사기지를 점령했다. 또한 일본은 유럽이 중국의 정세를 살필 겨를이 없는 틈을 타서 중국에 대한 권익과 지도권 확대를 꾀하였다. 그 예로서 1915년 1월에 일본은 중화민국의 대통령 위안스카이(遠世凱) 정권에게 '21개조 요구'를 일으켰다. 중국 민중은 이날을 국치기념일로 정하고 강하게 반발했으며 그 무효와 폐기에 대한 주장이 대전 후에 강화되면서 5·4운동으로 이어졌다.

제 1차 세계대전에서는 그 당시 가장 최근의 발명품인 기관총이며 말이 끄는 중포의 화력이 워낙 파괴적이어서 적을 향해 돌진한 수천 명의 병사가 한꺼번에 쓰러졌다. 병사들은 참호를 길게 파서그 속에 있었으므로 교전 중인 군대가 과거의 전쟁에서처럼 신속하게 기동하지 못했기에 결국 전쟁은 방어전이 되었다. 1914년 마지막몇 주 동안에 대부분의 전장에서 전쟁은 교착상태에 빠져 있었다.

1915년 4월에 연합국이었던 영국, 프랑스, 오스트레일리아, 뉴질랜드 군대가 이러한 교착상태를 끝내기 위한 시도로 다르다넬스 해협을 해로로 이용하여 러시아 남부의 항구로 무기와 탄약을 공급해수많은 러시아 병력을 무장시키고 계획했다. 그러면 러시아군이 동부 전선에서 독일군을 압박할 것이라는 계산이었다. 그러나 튀르크군은 방패삼아 참호를 팠으며 전쟁에서 이 구역이 교착상태에 빠짐으로써 결국 연합국의 침공군은 연말에 물러날 수밖에 없었다. 만약러시아가 1915년에 제대로 버틸 수만 있었어도 차르와 장관들은 가뜩이나 소란스러웠던 나라를 계속해서 통제할 수 있었을 것이다. 그러나 3년 연속적으로 전쟁에서 실패하면서 1917년 두 차례 혁명이 연이어 터지고 레닌과 공산주의자들이 나라를 접수했다. 결국 러시아는 제 1차 세계전쟁에서 물러나고 말았다.

1918년 3월에 독일군은 상당한 승리를 거두며 파리 가까이까지 진군했다. 그러나 전쟁의 운은 서서히 독일에 불리하게 흘러갔다. 독일은 식량과 원자재와 탄약 생산 그리고 병사 동원 능력에서 한계가 있었으며 이 약점은 고스란히 연합국의 강점이 되었다. 1918년 9월에 독일의 동맹국들은 거의 궤멸당할 상황이었다. 불가리아가 항복했고 중동의 옛 제국을 유지하기 위해 참전한 튀르크도 항복할 상황이었다. 오스트리아-헝가리 제국은 여러 조각으로 분열될 위기에 처했고 10월 들어 유고슬라비아와 체코슬로바키아가 공화국을 선포했다. 1918년 11월 3일 독일 수병들이 킬에서 반란을 일으켰다. 11월 9일 사회주의 혁명이 뮌헨을 휩쓸었고 독일 황제 카이저 빌헬름은 베를린에서 퇴위했다. 이틀 뒤인 1918년 11월 11일에 독일을 포함한 동맹국과 제 1차 세계대전의 연합군은 휴전협정을 맺음으로써 전쟁이 종결되었다.

제 1차 세계대전으로 육군과 해군 사망자는 무려 850만 명에 달했다. 독일의 사망자가 가장 많았고 그다음으로 러시아, 프랑스, 오스트리아-헝가리, 그리고 영국 및 영국 제국 순이었다. 부상병은 무려 2,000만 명이 넘었다. 전쟁의 직접적으로 사망하거나 부상당한 민간인이 약 500만 명에 달했다. 만약 제 1차 세계대전이 일어나지 않았더라면 러시아 혁명이나 공산주의의 승리는 없었을 것이다. 빈과 베를린-포츠담과 상트페테르부르크에서는 여전히 군주들이 나라를 다스리고 튀르크 제국에서는 여전히 술탄이 나라를 다스렸을 것이다. 그리고 히틀러라는 이름도 세상에 알려지지 않았을 것이다. 그는 독일 패배의 고통에서 탄생한 인물이었기 때문이다.

제 1차 세계대전의 전후 처리에 관한 회의가 1919년 1월 18일 파리에서 열렸는데 이것이 파리강화회의였다. 파리강화회의는 윌슨의 민족자결주의와 함께 우리나라 3·1운동의 가장 큰 배경이 되었다. 1919년 6월 28일의 베르사유 평화회담 석상을 둘러싼 논의에서는 높은 기대 못지않게 복수의 열망도 있었다. 수많은 민족주의자는 저마다 민족국가를 수립할 기회를 잡았다. 전쟁 전야에 유럽에는 겨우 20개국밖에 없었는데 31개국으로 늘어났다.

만약 제 1차 세계대전이 없었더라면 영국과 유럽은 여전히 재정적인 면에서 주도권을 장악하고 있었겠지만 전쟁 동안 이들 국가는 돈을 빌릴 수밖에 없었는데 금융업자 역할은 중립국의 입장이었던 미국이 담당했다. 이후 찾아온 세계 대공황의 원인 가운데 하나는 1920년대에 미국이 얻은 새로운 재력이었다. 국제사회 지도 국가로서 비교적 경험이 부족했던 미국은 급격한 호황과 불황의 주기를 수수방관했으며 월 스트리트의 증권거래소가 나팔수처럼 행동하는 것을 희희낙락하며 바라만 보았다. 제 1차 세계대전 이후에 중립국의 많은 국가들이 강대국으로부터 독립하였으나 우리나라는 일본의 식민지로부터 벗어날 수 없었다. 일본이 1차 세계대전 국으로 참전하여 패망하였다면 우리나라는 남북 분단 없이 온전하게 독립할 수 있었을 것이다.

1929년 10월에 월 스트리트에서의 주식시장 붕괴를 오늘날에는 일종의 화재경보로 간주한다. 재정적 자신감이 하락하자 사람들은 구매를 멈추었고 그로 인해 많은 일자리가 사라졌다. 1932년 일부 산업 국가에서는 실업률이 30%를 넘어섰다. 이런 규모의 경제 불황은 전례가 없었다. 이는 공산주의와 파시즘에 날개를 달아주었다. 또 사실상 전쟁은 점차 '끝나지 않은 제 1차 세계대전'으로 간주되던 결과로 제 2차 세계대전을 낳게 되었던 것이다.

• 제 2차 세계대전의 세계국 3구분(동맹국, 연합국, 중립국)

제 1차 세계대전 이후 자본주의 세계는 전반적으로 위기 단계에 돌입하였다. 자본주의 제국의 발전에 있어 불균등이 두드러졌고 1929~1933년의 세계 공황은 이러한 불균등에 근거하는 국제대립을 첨예화시켰다. 즉, 자본주의국으로서 기초가 약한 독일, 이탈리아, 일본 등에게 심각한 영향을 주었다. 1936년 11월에 독일과 일본은 방공협정(防共協定)을 체결하였고 1937년 11월에 이탈리아가 이에 가입하여 독일, 이탈리아, 일본 등의 3국은 반소(反蘇)운동을 구실로 파시즘화와 대외침략을 추진하였다. 제 2차 세계대전은 정치적 관계 악화뿐만 아니라 경제적 문제 악화 등으로 인해 1939년 9월 1일에 독일의 폴란드 침입을 기점으로 시작하게 되었다.

제 2차 세계대전에서는 주요 동맹국으로 독일, 이탈리아, 일본 등이 있었고 이에 맞서는 연합국으로 영국, 프랑스, 미국, 러시아, 중국 등이 있었다. 이들 동맹국과 연합국을 제외한 제 3세계 나라들은 중립국에 포함된다. 이들 중립국들 중에는 독일 나치의 지배하에 있던 동유럽 국가들이 소련 공산당으로부터 지원을 받아서 공산국가로 전락하게 되었다. 또한 제 2차 세계대전 후에 중립국 입장이었던 아시아,

아프리카, 라틴아메리카의 국가들 중 80여 개의 국가가 독립을 하였으며 이들 국가들을 제 1세계(자본주의 세력), 제 2세계(사회주의 세력) 등에 이어 제 3세계라고 부른다. 제 2차 세계대전 후에 전쟁 당사국이었던 독일은 동독과 서독으로 양분되었고 일본의 식민지였던 우리나라는 불행하게도 남한과 북한으로 분단되었다. 제 2차 세계대전 이후 미국과 소련을 거점으로 한 냉전 시대가 도래되었던 것이다.

제 2차 세계대전의 동맹국이었던 독일의 아돌프 히틀러는 오스트리아의 어느 강변 마을에서 태어났다. 그는 제 1차 세계대전이 발발하자 독일군에 지원하여 서부전선에서 용맹을 떨쳐 철십자 훈장을 받았다. 그는 민간인 신분으로 돌아와 1919년 나이 서른에 바이에른주의 작은 정당인 국가사회주의 독일노동자당(나치스)의 대표가 되었다. 나치스는 사설 군대를 보유하였고 마르크스주의 및 다른 좌파 정당들과 시가전을 벌여 승리를 거두었다. 1930년 총선에서 히틀러의 정당은 많은 득표수를 얻었고 1932년에는 득표수가 두 배로 늘어 독일에서 가장 큰 정당이 되었다. 이듬해 군소 정당들과 연립함으로써 공식적으로 수상에 임명되었다.

제 2차 세계대전의 연합국이었던 소련의 스탈린은 1924년 1월에 레닌이 사망하자 정부 수반이 되어 경쟁자는 물론 경쟁자로 의심되는 사람까지 제거하기 시작했다. 군대를 강화하기 시작했고 1928년에는 경제개발 5개년계획을 대범하게 출범시켰다. 그는 새로운 발전소와 공장, 탄광 등을 연달아 개발하면서 러시아를 산업 강국으로 탈바꿈하는 데 성공했다. 소련에는 유럽의 어느 시기 어느 나라보다도 농업 종사자가 많았기 때문에 사유농장을 집단농장으로 바꾸어 전면적인 농업개혁을 시작했다.

독일의 히틀러와 소련의 스탈린은 닮은 점이 상당히 많았다. 예를 들어 처음에는 국외자였다가(히틀러는 오스트리아 출신이었고 스탈린은 그루지아 출신이었다) 정권을 장악했다는 점이다. 두 사람 모두 35세까지 전혀 알려지지 않았을 뿐만 아니라 권력도 갖지 못했다. 1930년대에 히틀러가 독일을 재무장하자 프랑스와 영국이 깜짝 놀랐으며 스탈린이 러시아를 재무장했을 때도 마찬가지였다. 두 지도자는 라디오와 영화를 통해 그 영향력을 훨씬 증폭시킨 선전의 달인이었다.

1938년 3월 독일 히틀러의 군대가 오스트리아로 진입했다. 히틀러는 그해 10월에 갑자기 체코슬로바키아의 독일어권 지역을 점령했다. 이로써 그는 베르사유 조약을 파기하기 시작했다. 새로운 전쟁은 1939년 히틀러의 폴란드 침공으로 시작되었다. 소련도 폴란드 공격에 가담했다. 1940년과 1941년에 히틀러는 동맹국인 이탈리아와 루마니아, 그리고 중립국인 에스파냐와 포르투갈, 터키, 스웨덴, 스위스 등을 제외한 거의 모든 중유럽과 서유럽 국가를 장악했다. 그는 러시아를 기습적으로 침공했으며 1941년 말 독일군의 선두는 모스크바 교외에 도달했다. 그러나 독일군이 적진을 향해 더 깊이 들어갈수록 보급로가 취약해졌다. 히틀러의 러시아 침공은 그때까지 독일군에 유리했던 전쟁에서 완만한 전환점이 되어버렸다.

제2차 세계대전은 서로 다른 두 전쟁, 즉 유럽 전쟁과 동아시아 전쟁으로 치러졌다. 시기상으로는 아시아의 전쟁이 더 빨랐다. 1932년에 일본이 만주를 침공하면서부터 시작되었으며 1937년에 일본이 중국의 동부 절반을 장악하면서 더욱 격렬해졌다. 1940년 히틀러가 서유럽에서 거둔 놀라운 승리 때문에 동남아시아의 영국, 네덜란드,

프랑스 등의 식민지뿐만 아니라 과거에 에스파냐령이었던 필리핀의 미국 군사기지는 약점을 드러낼 수밖에 없었다. 일본은 이러한 약점을 간파하여 1941년 12월에 미얀마에서 홍콩을 거쳐 진주만에 이르는 여러 지역과 군사기지를 기습 공격했다. 이 두 전쟁은 곧바로 하나의 전쟁으로 합쳐졌다. 한쪽에서는 독일과 일본이 한편을 이루었고 다른 한쪽에서는 미국과 영국, 중국과 그 밖의 세계 대부분의 나라가 편을 이루어 싸웠다.

독일은 미국이 최초로 원자폭탄 실험을 하기 전인 1945년 5월에 항복을 선언했다. 1945년 8월 6일 육중한 미군 폭격기 한 대가 폭탄을 투하하기 위해 마리아나를 이륙해 일본으로 향했다. 히로시마의 대부분이 삽시간에 용광로로 변했고 9만 명에 가까운 일본인이 사망했다. 사흘 뒤에 이번에는 두 번째 원자폭탄이 나가사키에 투하되었다. 닷새 뒤에야 일본천황이 라디오 방송을 통해 일본이 이미 항복했다는 사실을 세상에 알렸다.

제 2차 세계대전을 알리는 최초의 총격은 북유럽의 벌판에서 벌어졌지만 이제 평화협정은 도쿄 만에 닻을 내린 미국 군함에서 체결되었다. 전쟁에 동원된 병력이 약 1억 700만 명을 넘었다. 러시아군은 약 1,100만 명이 죽어 제 1차 세계대전 전체 사망자 수를 능가했다. 독일과 일본의 사망자 수는 거의 500만 명에 달했다. 민간인 사망자 수도 제 1차 세계대전을 훨씬 능가해 중국이 약 2,000만 명, 러시아가 약 1,100만 명쯤이었다고 한다.

독일은 승전국에 점령당해 세력 대부분을 잃고 말았다. 영국과 프랑스, 네덜란드 역시 전쟁 이전인 1939년에 비해 세력이 많이 줄어들었다. 전쟁으로 인한 손실이 워낙 대규모였기 때문에 각국은 막대한 빚더미에 올라앉았거나 전쟁 비용을 감당하기 위해 해외 자산을 매각해야 했다. 더군다나 해외 식민지는 독립을 추구하였다. 1947년 인도는 독립을 쟁취하자마자 두 개의 나라로 분할되었다. 하나는 힌두교 국가인 인도이고 다른 하나는 이슬람교 국가인 파키스탄이었다. 나중에 세 번째 국가 방글라데시가 탄생했다.

중국 역시 자체적으로 해방을 이루었다. 마오쩌둥은 기나긴 게릴라전을 치르면서도 탁월한 지도력으로 공산주의자들을 이끌었고 1949년 마침내 승리를 거두어 적들을 타이완 섬으로 쫓아 보냈다. 제 2차 세계대전 직후 10여 년 내에 등장한 놀라운 나라의 하나는 인도네시아였다. 1940년 인도네시아 제도는 7,000만 명의 사람들이 살고 있어서 일본보다 고작 300만 명이 적었다. 그런데 겨우 반세기가 지난 다음 인도네시아는 인구가 거의 2억 명에 가까워져 중국과 인도, 미국 다음으로 많아졌다. 또한 전 세계에서 가장 인구가 많은 이슬람 국가가 되었다.

어느 전쟁이든지 승전국이 있으면 패전국이 있기 마련이다. 패전국이야 당연히 정치적 측면뿐만 아니라 경제적으로도 패퇴의 길을 걷는 것이지만 승전국이라고 해도 국력이 쇠퇴해버리는 경우가 종종 생긴다. 승전국 중에서 미국은 경제가 부흥하는 계기가 되었고 소련은 영토를 확장할 수 있는 호기를 만들어냈다. 그러나 승전국인 영국과 프랑스는 식민지를 잃었고 경제적으로도 피폐하게 되었다. 중립국이라지만 강대국의 식민지배하에 있던 제 3세계 국가들은 서로 연합하여 자기 국가들의 주장을 UN을 통해 강하게 펼칠 수 있게 되었다. 제 2차 세계대전은 세계를 자본진영국가, 공산진영국가, 제 3세계 국가 등과 같이 3등분시켜 놓았던 것이다.

Part 04

한국사 속의 3

• 고조선 시대의 3국(고조선, 한, 흉노)

모든 사람이 평등했던 원시 공동체 사회가 청동기 시대에 들어와 서부터 무너졌다. 청동기 시대에는 부자와 가난한 사람이 생겨났고 남을 부리면서 권력을 차지한 지배자가 나타나게 되었다. 특히 부유하고 권세를 지닌 사람들이 집단의 우두머리가 되었는데 이들은 재산과 함께 지위와 권세까지 자손에게 대대로 물려주어 지배층으로 성장했다. 그 결과 마을 내의 여러 집단들 사이에 점차 경제적인 우열 관계가 성립되었으며 잉여생산물과 주요 자원의 이용권을 둘러싼 갈등이 마을 공동체의 기능만으로는 조정하기 어려운 상태가 되었다. 이러한 갈등은 마을과 마을 사이에도 점차 커져 치열한 싸움이 자주 발생했다.

청동기 시대에 마을의 강력한 지배자는 권력과 재산을 지키기 위해 법을 만들어 사람들을 다스리기 시작했다. 관리조직과 군대를 두고 사람들이 법을 지키도록 감시하였으며 이러한 법을 어기면 처벌했다. 이로써 역사상 처음으로 국가가 탄생했다. 국가를 이룬 공동체들은 다른 지역 공동체와 다툼이 생기면 치열한 전쟁을 벌였다.

청동기 시대에는 강력한 청동 무기를 사용하여 약탈과 정복 전쟁이 빈번하게 일어났다. 그 결과 전쟁에서 승리하면 재물을 더 많이 갖게 될 뿐만 아니라 정복자는 포로나 범죄자를 노예로 만들어 생산 노동에 동원할 수 있었다. 국가의 우두머리는 국가의 번영과 국민의 재산 확충을 위한다는 명분하에 주변국들과 전쟁을 벌이기 시작하였고 국민들은 오로지 우두머리의 지휘명령에 따라 자신들의 소중한 목숨까지 내놓을 수밖에 없는 운명에 처하기 일쑤였다.

우리나라 역사상 최초의 국가는 고조선이다. 원래의 국가 명칭은 조선이었으나 나중에 이성계의 조선과 구별하기 위해 고조선이라고 부르게 되었다. 고조선 시대의 주요 3국으로는 고조선, 한, 흉노 등이 있었다. 고조선은 보통 단군조선, 기자조선, 위만조선이라는 세 왕조가 시간과 공간의 차이를 두고 변천해간 것으로 알려져 있다. 단군조선의 출현 시기는 동아시아에서 청동기 문화가 발전하고 여러 정치체제가 출현한 기원전 10세기 이후라고 할 수 있다. 초기 고조선의 위치는 남만주의 요동반도와 한반도의 서북부에 걸쳐 흩어져 살았을 것이라고 한다. 중국의 은나라가 망하자 그 나라의 태사 기자(箕子)가 단군조선으로 넘어와 세운 나라가 바로 기자조선이다. 기자조선은 위만조선이 나타날 때까지 정권을 유지했는데 이 나라도 고조선에 포함된다.

기원전 4~3세기부터 중국의 하북, 산동 지역 사람들이 한반도 서북쪽으로 이주하기 시작했다. 기원전 2세기 초에 요동 지역에서 망명해온 위만이 고조선의 왕을 내쫓고 정권을 세웠는데 이를 '위만조선'이라고 부른다. 이때 왕위를 빼앗긴 고조선의 준왕은 백성을 데리고 한강 이남으로 내려갔다.

흉노는 중국사에서 B.C. 4세기 전국시대에 처음으로 등장한다. 흉노는 A.D. 1세기 말까지 몽골고원, 만리장성 지대를 중심으로 활약한 유목기마민족으로서 그들의 국가는 북몽고와 중앙아시아 일대를 차지했다. 흉노는 틈만 나면 전국시대의 연, 조, 진나라를 침략했었다. 이 세 나라는 모두 흉노의 침략을 막기 위해 장성을 쌓았는데 이것이 바로 만리장성의 기원이 되었다. 중국을 최초로 통일한 진시황은 흉노를 공격했지만 굴복시키지는 못했다.

진나라에 이어 등장한 유방의 한나라도 흉노의 공격으로 시달렸으며 흉노를 제압하지 못했다. 흉노는 한으로부터 여자와 공납을 받을 정도로 한에게는 여간 골칫거리가 아니었다. 그러다가 한 무제 때에 흉노와 한나라는 40여 년 동안이나 전쟁을 벌였다.

고조선은 기원전 2세기 무렵에 흉노와 밀접한 관계를 형성하면서 세력을 확장해나갔다. 그러자 중국의 한(漢)은 고조선 세력이 더 이상 커지는 것을 막고 동북 지역에 대한 영향력을 키우려고 했다. 특히 한 무제는 고조선을 회유해 흉노와 잡은 손을 끊고자 섭하를 사신으로 보냈으나 고조선은 한나라의 뜻을 따르지 않았다.

고조선은 위만 때부터 한의 외신으로 책봉되면서 주변 나라들과 정치집단을 관리하는 임무를 맡았으나 위만은 오히려 주변 지역을 복속시켜버렸다. 특히 중계무역의 이익을 독점하려고 한강 이남에 있는 진국(辰國)을 비롯해 주변 나라들이 한과 직접 교역하는 것을 금지시켰다. 고조선은 흉노와 손잡고 한의 영향력에서 벗어나 독자적인 세력을 형성하려고 했다. 이러한 고조선의 움직임은 한을 더욱

자극했다. 마침내 한은 숙적인 흉노와 고조선의 연결을 끊고 동북아시아를 석권하고자 전쟁을 일으켰다. 한은 고조선을 멸망시킨 후 그 영역과 주변에 군현(郡縣)을 설치하고 관리와 군대, 상인들을 이주시켜 식민 도시를 건설했다. 이것을 보통 '한 군현'이라고도 하는데 '낙랑, 임둔, 진번, 현도'라는 네 개의 군이 설치되었기에 '한사군(漢四郡)'이라고도 부른다.

한의 식민 정책을 도맡은 중심지는 대동강 유역에 자리 잡은 낙랑군이었다. 낙랑군의 중심지인 평양과 그 일대는 사회적으로도 큰 변화가 일어났다. 그 시대 한의 선진 문화가 고조선 지역으로 유입되었던 것이다. 낙랑군은 비록 한의 군현이라고 하더라도 한에서 건너온 사람들이 모두 지배층이 되었던 것은 아니다. 낙랑군의 지배층에는 한계(漢系) 주민과 고조선계(古朝鮮系) 주민이 있었다.

2세기 말부터 한의 낙랑군은 서서히 세력이 약해졌다. 서기 204년 요동 지방의 공손강이 후한 말의 혼란을 틈타 낙랑군을 정복했다. 이후 낙랑군은 군현의 영역을 더 이상 넓히지 못하였으며 선진 문물 또한 크게 확산시키지 못한 채 서기 313년에 고구려에 통합되고 말았다. 낙랑군은 한의 선진 문화를 한반도로 들여오는 창구였으며 이를 통해 주변의 여러 나라의 정치 세력은 중국 문명과 접촉하면서 선진 문물을 수용하여 삼한이나 삼국으로 발전할 수 있었다.

• **고조선 이후의 국가 3분류(부여, 고구려, 기타국)**

고조선은 청동기문화를 기반으로 성립하여 B.C. 5~4세기경 철기

문화 단계에 이르러서는 철제 농기구를 사용하여 농업생산력이 향상됨에 따라 국가의 체제를 더욱 확고하게 정비했다. 고조선의 8조 금법에 의하면 고조선은 이미 노예가 존재하는 계급사회 단계에 이르렀음을 알 수 있다.

철기 문화가 등장하면서부터 농업생산력뿐만 아니라 전투력이 증강함에 따라 우리나라의 여러 곳에 국가가 세워졌는데 이들 국가를 3가지로 분류해보면 부여, 고구려, 그리고 기타국들이다. 부여는 고조선의 뒤를 이어 우리 역사상 두 번째로 출현한 국가이다. 중국의 길림 시 일대를 중심으로 만주의 송화 강 유역에서 일어난 부여는 그 최초의 출현 시점을 정확히 알 수 없으나 사마천의 『史記』를 토대로 늦어도 기원전 2세기 무렵에 그 모습을 드러낸 것이라고 한다.

부여의 건국 시조인 동명왕의 설화는 이러하다. 옛날 북방에 탁리국이라는 나라가 있었는데 그 왕의 시녀가 임신을 하자 왕이 그녀를 죽이려 했다. 그런데 그 시녀는 '달걀처럼 생긴 신령스런 기운이 제게 내려와 임신을 한 것입니다'라고 말했다. 그 시녀는 사내아이를 낳았고 왕은 그 아이를 돼지우리에 버렸으나 돼지가 입김을 불어주어 죽지 않았고 마구간에 옮겨 놓았을 때는 말이 입김을 불어주어 그 아이는 죽지 않고 살게 되었다. 왕은 이 아이가 천제(天帝)의 아들일 것이라고 생각하여 그 어미에게 거두어 기르도록 했다.

또한 왕은 그 아이의 이름을 동명(東明)이라 하고 항상 말을 사육하도록 했다. 동명이 활을 잘 쏘자 왕은 자기 나라를 빼앗길까 두려워 그를 죽이려 했으나 동명은 멀리 도망 와서 부여 땅에 도읍을 정하고 왕이 되었다. 이와 같은 부여의 건국 시조 동명 설화는 85년경 후한의 왕충이라는 사람이 쓴 『논형(論衡)』이라는 책에 처음 기록되었다. 대략 4세기 이후에 고구려는 동명 설화를 모방하여 자신들의 시조인 주몽에 관한 설화를 만들어냈다.

부여는 대체로 중국 세력과 우호 관계를 유지했지만 서쪽의 유목 민족이나 남쪽의 고구려와는 적대적 관계 속에서 여러 가지 갈등을 빚었다. 서기 285년에 부여는 선비족 모용씨의 침략으로 수도가 함락되어 왕이 자결하는 일이 벌어졌는데 이때 지배층의 일부는 두만강 유역까지 피신했다. 1년 뒤 진나라의 도움으로 나라가 회복되기는 했지만 쇠락한 국세를 다시 일으키기에는 너무 힘이 빠진 상태였다.

서기 310년대에 들어 진나라가 무너지면서 요동 일대에 대한 중국 세력의 영향력이 사라짐에 따라 부여는 고립무원의 상태에 빠졌다. 서기 346년에 모용황이 보낸 전연(前燕) 군대의 급습으로 마침내 멸망하고 말았다. 부여는 고조선의 뒤를 이어 성립한 우리 민족의 두 번째 국가라는 점이 우선 강조되어야 한다. 또한 삼국 가운데 고구려와 백제의 왕실이 바로 부여에서 나왔다는 점에 특별히 주목할 필요가 있다.

고구려는 기원전 37년에 시조 주몽에 의해 세워졌다. 주몽은 졸본(卒本)이라고 불리던 압록강 중류 지역의 좁은 땅에서 고구려를 세우고 이후 활발한 정복 전쟁을 성공적으로 수행하여 마침내 만주와 한반도 북부를 아우르는 거대한 국가로 발전시켰다.

고구려는 주몽 이전에도 이미 존재하고 있었는데 주몽이 들어와 고구려를 차지한 것으로도 짐작해볼 수 있다고 한다. 고구려가 일어난 압록강 유역은 사람들이 살기에 적합한 곳이 아니었다. 산간 지대인데다 땅마저 척박하여 농사짓기에는 부적당한 곳이었다. 고구려 사람들은 자체 농업생산으로는 먹고살 수가 없었기 때문에 약탈을 통해 필요한 식량과 물자를 회득했고 물산이 풍부한 주변으로 세력을 확장하는 데에 온 힘을 쏟았다.

중국이 위, 오, 촉 등의 삼국으로 분열된 상태에서 244년과 245년에 위(魏)의 침공을 받아 고구려가 망할 위기에까지 내몰렸던 적도 있었다. 위의 침공을 가까스로 이겨낸 고구려는 일시적으로 기세가 꺾였으나 서기 259년에 재침하는 위의 군대를 격파하면서 다시 국력을 어느 정도 회복했다. 그리고 중국에서 위가 망하고 진(晉)이 들어선 후 동방에 관한 통제력이 점차 약화되는 틈을 타고서 4세기 초반에 고구려는 새로운 도약을 준비하게 되었다. 고구려는 수나라와 당나라 등과 같은 세계 제국의 거듭된 침략에도 당당히 맞서 싸움으로써 오늘날까지도 많은 사람들의 가슴속에 민족적 자긍심의 원천으로 자리 잡고 있다.

고조선이 멸망한 후에 등장한 기타 국들로는 옥저, 동예, 마한, 진한, 변한 등이 있다. 옥저는 함흥지방의 용흥강 일대를 중심으로 했던 동옥저(東沃沮)와 두만강 유역의 북옥저(北沃沮)가 있었다. 옥저의 주업은 농업으로서 기름진 바닷가 평야에서 오곡을 생산했고 해산물도 풍부했다. 언어는 고구려와 거의 같았으며 음식과 의복 등의 문화도 고구려와 비슷했다. 동예는 북으로 고구려와 옥저에 접하고 남으로는 진한(辰韓)에 이어졌으며 서쪽으로는 낙랑군과 접했었다고 한다. 혼인과 장례의 풍속이 고구려와 비슷했고 동예인들 스스로 고구려와 같은 족속이라 여겼다고 한다.

마한은 삼한시대의 정치연맹체 중의 하나였으며 한강 유역에서부터 충청 및 전라도 지역에 분포되어 있었다. 진한은 낙동강 상류에 위치하였고 변한은 낙동강 하류에 근거지를 두었다. 진한과 변한은 철산지로 유명하여 마한, 낙랑군, 대방군, 동예, 왜 등이 이곳에서 철을 사갔었다고 한다.

• 4세기의 우리나라 3국(고구려, 백제, 신라)

청동기문화가 끝나고 철기문화가 시작되면서 한반도에 3국, 즉 고구려, 백제, 신라가 세워졌다. 고구려 시조인 주몽은 알에서 태어났고 신라를 세운 박혁거세나 가야를 세운 김수로 왕도 알에서 태어났다. 백제를 세운 온조는 주몽의 아들이라고 전해진다.

삼국은 조금씩 다른 환경에 터를 잡았다. 고구려는 백두산 줄기가 서쪽으로 힘차게 뻗어 내려간 압록강 유역에서 성장했다. 고구려는 평야 지대가 적은 거친 자연환경 속에서 중국과 전쟁을 치루며 용맹하고 강인한 모습으로 성장했다. 백제는 한강 유역의 기름진 평야에서 일어났다. 백제는 평야지대, 내륙, 해상 등으로 연결되는 넉넉한 물길을 이용하여 중국 세력과 경쟁하면서도 풍요롭고 국제적인 국가로 성장하였다.

신라는 경주평야에서 일어났는데 선진 세력과 경쟁하거나 문물을 교류할 기회가 적었기 때문에 삼국 중 가장 더디게 발전하였다. 삼국이 건국될 무렵에 낙동강 유역에서는 가야 연맹에 세워졌는데 기름진 평야를 바탕으로 농업이 크게 발달하였으며 철기를 활발히 생산하여 중국이나 왜에 수출하였다.

3세기에 중국은 두 개의 교역망, 즉 낙랑군에서 신라로 이어지는 내륙 교역망과 더불어 대방군에서 백제를 거쳐 가야와 왜로 이어지는 해상 교역망을 확보하고 있었다. 서진은 위, 오, 촉의 삼국을 통일한 후 동방으로 적극적인 진출을 꾀하였으나 3세기 말 이후 서진이 혼란한 틈을 타 고구려가 낙랑군과 대방군을 축출하는 바람에 이들 교역망이 끊겨버렸다.

4세기 초에 고구려는 당시 국제 정세 속에서 백제, 왜, 가야 등의 연합세력을 견제하려 했다. 이를 위해 고구려는 낙랑군에서 신라로 이어지는 내륙 교역망을 부활시켜서 신라와 우호적인 관계를 유지하려 했다.

백제는 고구려와 맞서서 매우 활발하게 움직였다. 360년대에 들어서면서 백제는 국제무대에서 본격적으로 외교 활동을 전개했는데 360년에 왜와 외교 관계를 맺었으며 361년에는 가야와 외교 관계를 맺었다. 백제는 4세기 중반에 근초고왕이 들어서면서부터 가야 및 왜와의 교역망 확보를 통해 한반도 남부지역을 차지한 채 북으로 눈길을 돌리면서 대방군 지역에서 고구려와 한판 승부를 벌이게 되었다. 백제는 평양성 전투에서 고구려의 고국원왕을 전사시키는 큰 승리를 거뒀다. 이를 통해 백제의 국제적 위상이 증진되었다.

삼국이 형성된 이래 고구려와 백제 사이에서 공격의 포문을 먼저 연 것은 고구려였지만 고국원왕의 전사가 상징적으로 보여주듯이 초기에는 고구려가 백제보다 뚜렷하게 열세였다. 그러다가 소수림왕때 국가 체제를 정비하면서부터 두 나라는 비로소 호각지세를 이루며 예성강 일대를 경계로 공방전이 더욱 치열해졌다. 이러한 공방전은 광개토왕이라는 걸출한 인물이 고구려에서 등장할 때까지 계속되었다.

신라는 사로국에서 성장하였는데 낙랑군과 대방군이 소멸된 이후 내륙 교역망을 잃게 되자 오히려 이 교역망의 종착점에 위치한 진한의 여러 소국을 통합하려는 데 온 힘을 쏟았다. 4세기 중반에 이르러 신라는 진한 연맹체를 통합하는 데 성공했다. 신라는 고구려와 활발하게 교류함으로써 선진국인 고구려와의 정치적 영향력을 강화시켰다. 신라는 가야와 왜로부터 공격을 받자 고구려의 광개토왕에게 구원을 요청했으며 5만 명이라는 대군을 지원받았다. 신라는 고구려의 세력권으로 들어갔다.

4세기경에 고구려와 신라가 서로 우호적인 관계였는데 이것은 백제가 강력한 국가였기에 이를 경계하기 위함이었다. 국가의 세력이 약할 때에는 약소국들끼리 서로 연맹 체제를 구축하지만 이들 중 어느 한 나라가 강해지면 연맹을 끊고 기존에 연맹 맺었던 국가들을 공격하였을 것이다. 고구려가 이와 같았으니 국력이 강해진 이후부터 신라를 공격하기 시작했던 것이다.

• **5~6세기의 우리나라 3국(고구려, 백제, 신라)**

400년에 고구려는 백제, 가야, 왜의 연합군에 시달리던 신라를 구원하려고 대규모 군대를 한반도 남부로 출정시켜 왜군을 격파하고 가야 지역까지 공세를 확대했다. 이때에 후연은 고구려의 5만 대군이 신라로 출병한 틈을 노려 고구려의 700여 리 땅을 병합시켰다. 이후 고구려는 요동 지역의 장악을 놓고 후연과 치열하게 다투었다. 고구려는 402년 이후부터 요동의 주요 거점을 거의 장악한 것으로 보인다. 광개토왕은 서북쪽에 있는 거란족 비려를 정벌하고 동북쪽의 연해주 일대에 퍼져 살던 숙신족을 굴복시켰다. 그리고 고구려인의 고향이라고 할 수 있는 동부여를 복속시켰다. 이렇게 광개토왕은 고구려를 동북아시아 패자의 자리에 굳건히 올려놓는 업적을 이루었다.

413년에 고구려에서는 광개토왕이 죽은 뒤에 장수왕이 왕위를 계승했다. 39세로 사망한 광개토왕은 불과 21년 동안 재위했으나 장수왕은 98세까지 장수를 누리며 재위 기간만도 79년에 이르렀다. 장수왕은 아버지 광개토왕의 구상이었던 평양천도를 실행했다. 고구려는 평양천도 후 남진 정책을 추진하여 백제와 신라를 압박했다. 위협을 느낀 백제와 신라는 433년에 화친 관계를 맺으며 '나제동맹'을 결성했다. 429년 백제는 중국의 남조 국가인 송에 사신을 보내 외교 관계를 맺고 빈번하게 교류하였다.

472년에는 백제의 개로왕이 북조 국가인 북위에도 사신을 보내 고구려를 정벌해 줄 것을 요청했으나 북위가 난색을 표했기 때문에 백제는 신라와 교섭을 맺는 쪽으로 돌아섰다. 475년에 고구려의 장수왕이 직접 3만 명의 군사를 거느리고 백제를 공격해 개로왕을 살해하고 수도 한성을 함락시킨 후 한강 유역을 완전히 장악했다.

신라 역시 고구려의 남진을 경계하고 있었다. 신라의 고구려에 대한 예속이 점점 심화되어 고구려 군대가 신라의 왕경에 주둔까지 했을 정도였다. 이후 삼국 관계는 고구려와 나제 동맹의 대결 구도로 전개되었다.

고구려의 광개토왕이 전 생애를 정복 전쟁으로 바쁘게 뛰어다닌 군사 전략가였다면 장수왕은 국제 정세를 이용해 고구려의 국제적 위상을 높인 노련한 외교 전략가였다. 장수왕은 북위와 남조, 유연과 등거리 외교 전략을 펼치면서 독자적인 세력권을 유지했다. 실제적으로 세력으로 따지면 고구려가 이 세 나라보다는 열세에 있었지만 이 세 나라가 서로 경쟁하는 관계여서 동방의 고구려와 동맹을 맺지 않을 수 없었다.

백제는 475년 고구려에게 수도 한성을 공격당해 빼앗김으로써 도성을 잃고 웅진으로 천도할 수밖에 없었다. 만일 백제가 웅진으로 천도할 당시에 고구려가 백제를 공격했더라면 상당한 성과를 거뒀을 텐데 그리 하지 않았다. 장수왕이 한성을 공격할 때 신라는 도움을 청하러 온 백제 개로왕의 아들 문주에게 1만 명의 군사를 지원해 준 적이 있기 때문에 고구려는 백제보다 신라에 대한 공격에 집중했다. 나제동맹이 갖는 의미는 세력이 약한 백제와 신라가 고구려의 남하를 공동으로 저지하면서 각각 내부적으로 지배 체제를 정비하고 정치와 군사 역량을 강화할 수 있는 여유를 얻은 데 있었다.

백제는 이후 동성왕 때 정치적으로 안정을 되찾았다. 동성왕은 493년 신라에 혼인동맹을 요청하여 신라의 왕족 이찬 비자의 딸과 혼인했는데 이는 국내적으로는 귀족세력을 견제하였고 국외적으로는 신라와의 동맹을 통해 고구려의 남진을 막기 위함이었다. 백제는 동성왕의 뒤를 이은 무령왕 때 다시금 국력을 회복해 강국으로서의 면모를 갖추기 시작했다.

무령왕은 즉위 후 귀족 세력을 적절히 견제하는 한편 새로운 본거지가 된 금강과 영산강 지역에 대한 지배력을 강화해나갔다. 무령왕이 이룬 성과는 그의 아들 성왕 때 비약적인 도약의 디딤돌이 되었다. 성왕은 538년 협소한 웅진에서 새로이 사비(부여)로 천도하고 나라의 면모를 일신한다는 의미에서 국호를 '남부여'로 고쳤다.

신라의 지증왕은 국호를 '사로'에서 '신라'로 확정하고 왕호를 마립간에서 중국식인 '왕'으로 바꿨다. 지증왕은 산 사람을 무덤에 강제로 묻는 순장을 금지하고 우경을 장려하며 경작지를 널리 개간하는 정책을 실시했다. 이것은 무엇보다도 국가의 생산력 기반을 확충하는 데 목표를 둔 것이었다. 지증왕의 뒤를 이어 즉위한 법흥왕은 신라를 변화의 바람으로 몰아넣었다. 그 결과 신라는 금관가야의 항복으로 오랜 경쟁자였던 가야를 압도하기 시작했으며 백제나 고구려와도 힘을 겨룰 수 있게 되었다.

진흥왕은 545년 거칠부에게 '국사'를 편찬하게 했다. 역사의 편찬은 왕권과 왕실의 존엄성을 높이고 나아가 유교적인 정치 이념에 따라 왕의 위엄을 과시하려는 의도였다. 무엇보다도 진흥왕의 가장 큰 업적은 대외 정복 활동을 통한 영토 확장이었다.

551년 마침내 백제의 성왕과 신라의 진흥왕은 손을 잡고 고구려를 공격하려고 군사를 일으켰다. 당시 고구려는 왕권이 약화되어 귀족들 사이에서 대규모 왕위 계승전이 일어나 정국이 불안했다. 이로써 백제와 신라는 한강유역까지 영토를 확장할 수 있었다.

그런데 신라는 553년에 나제동맹을 일방적으로 파기하고 백제가 탈환한 한강 하류 지역을 기습해 이곳에 신주를 설치했다. 이에 백제는 전열을 정비하고 대가야와 연합해 이듬해에 관산성(지금의 옥천)에서 신라와 격전을 벌였으나 신라의 김무력으로부터 역공을 받아 도리어 성왕이 전사하는 치명적인 패배를 당했다. 이로써 한강 하류 지역에 대한 신라의 지배권이 공고하게 되었다. 이후 나제동맹은 완전히 깨졌고 백제와 신라의 격돌이 치열하게 전개되었다. 신라는 한 번 점령한 지역에 주를 설치해 행정적인 지배 체제를 갖추어

항구적으로 지배하고자 했는데 이것은 고구려와 백제 두 나라와는 다른 점이었다.

• 7~8세기의 한반도 주변 3국(발해, 당, 신라)

고구려에서는 연개소문이 죽은 후 그의 아들들 사이에 권력다툼이 벌어져 나라 정치가 혼란스러워졌다. 이러한 틈을 타서 668년 9월에 나당 연합군은 고구려를 침략하여 멸망시켰다. 고구려의 멸망 이전에 이미 백제가 나당 연합군에 의해 쇠망함에 따라 7~8세기의 한반도 주변 3국으로는 발해, 당, 신라가 등장하게 되었다.

발해는 698년에서 926년까지 존속한 국가로서 고구려 문화를 계승했고 신라, 당, 일본 등과 활발히 교류하면서 독자적인 문화를 발전시켜 '해동성국(海東盛國)'이라고 일컬어진 나라였다. 발해 건국 후 첫 도읍지는 돈화였으나 몇 번의 천도를 거쳐서 926년에 멸망할 때에는 상경 용천부가 수도였다.

당은 고구려를 멸망시킨 뒤에 그 지배 집단을 강제로 분산시키기 위해 사민정책(徙民政策)을 실시했다. 고구려의 통제를 받았던 거란족과 말갈족도 영주 부근으로 이주되어 당에 예속되었다. 그러자 거란족 이진충은 당에 반발해 반란을 일으켰다. 당은 이진충의 반란 진압에 상당히 어려움을 겪었는데 이는 돌궐이 고비사막 남쪽에서 재차 부흥하여 동남으로 세력을 뻗치고 있었기 때문이었다. 이진충의 반란은 당시 당의 보호와 감시 아래 있던 이민족들에게 자의식을 불러일으켰다.

말갈의 한 부족인 속말말갈 출신으로 고구려 장군이었던 걸걸중상과 그의 아들 대조영도 이때 말갈족 추장 걸사비우와 함께 무리를 이끌고 당에 반기를 들었다. 대조영은 당 군대와의 전쟁에서 커다란 승리를 거두고 걸사비우가 이끌던 말갈족을 포섭하여 지금의 길림성 돈화시에 있는 성산자산성으로 옮겨와 국가의 기틀을 마련했다. 대조영은 698년에 진국(振國)이라는 나라를 세워 스스로 진국 왕이라 자처했다. 대조영은 당과 화해를 했지만 이웃나라인 돌궐과 신라를 가까이 하면서도 당과는 긴장 관계를 유지했다. 이후에는 당과 평화적인 관계를 맺는 방향으로 전략을 바꿔서 결국 713년에 당은 대조영을 발해군왕(渤海郡王)으로 책봉했고 이때부터 진국 대신에 발해국이라는 국명이 쓰이게 되었다.

발해의 무왕은 처음으로 일본에 사신을 파견했다. 그때 외교 문서에는 "욕되게 여러 나라를 주관하고 외람되게 여러 번국(藩國)을 아우르게 되어 고구려의 옛 땅을 회복하고 부여의 풍속을 계승하게 되었다"고 쓰여 있기 때문에 무왕의 자부심과 함께 당시 고구려와 부여의 영토를 상당히 회복했음을 알 수 있다. 발해가 일본에 사절단을 보낸 것은 당과 연합한 신라를 견제하려는 속셈이 강했다.

당 태종은 신라와 연합하여 백제와 고구려를 평정하면 대동강 이남의 백제 땅을 신라의 것으로 하겠다고 김춘추와 밀약을 했었다. 그러나 고구려가 멸망하자 백제 땅에 대한 귀속을 둘러싸고 당은 신라와의 갈등을 전면에 표출시켰다. 당이 백제와 고구려 전선에 전력을 기울일 때에 당의 서역에서는 토번(지금의 티베트)이 성장하여 친당 세력인 토욕혼을 누르고 실크로드를 장악했다. 669년 9월에 토번이 천산남로를 급습하자 670년 4월에 설인귀가 이끄는 한반도 주둔 병력이 청해에 투입되었다. 이로 인해 요동이나 한반도 북부 지역의 당 군대는 상당히 위축되었고 670년 3월 신라군은 압록강 이북까지 작전 반경을 넓힐 수 있었다. 당은 토번과 화해 분위기를 조성한 후에 신라를 공격함으로써 나당 전쟁이 발발하게 되었다.

나당 전쟁에서 신라가 승리한 가장 중요한 요인은 토번의 등장을 적극적으로 활용한 신라의 외교력이었다. 고구려가 멸망하기 1개월 전에 신라는 이미 왜에 사신을 보내 대규모 선물 공세를 펼쳤다. 신라는 혹시 있을지도 모를 당과의 전쟁에 대비해 신라의 배후에 있는 일본을 자신의 편으로 묶어두기 위한 외교적 노력이었던 것이다.

732년에 발해의 무왕으로부터 공격명령을 받은 장문휴 장군은 산동 반도의 등주를 공격해 등주지사 위준을 살해했다. 이에 당도 대문예를 유주로 보내 군대를 모아 발해를 공격하였고 733년에는 당에 와 있던 신라인 김사란을 귀국시켜 신라가 발해의 남쪽 국경 지대를 공격하게 했다. 신라는 나당전쟁 이후 당과 불편했던 긴장 관계를 일시에 해소하고 발해의 남하를 저지할 수 있다는 점에서 이러한 당의 제안을 긍정적으로 받아들였다.

그런데 실제로 신라는 발해와의 싸움에 전력을 기울이지 않았다. 신라는 눈보라와 함께 큰 추위를 만나서 발해를 공격했던 병사들이 반 이상이나 얼어 죽었기에 어쩔 수 없이 군대를 되돌렸다고 당에 보고했다. 당시 신라는 당과 친선 관계를 재정립하고 발해의 남하를 저지하는 수준에서 두 나라의 갈등을 조장하거나 관망했을 것이라는 주장이 있다. 나당 전쟁 이후 격동하던 동북아 지역에는 당을 중심으로 신라, 발해, 일본이 공존하는 비교적 안정된 국제 관계의 틀이 정립되었다. 각국 간에는 사신 왕래가 빈번해졌고 민간 차원의 교류도 늘어났다. 그런 가운데 신라와 발해, 일본은 당의 선진 문물을 받아들이면서 자국의 발전에 힘써 귀족 문화를 꽃피웠다.

시라무렌 강의 요서 지역에 거주하던 거란족의 야율아보기는 907년 가한에 즉위하여 거란을 통일하고 916년에 황제의 지위에 올랐으니 그가 바로 요(遼)의 태조이다. 발해는 이러한 거란의 세력 확대에 대비하려고 해족(奚族)과 연계했으나 911년에 해족이 거란에 병합되어버렸다. 그러자 발해는 신라와 동맹을 도모했는데 이때 한반도는 후백제와 후고구려가 신라를 압박하고 있던 형국이라 이 동맹은 큰 도움이 되지 못했다. 오히려 915년 10월과 925년 11월에 신라는 거란에 사신을 파견해서 발해와 관계를 끊고 거란과 외교 관계를 맺었다. 거란 군대가 발해로 출정할 때에 신라도 원군을 파견했다. 발해는 거란의 세력 팽창과 함께 내부의 분열로 멸망했던 것이다.

• 후삼국 시대 3명의 세력가(견훤, 궁예, 왕건)

신라는 삼국통일을 이룬 후 8세기 말부터 귀족들 사이에 치열한 왕위 다툼이 일어나서 150년 동안 20명의 왕이 교체되곤 하였다. 왕위 다툼 과정에서 822년에 김헌창이 반란을 일으켰고 846년에는 장보고의 난이 발생하였다. 왕위쟁탈전으로 혼란해지고 지방의 통제력이 약화된 틈을 타서 통일신라 말기에 호족세력과 육두품의 세력이 성장했다. 호족은 권력다툼에서 밀려난 진골 귀족으로서 근거지역에서 행정권과 군사권을 장악하고 있던 지방의 토착세력가였다. 육두품은 진골 바로 밑의 계급으로서 정치권력에서 소외되고 승진의 제약을 받자 골품제를 비판하고 반신라적 입장을 취하기에 이르렀다. 신라가 쇠퇴하면서 영토는 경주 중심으로 축소되고 후삼국시대가 시작되었는데 이 시절 3명의 세력가는 견훤, 궁예, 왕건이었다.

견훤은 신라의 서남해안을 지키던 장군이었는데 892년에 반란을 일으켜 무진주(지금의 광주)와 완산주(지금의 전주)를 점령하고 900년에 후백제를 세웠다. 한편 양길은 북원(지금의 원주)을 중심으로 반란을 일으켜 농민군 지도자로 활약했으나 자신이 신임하여 군사를 나누어 준 궁예에게 패하고 말았다. 궁예는 양길의 세력권 아래 있던 지역을 지배하여 901년에 철원에서 후고구려를 세웠다. 이로써 통일신라는 신라, 후백제, 후고구려로 나뉘어졌고 우리나라는 후삼국시대로 접어들었다.

궁예가 후고구려를 세우자 송악의 호족인 왕륭은 아들 왕건을 데리고 궁예의 휘하로 들어갔다. 왕건의 집안은 대대로 무역과 상업에 종사해온 송악의 호족 집안이었다. 궁예는 왕륭의 도움으로 수도를 송악으로 옮겼다. 왕건은 강력한 수군을 이끌고 금성(지금의 나주)을 점령해서 후백제에 치명타를 안겼다. 그러나 궁예는 왕이 된 후 현실에 안주하는 모습을 보였다. 905년 궁예는 수도를 철원으로 다시 옮긴 후에 후백제와 대결을 자제하고 스스로 미륵불이라고 칭하며 자신을 신비화하기 시작했다. 그는 미륵관심법을 터득해 사람들의 마음을 들여다볼 수 있다고 하면서 부인과 아들마저 죽이고 부하들을 숙청했다.

918년 홍유, 배현경, 신숭겸, 복지겸 등의 군 지휘관들이 이를 참지 못하고 반란을 일으켜 왕건을 왕으로 추대했다. 궁예는 궁성을 간신히 탈출했지만 며칠 후 부양(지금의 평강)에서 백성들한테 살해되었다. 새로 왕이 된 왕건은 나라 이름을 '고려'로 바꾸고 수도도 송악으로 다시 옮겼다.

태조 왕건은 궁예와는 달리 자신을 낮추면서 지방 호족들을 합리적인 방식으로 회유하여 내정의 기반을 다졌다. 고려는 영토 측면에서 후백제보다 훨씬 유리했지만 군사력 측면에서는 후백제보다 우세하지 않았다. 927년 견훤은 경주를 기습해 함락했다. 견훤은 군대를 이끌고 신라의 경애왕이 행차한 포석정으로 들이닥쳐 경애왕을 살해했다. 뒤늦게 왕건이 신라를 구원하려고 달려왔지만 공산(지금의 팔공산) 전투에서 고려 장수 김락과 신숭겸이 전사하고 왕건만 간신히 살아서 도주할 만큼 고려는 후백제의 견훤에게 대패하였다. 그동안 고려를 지원하던 금성(지금의 나주)까지도 후백제에게 약탈당했다.

그러나 왕건에게는 두 가지 행운, 즉 신라 호족들의 따름과 발해 유민 유입 등이 이어졌다. 신라 호족들은 견훤이 경애왕을 죽이고 신라 지역을 약탈하자 왕건에게 기울었다. 또한 926년에 발해가 거란에게 멸망하면서 발해 유민들이 고려로 들어오기 시작했다. 930년 마침내 왕건은 고앙(지금의 안동) 전투에서 견훤을 격파하는 데 성공했다.

한편 935년 견훤이 넷째 아들 금강에게 왕위를 물려주려고 하자 이복형제들이 단합하여 반발하였고 견훤의 아들 신검이 정변을 일으켜 견훤을 금산사에 가두었다. 3개월 후 금산사를 탈출한 견훤은 고려로 망명했다. 936년 8월에 고려와 후백제의 마지막 전투가 일선군(지금의 구미시 선산읍)의 일리천에서 벌어졌는데 여기에서 후백제가 크게 패망한 후 멸망함으로써 45년간 계속된 후삼국시대가 끝났던 것이다.

최후의 승자가 된 왕건의 장점은 정치력과 포용력이었다. 견훤은 뛰어난 장군이었지만 궁예와 마찬가지로 왕으로서의 자기 변신에 성공하지 못했다. 왕건은 자신을 낮추고 호족들을 후대했다. 호족과의 동맹을 위해 결혼 정책과 왕씨 성을 하사하는 사성 정책, 사심관 제도와 기인제도 등을 활용했다. 사심관 제도는 호족에게 지방의 통치권을 위임하는 제도였다. 또한 기인제도는 호족의 아들을 상경시켜 근무하는 제도로서 인질의 성격과 함께 그들을 등용하고 우대하는 제도였다.

왕건은 기록된 사람으로만 부인을 29명 두었는데 대부분이 정략결혼이었다. 이것은 정치적 동맹을 이루고 왕실을 확대하는 효과를 거두었지만 왕건이 사망한 후에는 왕위 쟁탈전을 격화시키는 폐단도 낳았다.

태조 왕건은 중국이 5대10국이라는 혼란기를 맞고 거란이 득세하는 국제 정세의 변화를 주시했다. 거란 및 여진 등과 같은 북방 세력의 남하를 막고 국경 안정과 함께 북방 진출을 꾀하고자 서경 지역을 중시했다. 고려왕조는 후삼국을 자주적으로 통일했다는 '일통삼한'의 자부심을 가졌다. 고려는 신라를 계승한 정통 왕조임을 자임하면서도 북방을 지배했던 고구려의 정신을 계승하고 영토를 회복하려고 꾀했다. 고려는 국가통치 이념으로 불교를 수신의 도로, 유교를 치국의 도로, 풍수지리를 왕실과 왕업을 위한 도로 선정했다.

• 11세기 고려시대의 주요 3국(고려, 요, 송)

고려는 918년에 태조 왕건이 고구려의 후계자임을 자처하고자 세운 나라이다. 왕건은 북진정책 추진을 위해 서경(지금의 평양)을 중시하였고 북방을 개척하여 국경선을 청천강까지 확대하였다. 또한 요의 침략으로 발해가 멸망하자 고구려 계통의 발해 유민을 받아들였다.

요는 916년 건국 당시의 명칭은 거란국이었으나 938년에 연운 16주를 획득한 뒤부터 나라 명칭을 요라 하였다. 9세기 후반 당(唐, 618~907)의 정치적 혼란을 틈타 거란(契丹)의 세력이 강성해졌으며 907년 질라부[迭剌部]의 야율아보기(耶律阿保機, 太祖 재위 907~926)가 거란의 여러 부족을 통합하여 카간[可汗, qaghan]이 되었다. 그는 자신에 반대하는 귀족들의 반란을 진압한 뒤 916년 스스로를 천황제(天皇帝)라 부르며 거란국(契丹国)을 세웠던 것이다.

송은 960년에 후주의 전전도점검이었던 조광윤이 '진교의 병변'을 일으켜 세운 나라이다. 송 태조 조광윤은 오대(五代) 부장들의 횡포에 혐오를 느껴 제위에 오르자 군인을 억압하고 문관을 우대하여 문치주의를 채택하였다. 이렇게 하여 11세기 한반도 주변 3국으로는 고려, 요, 송이 있었다.

934년 7월에 발해의 왕자 대광현이 수만 명의 유민과 함께 고려로 망명했다. 고려의 왕건은 이들을 포용하고 거란에 대한 적대적인 정책을 펼쳤다. 938년경에는 5대10국의 하나인 후진의 고조에게 거란에 대한 연합 공격을 제의했다. '훈요10조'에도 '거란은 짐승이나 다름없는 나라'라고 기록했다.

982년에 요는 역사상 가장 위대한 군주로 꼽히는 성종이 즉위하면서 혼란스러웠던 내정이 안정을 되찾았다. 한편 중국에서는 960년에 송이 천하를 통일했다. 거란의 움직임에 위협을 느낀 송은 985년에 거란에 대한 연합 공격을 고려에 제의하기도 했다.

993년 8월에 요의 소손녕이 지휘하는 거란군이 고려를 침공하러 출정하였다. 고려는 여진족으로부터 거란군의 출동 사실을 알게 되었지만 여진족의 이간책이라고 생각하고 첩보를 무시했다. 고려는 자비령 이북을 떼어 주고 강화를 맺으려 했으나 서희는 이에 결사적으로 반대하고 소손녕과 강화 회담을 시도했다. 이 회담에서 서희는 요의 1차 목표가 고려가 아닌 여진임을 간파하고 요와 강화를 맺는 동시에 여진에 대한 협공의 구실로 압록강 남쪽 6개 군(강동 6주)까지 획득하는 데 성공했다. 강동 6주를 획득한 고려는 재빨리 이곳에 성을 쌓고 주민을 이주시켜 방어망을 보강했다.

요의 성종은 국력을 강화한 후 대군을 이끌고 남하하여 송을 공격하였다. 그는 1005년에 송의 제3대 황제 진종과 화의를 맺었는데 이것이 '전연의 맹약'이다. 이후 요는 대대적인 고려 원정을 시도했는데 1011년 1월 1일에는 개경을 함락시켰다. 고려의 현종은 멀리 나주로 피란을 떠나야 했다.

요는 993년 10월 1차 침공을 시작으로 1018년 12월 6차까지 고려를 침공했다. 6차 침공 시에는 고려가 달라져 있었다. 현종은 전국의 지방행정망을 완성하고 지방관을 성공적으로 파견했으며 개경도 복구하여 성벽을 쌓았다. 요의 성종은 강동 6주 반환을 요구하며 소배압에게 10만 대군을 이끌고 고려를 침공하게 했다. 그러나 고려는 이러한 요의 6차 침공의 징조가 보이자 신속하게 강감찬과 강민첨의 지휘 아래 20만 명의 병력을 징발해 북계에 배치했다. 요의 장군 소배압은 고려군을 우회하여 개경 근처까지 진출했지만 개경의 방어태세를 보고는 공격할 수가 없었다. 무리한 진격으로 지친 거란군은 추격하는 고려군을 피해 필사적으로 북상했지만 1019년 2월 2일 귀주에서 공격을 당해 겨우 수천 명만 살아 자기 나라로 돌아갔다.

요와의 전쟁은 고려에 수많은 거란인 포로를 남겼다. 이들 가운데 일부는 고려군에 편입되었는데 정착한 거란인은 고려의 사회와 문화 등에 여러 가지 영향을 끼쳤다. 한편 고려에서는 요의 침략을 물리치기 위한 기원을 담아 1011년에 대장경을 만들었는데 이것이 초조대장경이다. 고려는 일찍이 없었던 국난을 극복하기 위해 군사와 조세, 지방 제도 등을 정비했다. 이러한 군사제도에서 지역 단위의 신분 질서와 인연을 기초로 군대가 편성되었는데 고려는 이것을 용인할 수밖에 없었다. 결국 이것은 군대 내부에 사적인 질서를 형성함으로써 쉽게 군벌화하게 되었고 나중에 무신 정권이 성립하는 하나의 요인이 되었다.

• 13세기 고려시대의 주요 3국(고려, 원, 일본)

원(元)은 몽골 족이 중국을 정복하고 세운 왕조(1271~1368)이다. 칭기즈칸의 손자로서 몽골 제국의 제 5대 황제였던 쿠빌라이는 1279년에 남송을 복속시키고 중국을 통일한 후 절대 다수의 중국인을 지배하기 위해 몽골족, 색목인(위구르인, 이란인 등), 한족(금나라 지배를 받던 한인, 여진, 거란인 등), 남인(남송인) 순의 4신분제를 구축했다.

일본에서는 1192년에 지금의 가나가와 현의 가마쿠라에서 막부가 세워졌다. 가마쿠라 막부(1192~1333)는 일본의 무사정권으로서 무사들의 단결을 가장 중요시하였으며 일본 봉건주의의 기초를 확립했다. 가마쿠라 무사들은 자신의 영지에서 경제적으로 안정되어 있었기 때문에 무술을 연마하고 무사들을 훈련시키는 일에 전념할 수 있었다. 당시 일본은 교토의 귀족문화와 가마쿠라의 사무라이문화로 구분되었다.

1189년 몽골의 영웅 테무친이 '칭기즈칸'이란 칭호를 받은 후 1204년에 몽골 초원을 통일하면서 그의 세력이 급속히 성장했다. 1215년에는 여진족 국가 금의 수도이던 북경을 정복하여 화북 일대를 점령했다. 1219년에 서역으로 향한 몽골군은 1227년 칭기즈칸이 사망할 때까지 단 8년 만에 유럽의 폴란드까지 진출했고 러시아와 인도 북부를 유린했다. 1234년에는 남송과 연합군을 형성하여 금(金)을 멸망시켰다.

고려가 몽골군으로부터 공격을 받기 시작한 것은 1218년에 몽골군이 거란족의 반란을 쫓을 때였다. 이후 몽골은 고려와 사신 왕래를 시작했지만 1225년에 몽골의 사신인 저고여가 귀국길에 살해되자 국교를 단절했다. 이때 몽골은 서방 원정에 전념하는 중이었고 칭기즈칸도 사망해 군사 행동을 하지는 않았다. 그러나 이 황금의 휴식기 동안 고려는 몽골의 침입을 대비하지 않았다. 마침내 1231년 8월에 몽골군이 의주성을 침략했지만 고려군은 외부의 도움 없이 스스로 몽골군을 격퇴했다. 그러나 이것만으로 고려는 몽골군의 진격을 막을 수 없었기에 할 수 없이 몽골과의 강화에 동의해서 1232

년 2월 몽골군은 72명의 다루가치를 남기고 철수했다.

고려는 1232년 7월에 집정자인 최우의 주도 아래 강화 천도를 강행했다. 10만 명의 개경 주민을 강화도로 이주시키고 육지로 군대를 보내 다루가치를 살해함으로써 항전 의지를 천명했다. 40년 전쟁 속에서도 강화도로 들어간 왕과 귀족들은 안락한 생활을 누렸지만 백성들은 고려 정부와 몽골군에게 이중으로 시달렸다. 몽골군이 쳐들어오면 고려군이 집과 곡식을 태우고 관리와 양반이 먼저 도망갔으며 몽골군이 물러가면 세리(稅吏)가 나타났다.

오랜 고통과 고려 지배층의 무책임한 태도에 민심이 심각하게 동요됨에 따라 몽골군에 항복하거나 편입되어 고려에 맞서 싸우는 고을이 점차 늘었다. 1258년 함경도에서는 주민에 대한 가혹한 소개(疏開) 정책에 대한 반발로 반란이 일어나서 함경도 지역이 몽골제국에 복속했다. 이때 이성계의 선조인 이안사도 몽골에 투항해서 순군만호부에 속한 벼슬인 천호(千戶)가 되었다. 오랜 전쟁으로 백성들이 극심한 고통을 겪고 강화도에도 위기가 닥치자 고려의 왕과 관료들이 몽골과의 강화를 강력하게 원하게 되었지만 최씨 정권은 완강했다. 1258년에 최씨 집안의 노비와 무장 등이 정변을 일으켜 최의를 살해함으로써 최씨 정권이 몰락하였고 이후 몽골과의 전쟁도 끝나게 되었다.

최씨 정권이 무너지면서 왕과 관료들은 예전보다 나아진 권력을 가졌다. 고려의 원종은 송의 수도인 개봉 근처에서 몽골의 쿠빌라이와 서로 만나 강화도로부터 출륙을 약속한 대가로 몽골로부터 다시는 고려를 침공하지 않겠다는 서약을 받아냈다. 그러나 최의가 죽었지만 이후 무신들이 세력을 유지함에 따라 고려는 10년이 넘도록 출륙 약속을 지키지 못했다. 1269년에 일어난 반란으로 원종이 폐위되었으나 끝내는 반란이 실패로 돌아가 원종은 다시 왕위에 복귀하게 되었다. 원종은 곧바로 쿠빌라이에게 원 황실과 사돈을 맺고 싶어 했고 이에 쿠빌라이는 막내인 제국대장 공주와 세자의 결혼을 허가했다. 이때부터 고려의 왕이 원의 황실 공주와 결혼하는 관행이 시작되었다.

1270년 5월에 마지막 무신인 임유무가 삼별초군에게 살해되면서 무신 정권은 완전히 해체되었고 고려는 6월에 개경 환도를 단행하였다. 그러나 원종이 성급하게 삼별초의 해산령을 내리는 바람에 삼별초의 반란이 일어났다. 삼별초는 완도, 남해도 등 서남해안의 도서 지방을 점령해서 고려 정부의 조세 수송로를 차단하였고 나주와 김해를 공격하기도 했다. 삼별초 진압을 위해 고려와 몽골은 여몽 연합군을 결성하였다. 1271년에 삼별초는 몽골이 일본을 공격할 것임을 알리면서 일본에게 긴급한 군사적 지원 요청을 했다. 그러나 1273년에 마지막 근거지인 제주도의 항파두성이 함락되면서 삼별초의 항쟁은 끝났다.

여몽 연합군은 그대로 일본 원정군으로 전환했는데 이는 일본 원정이 원의 세조인 쿠빌라이의 야심작이었기 때문이었다. 1274년 10월에 3만 9,000여 명의 여몽 원정군이 900여 척의 배를 나눠 타고 합포(지금의 마산)를 출발했다. 여몽 연합군은 쓰시마 섬과 이키 섬을 단숨에 함락하고 10월 19일에는 세 부대로 나눠 규슈의 후쿠오카 항으로 상륙했다. 일본의 가마쿠라 막부는 여몽 연합군의 침략에 대비해서 전국에 징발령을 내렸고 해안가에 돌로 쌓은 방벽을 둘렀다.

연합군은 30킬로미터에 달하는 해안 방어선을 단숨에 돌파해 후쿠오카 중심부까지 진출했다. 이곳에서 고려의 부원수가 적을 쫓다가 왜장이 쏜 화살에 맞아 부상하는 사건이 발생함에 따라 여몽 연합군은 배로 철수하게 되었다. 이날 밤 갑작스런 폭풍이 불어 닥쳐 바닷가에 정박한 전함들이 파손되었다. 일본에서는 이것이 신의 도움이었다고 하여 가미카제라고 부른다.

원은 1279년에 남송을 멸망시킨 뒤 중국의 강남 수군을 동원하여 다시 일본 정벌을 추진했다. 이번에는 고려와 몽골군 4만 명에 강남 수군 10만 명 그리고 전함 3,500척을 동원했다. 1281년 6월 합포에서 출발한 연합군이 일본의 시가노 섬에 상륙했다. 그러나 전염병이 돌아 여몽 연합군 3,000여 명이 죽었고 일본군은 이전보다 훨씬 더 강력하게 저항했다. 그리고 이후 또다시 폭풍이 일어나자 중국 배들은 허무하게 부서져서 엄청난 사상자가 발생했는데 이는 원의 성급한 독촉에 강남 전함이 날림으로 건조되었기 때문이었다.

일본은 원의 침공을 막아냈지만 과도한 군비 지출과 인력동원으로 가마쿠라 막부가 붕괴되고 지방의 무사 계층이 성장해 새로운 사회 세력으로 등장하게 되었다. 가마쿠라 막부가 붕괴하면서 일본 역사상 최초로 두 명의 천황이 양립하는 내란 상태에 빠졌다. 이때 지방의 영주와 무사는 크게 성장하여 함대를 결성해서 해외로 나갔는데 고려뿐만 아니라 중국의 서남부 해안, 대만, 필리핀, 말레이시아까지 진출했다. 이때부터 약 100년간은 왜구의 전성기였다.

원이 쇠퇴하자 중국과 만주 지역은 극심한 혼란 상태에 빠져들었고 고려의 공민왕은 반원 정치를 시작하기에 이르렀다. 1351년에 중국에서 홍건적의 난이 발생했는데 이 일부 세력이 고려를 침략해 들어왔다. 그러나 이 홍건적의 전란보다 더욱 극심하고 지속적인 피해를 안긴 사건은 왜구의 침공이었다. 원이 망하고 명이 들어서는 순간 고려의 왕조도 바람 앞의 촛불 신세였으니 이를 계기로 이성계가 새로운 나라 조선을 세울 수 있었던 것이다.

● 조선시대 중기의 3세력(왕, 훈구파, 사림파)

고려의 말기 공민왕 때에 국가 개혁에 실패하면서 정치가 문란해지고 이성계가 위화도 회군으로 군사적 실권을 장악하면서 신진사대부를 중심으로 1392년 7월에 새로운 나라가 세워졌으니 바로 조선이다. 태조 이성계는 고조선의 후계자임을 자처하며 국호를 조선으로 선포하고 한양으로 천도하였다. 정도전은 자신의 저서 『불씨잡변』에서 불교보다 유학이 국가지도 이념으로 알맞다고 적었는데 이를 바탕으로 조선은 불교를 배척하고 유학을 숭상하게 되었다.

조선 초기에는 성리학의 가르침에 따라 신하들이 정치를 주도하게 되었으나 태종은 이를 거부하고 왕권을 강화시켜 놓았다. 이후 조선 중기의 권력에는 3세력, 즉 왕, 훈구파, 사림파 등이 존재하였다.

조선의 왕은 고려시대와는 달리 절대적인 권력을 누리지 못했다. 왕은 최고 권력자였지만 하나의 가정에서는 부모의 자식이었기에 효를 다해야 했다. 새벽에 일어나자마자 부모에게 문안인사를 올려야 했고 오전에는 신하들과 함께 유학을 공부하는 '경연'에 참석해야 했다. 오후에는 신하들과 국무를 의논했고 또한 지방 관리들과 면담을 했다. 저녁시간에도 이렇다 할 자유시간이 없는 격무에 시달렸기에 조선 왕들의 평균수명이 46세에 불과했다는 의견이 있다. 이와 같이 조선 중기의 왕권은 신권에 비해 강력하지 않았다.

훈구파는 '공신'들과 그들의 자손들로 이어지는 세력들을 의미한다. 조선 초기에 임금이 바뀔 때마다 무소불위(無所不爲)의 권력과 재산을 움켜쥔 이들이 있었는데 왕은 이들을 국정 운영의 동반자로 삼고 '공신'이라 칭했다. 중종반정 주도자 박원종에게는 연산군 때의 시녀 300명을 상으로 따로 주었다고 한다. 자자손손 대물림한 이들 특권은 정치권력뿐만 아니라 경제력에서도 큰 힘을 발휘했다.

조선 초기 현실 정치에서 왕을 뒷받침해주는 세력인 공신들을 '훈구(勳舊)'라고 불렀다. 이들은 특히 15세기 중반 세조 대 이후에 중요한 정치 세력으로 활동했다. 15세기 후반 이래 정치를 장악한 훈구파는 중앙의 관직을 독점했고 경제적인 치부에도 능수능란했다. 수양대군을 도와 계유정난을 일으키는 데 큰 공헌을 한 한명회는 훈구 세력의 대표적인 인물이었다. 세조의 공신으로서뿐만 아니라 자신의 두 딸이 예종과 성종의 왕비로 간택되어 두 임금의 장인으로 대를 거듭해 권력을 거머쥐었다.

사림파는 성리학 지식을 바탕으로 중앙정치에 뛰어오른 선비들의 세력이었다. 사림파는 성종 때부터 중앙 정계에서 활동하기 시작했으며 훈구파 세력의 비리를 강하게 비판했다. 성종의 후원을 받아 언관(言官)으로 중앙 정계에서 관직 생활을 하던 사림파들은 성리학적인 왕조 체제 건설과 향촌 사회의 지배 체제 구성을 목표로 하여 훈구 세력을 비판했다.

성리학은 유학을 근본으로 하여 중국 송나라 때에 발생한 학문으로서 고려 말 안향(安珦)이 원나라에서 들여왔으며 고려 말의 이색,

정몽주, 정도전, 이숭인 등의 신진사대부들에 의해 정착되었다. 길재는 정몽주로부터 성리학을 배웠다. 길재는 고려 말에 성균박사(成均博士)였으나 조선에서는 두 임금을 섬길 수 없다 하여 벼슬하기를 마다했다. 길재의 제자인 김숙자는 성종 때 중앙관리가 되었으며 김숙자의 아들인 김종직과 김종직의 제자인 김굉필, 정여창, 김일손 등이 차례로 중앙 정계에 진출했다. 김일손으로부터 가르침을 받은 제자들로는 이언적, 조광조, 김안국 등이 있었으며 조광조 밑으로 조식, 이황, 이이, 성혼 등이 있었다.

성종은 중앙 정계를 장악하고 있는 훈구파의 권력을 견제하기 위해 향촌 사회에서 성리학적인 소양을 쌓고 이를 실천하고자 했던 사림 세력을 등용했다. 조선 정계에 진출한 사림 세력은 자리 잡기가 쉽지 않았다. 사화(士禍)를 통해 목숨을 잃거나 유배를 떠나는 경우가 빈번하게 발생했다. 사화는 중앙 정계에 진출한 사림 세력이 훈구 세력과 정치적으로 갈등을 빚다가 결정적인 계기로 커다란 피해를 받은 사건을 가리킨다.

연산군 때에는 성종 때에 쓴 김종직의 조의제문(弔義帝文)으로 무오사화가 일어났다. 또한 연산군이 자신의 친어머니 원한을 갚기 위해 일으킨 갑자사화가 있었다. 중종 때에는 조광조의 급진적이고 배타적인 개혁에 위기감을 느낀 공신 훈구 세력이 크게 반발하여 일으킨 기묘사화가 있었다. 명종이 즉위한 해인 1545년에는 윤원형의 소윤과 윤임의 대윤 일파 사이에 일어난 을사사화가 있었다.

1565년(명종 20년) 문정왕후의 사망을 계기로 사림들은 중앙 정계에 본격적으로 진출하여 정치력을 확대했다. 선조 대에 실질적으로 중앙 정계를 장악하면서 훈구파와의 갈등을 마감하고 사림이 정권을 장악하는 시대를 열었다. 사림파가 훈구파와의 경쟁에서 이길 수 있었던 것은 훈구파와 달리 불법적인 권력으로 각종 비리를 저지르지 않고 대신에 언론 기관을 중심으로 공론을 만들이 이를 정책으로 추진하는 공론 정치의 모델을 만들었기 때문이었다.

선조 대 이후 훈구파를 완전히 물리치고 중앙 정계를 장악한 사림 세력은 명종의 비 심 씨의 오빠인 심의겸의 영향력을 두고 논란이 일어나면서 1575년(선조 8년) 동인과 서인으로 분화되었다. 서인이 대개 이이와 성혼과 가까운 학문적 동지들이고 동인은 이황과 조식의 제자들이라는 학문적 분화도 개입되었다. 여기에서는 심의겸으로 대표되는 외척 세력이 완전히 정계에서 배제되어야 한다는 동인과 그렇게 하지 않아도 무방하다는 서인의 입장이 있었다.

선조 때 일어난 붕당은 종래에 있었던 훈구파와 사림파의 대립과는 성격이 달랐다. 이 붕당은 서로 공론을 추구하는 군자의 당을 자처하는 가운데 나타난 것이었다. 국왕을 보좌하는 관리들이 결속하여 붕당을 만드는 것은 본래 유교 정치에서 금기시되었지만 송대의 구양수와 주자가 공론을 지향하는 군자와 당과 사리를 탐하는 소인의 당으로 나누어 설명하는 붕당론을 제기한 것을 사람들이 받아들인 것이다.

사림들이 성리학 연구에 좀 더 천착할 수 있었던 것은 공교롭게도 16세기 전반에 잇달아 일어난 사화 덕분이었다. 사화로 말미암아 중앙 정계에서 물러난 사람들은 향촌 사회에서 성리학 연구와 실천 방안의 모색에 전념할 수밖에 없었다. 성리학 연구자로 정계에 진출했다가 반대파의 공격을 막지 못하여 목숨을 찬탈당해도 사림파들은 그의 자식들에게 성리학 공부에 항상 힘쓰라는 유언을 남겼다고 하니 이들의 성리학 사랑과 함께 입신출세 지향은 가히 짐작하고도 남을 듯하다.

● 16세기 조선시대의 3국(조선, 왜, 명)

1592년에 왜의 도요토미 히데요시는 조선을 침공한 임진왜란을 일으켰다. 도요토미 히데요시는 하급무사의 아들로 태어나 100여 년에 걸친 일본 전국시대의 혼란한 사회를 통일한 후 중국 대륙 정복을 시도했다. 그는 중국을 정복함으로써 토지 몰수로 인한 다이묘와 지방 호족 세력의 불만을 해외로 돌릴 생각이었다. 또한 그들의 권력을 약화시킬 의도와 함께 해외무역 장악을 위한 의도도 포함되었다. 왜는 조선에 승려로 위장한 정탐군을 보내 지리와 정치 정세에 대한 정보를 수집하고 서양의 총포술을 도입하여 개량한 조총으로 군사를 무장시켰다. 전쟁준비를 마친 도요토미 히데요시는 조선으로 하여금 왜에 조공을 할 것을 요구하고 '명나라를 치러가는 길을 빌려 달라(征明假道)'고 요구했다.

1592년 4월(선조 25년)에 약 20만 명의 왜군이 부산을 침략했다. 이후 왜는 세 개의 길로 나누어 파죽지세로 서울을 향해 북상했다. 조선 정부는 여진족과의 전투에서 혁혁한 전공을 세운 신립 장군을 보내 왜군을 막게 했다. 신립은 충주의 탄금대 부근에서 배수진 전법으로 왜군을 막으려 했으나 조총의 성능에 패하고 말았다. 왜군이 서울로 육박해오자 선조는 한성부를 버리고 급히 피란을 떠나 평양을 거쳐 의주까지 올라갔다.

왜의 전략은 육군이 세 방면으로 북상하고 수군은 남해와 서해를 돌아 전라도와 충청도의 곡창지대에서 물자를 조달하여 합세하려는 것이었다. 그러나 경상도에서 전라도 해안으로 넘어오던 일본 해군은 전라도 해안의 경비를 맡고 있던 이순신의 장벽에 막히게 되었다.

이순신의 수군은 1592년 5월 초 옥포(지금의 거제도)에서 처음 왜군에게 승리를 거두었다. 그리고 6월 말에서 7월 초에 왜군의 총공세 때에 한산도 앞바다로 적을 유인하여 대파했다. 이순신이 연전연승을 할 수 있었던 데는 그의 탁월한 전략과 전술 이외에도 몇 가지 원인이 있었다. 우선 조총과 같은 단병(短兵)에서는 조선이 왜에 비해 열세였으나 대포와 같은 장병(長兵)에서는 조선의 능력이 탁월했다. 또한 조선 함대인 판옥선은 왜군의 선박보다 튼튼하고 우수했다.

해전에서의 승리와 함께 팔도 전역에서 의병이 일어나 왜군과 맞서 싸웠다. 양반에서 천민 신분에 이르기까지 여러 신분층의 사람들이 의병에 참여했다. 해당 지역의 향토지리에 익숙한 의병들은 정면 공격보다는 매복이나 기습 등의 게릴라 전술을 사용해 왜군을 괴롭혔다.

이여송이 이끄는 명의 지원군이 1593년 1월에 조선군에 합류했다. 왜가 전쟁 초기에 명을 정벌하러 간다고 선전했으므로 명은 자위책으로 조선에 군대를 파견한 것이다. 조선과 명의 연합군은 평양성을 탈환한 다음 남쪽으로 왜군을 추격했으나 고양의 벽제관에서 왜군에 패했다. 그러자 명군은 평양으로 후퇴하여 왜군과 화의를 맺으려 했다. 이때 권율은 명군과 합세하여 한양을 되찾으려고 했지만 명군은 퇴각해버렸다. 권율은 행주산성 전투에서 큰 승리를 거둔다. 이 전투에서 부녀자들까지 참여하여 치마에 돌을 날랐기에 '행주치마'라는 말이 나오게 되었다. 행주대접은 김시민의 진주성 전투와 이순신의 한산도 대첩 등과 함께 임진왜란의 3대 승리로 불린다.

왜는 조선과 명의 연합군의 반격에 힘이 빠져 휴전을 제의했고 명도 이를 받아들였다. 왜군은 전쟁이 일어난 지 1년이 지난 1593년 4월에 한양에서 퇴각하여 경상도 해안 일대로 물러났다. 조선의 반대에도 불구하고 진행된 명과 왜의 강화 회담이 결렬됨에 따라 왜군은 1597년(선조 30년)에 다시 공격하여 정유재란을 일으켰다. 다시 시작된 왜의 공격은 해전에서 원균을 대패시키고 육군도 충청도까지 진격하여 성과를 올리는 듯했으나 이순신은 명량해전에서 12척의 함선으로 300여 척의 적선을 대파시켰다.

7년간에 걸친 전쟁은 조선이나 왜, 명 모두에게 막대한 영향을 미쳤다. 왜는 영토도 얻지 못하고 조선으로부터 항복을 받아내지도 못한 패전을 맛보았다. 조선이나 명도 적지 않은 전쟁 상처와 후유증을 안게 되었다. 조선 전역이 전쟁터가 되면서 조선은 전쟁의 피해를 고스란히 뒤집어썼다. 수많은 인명이 피해를 입었고 기근과 질병이 잦았다. 또한 많은 토지가 피폐해져 제대로 경작할 수 없었으며 양안과 호적 등도 대부분 없어져 국가 운영 자체에 커다란 차질이 빚어졌다.

그러나 왜의 경우에는 임진왜란이 오히려 문화적 성장의 계기가 되었다. 활자나 그림, 서적 등을 약탈하였고 유명한 선비들과 우수한 인쇄공, 활자공들을 포로로 데려가 성리학과 활자술을 비약적으로 발전시키는 데 이용했다. 또한 도공을 데려가 도자기 제작 기술을 발전시켰다.

명은 임진왜란 전쟁을 치르면서 큰 피해를 보았다. 명의 국력이 크게 약해짐에 따라 만주의 여진족은 세력을 결집하여 다시 한 번 중원을 장악할 수 있는 기회를 가지게 되었다. 조선은 선조의 뒤를 이어 광해군이 즉위하여 전후 복구 사업에 힘을 쏟고 있을 즈음 후금을 공격하고자 한 명으로부터 원병을 요청받았다. 그러나 광해군은 여러 구실을 만들어 출병을 피했다. 광해군이 후금과의 전투에 나서지 않으려고 노력한 이유는 아직 중국의 정세가 확고하게 정리된 상태가 아니었기 때문이었다.

1623년에 인조반정이 일어나 광해군이 축출되자 조선은 명과 적극적인 친선 정책을 펼치고 후금과는 외교 관계를 정리하려 했다. 1624년에 인조반정의 공신인 이괄은 적절한 대우를 받지 못한 것에 불만을 품고 반란을 일으켰다. 이괄의 잔당은 후금으로 도망가 인조가 부당하게 왕위에 올랐다고 말했다. 후금의 태종은 광해군을 위해 보복한다는 명분을 내세워 1627년 정월에 3만여 명의 군대를 이끌고 쳐들어왔는데 이것이 정묘호란이다.

정묘호란 이후 후금의 태종은 요서 지방과 내몽골을 정복하고 만리장성을 넘어 북경 근처까지 공격했다. 태종은 1636년에 국호를 청(淸)으로 고치고 수도를 심양으로 정하는 한편 스스로 황제를 칭하면서 조선에게 군신의 관계를 맺을 것을 요구했다. 이에 조선은 주화론(主和論)과 주전론(主戰論)으로 나뉘어졌는데 주전론이 힘을 얻게 되면서 다시 조선과 청의 관계는 악화일로를 걷게 되었다. 청 태종은 왕자, 대신, 주전론을 주장한 사람들을 청으로 보낼 것을 요구했다. 조선이 거부하자 1636년 12월에 청 태종은 10만 명의 청인, 몽골인, 중국인 등으로 구성된 혼성 부대를 이끌고 쳐들어왔다. 왕과 대신은 남한산성으로 피신했다. 비빈과 왕자는 강화도로 피신시켰으나 인조는 길이 막혀 강화도로 들어가지 못하고 대신 남한산성을 택한 것이다.

병자호란 이후 조선의 현실에서 북벌론이 제기된 것은 그다지 이상한 일이 아니었다. 청에 복수하고 치욕을 갚겠다는 생각은 조선인의 자존심을 회복하는 한 방법이었다. 그러나 청의 국세가 나날이 커지고 효종의 갑작스런 죽음으로 북벌을 추진하기 어렵게 되었다. 조선은 임진왜란과 병자호란으로 인한 사회적 충격으로부터 빨리 안정시키는 여러 대책을 마련하고 실행했다.

국가 간의 전쟁은 수많은 사람들의 목숨을 빼앗으며 축적해두었던 재산을 사라지게 하고 급격한 사회혼란으로 빠져들게 한다. 설사 전쟁에 승리한다고 해도 전쟁 후의 뒷수습을 잘못 처리하면 국가 내부의 혼란을 야기하는 경우가 있다. 하물며 전쟁의 상처를 아우르지 못한 패전국은 오죽하랴. 명이 후금에게 패망한 것이 임진왜란 참전으로 인한 세력쇠퇴만은 아니겠으나 결과적으로 보면 임진왜란 이후에 상대적으로 강해진 후금의 공격을 막아내지 못하고서 명은 중국 본토에서 사라지게 된 것이다.

• 19세기 조선시대의 3국(조선, 청, 일본)

19세기 세계는 제국주의가 팽배하여 여러 서구 열강들이 세계 곳곳을 점령하여 그들의 식민지로 삼았다. 유럽 제국들도 문호 개방을 요구하며 동아시아에 진출했다. 조선의 해안에도 서양의 선박들이 출몰했는데 이러한 낯선 모습의 선박을 이양선(異樣船)이라고 불렀다.

1866년 8월에 프랑스 군함 세 척이 한강을 거슬러왔으며 다음 달인 9월에는 강화도에 상륙했다. 조선군의 완강한 저항에 부딪친 프랑스 함대는 결국 조선에서 철수했다. 1871년에는 미국 함대가 조선에 쳐들어왔다. 이들은 1866년 6월에 제너럴셔먼호라는 미국 상선이 대동강을 거슬러 올라왔다가 평양에서 불타버린 사건을 따지러 왔다고 했다. 미국 함대는 조선의 대포 발사에 응사하면서 강화도 해변을 점령했는데 이것이 신미양요이다.

조선의 흥선대원군은 전쟁을 하면서까지 프랑스와 미국의 통상 요구를 완강히 거부했는데 이러한 대외 강경책을 훗날 '쇄국정책'이라고 불렀다. 흥선대원군은 서양 제국주의 세력에 맞설 수 있도록 부국강병 정책을 수립하려 해도 조선은 산업국가로 전환할 준비가 아직 되어 있지 않았다.

일본은 1854년 미국의 무력에 굴복하여 문호를 개방하면서 서구의 군사적 위력을 실감하게 되었다. 1867년에는 하층 무사들이 주동하여 에도 막부를 타도하고 국왕 중심의 새 정권을 수립하였으며 이 듬해인 1868년에 5개조의 어서문이 발표되면서 개혁이 시작되었는데 이것이 바로 메이지 유신이다. 이후 일본은 중앙집권 체제 강화와 산업 육성, 군비 확충을 위한 부국강병 정책을 폈으며 헌법이 제정되고 의회가 개설되었다.

청은 대외무역정책에 있어 쇄국정책을 채택하고 외국 상인들에게 일부 지역에서의 교역만을 허가했다. 당시 영국은 청으로부터 비단, 차, 도자기 등의 수입으로 대량의 은(銀)이 유출되자 아편을 청에 밀매함으로써 차의 구매자금을 조달하려 했다. 1839년에 청이 아편 금지령을 발포하자 영국은 청과의 마찰을 돋우고서 아편전쟁(1840~

1842)을 일으켰다. 청은 아편전쟁에 패하여 영국과 불평등조약인 난징조약을 체결하게 되었고 홍콩이 영국에 할양되었다. 이후 청은 미국, 프랑스 등 다른 서양 여러 국가들과 불평등조약을 맺을 수밖에 없었고 이로써 중국대륙은 서구 열강에 의해 서서히 잠식되어 가기 시작했다.

1875년 8월에 운요호라는 일본 군함이 강화도 앞 난지도에 도착하여 무력시위를 하면서 조선에게 통상조약을 맺을 것을 강요했는데 이를 운요호 사건이라고 한다. 그 당시 친정을 시작한 고종은 일본과 외교 관계 재개를 위한 막후교섭에 들어갔는데 이러한 결과로 1876년 2월에 강화도조약이라고 부르는 외교문서에 서명했다. 일본은 불평등조약인 강화도조약을 계기로 조선을 청의 속국으로부터 떼어내려 시도했다.

조선은 1876년 일본과 강화도조약을 체결한 후 서양 세력에 대응하기 위해 청의 양무운동을 기본 모델로 하여 적극적으로 부국강병책을 추진했다. 조선 정부는 청에 유학생을 파견하여 화약과 탄약 제도, 기계 조작법 등과 함께 자연과학과 외국어도 배웠다. 조선은 청뿐만 아니라 일본의 경험도 배우고자 했다. 정부 기구의 개혁은 청을 모델로 했지만 군대의 개혁은 일본을 모델로 했다. 정부는 1881년 4월에 일본을 모델로 신식 군대인 별기군을 창설했다.

미국은 조선과의 국교 수립을 위해 청의 북양대신 이홍장에게 도움을 청하여 1882년 4월에 제물포에서 조미수호통상조약을 체결했다. 청이 조선과 미국의 수교를 주선하고 나선 이유는 청이 조선의 종주국임을 자처했고 조선이 일본과 강화도조약을 체결한 것을 달갑지 않게 여겼다. 미국과의 수호조약을 시작으로 영국, 프랑스, 독일 등 서양 각국과도 국교 수립을 위한 교섭을 시작했다.

1882년 6월에 조선의 구식 군인들이 폭동을 일으켜 신식 군대인 별기군의 일본인 교관을 살해했는데 이것이 임오군란이다. 임오군란으로 흥선대원군은 다시금 정권을 장악했지만 장호원으로 피신한 민비의 요청으로 1882년 7월에 청군 4,000여 명이 한성으로 들어오게 되었다. 청군은 흥선대원군을 임오군란 사태의 책임자로 지목해 청으로 납치했고 그 대신 민비를 환궁시켰다. 청이 흥선대원군을 납치한 것은 임오군란 사태로 피해를 본 일본이 책임자를 처벌하라고 나섰기 때문이었다.

일본은 1882년 6월 조선에 군함 네 척을 보내고 1,500명의 병력을 제물포에 상륙시켜 조선 정부에 군사적 압력을 가했다. 일본의 주장은 일본 공사관을 경비하기 위한 병력 주둔을 허락하라는 것이었다. 이로써 조선은 청과 일본 두 나라의 군대가 동시에 주둔하면서 서로 팽팽하게 맞서는 이중 외압의 긴장 상태에 놓이게 되었다.

청과 일본의 이중 외압이라는 상황 속에서 조선의 지식인들은 나름대로 생존 전략을 모색했다. 위정척사파 지식인들은 일본을 '서양 오랑캐'에 물든 나라로 보고서 반일적인 태도를 취했다. 김옥균 같은 개화파들은 일본이 이룩한 메이지유신의 성과에 크게 감명을 받았다. 조선도 일본을 본받아 부국강병을 서둘러야 한다고 보았다. 또한 전통적인 중화 질서에서 벗어나 독립할 것을 주장했고 이를 위해서는 청의 내정간섭을 막아내야 한다고 생각했다.

김옥균은 1884년 10월에 일본 병력의 도움으로 민씨 정권의 주요 인사들을 살해하고 새로운 정부를 세웠는데 이것이 갑신정변이다. 그러나 민씨 척족들의 반격도 만만치 않았다. 그들은 한성에 주둔

중이었던 청 군대에게 개입을 요청하였고 청 군대가 일본군대를 몰아냄으로써 갑신정변은 실패로 돌아가고 말았다.

조선에서는 1894년 1월에 동학교도들이 중심이 되어 전라도 고부 마을에서 민란을 일으켰다. 1894년 5월에 민씨 척족들이 동학 민란을 막아달라고 청 군사를 아산만으로 불러들였다. 그런데 청군이 상륙한 지 이틀 뒤에 이번에는 일본군이 인천에 상륙했다. 10년 전 갑신정변이 끝난 뒤 체결된 천진조약은 어느 한쪽이 조선에 군대를 보내면 반드시 상대방에게 통보하도록 규정했다. 청은 이에 따라 일본 측에 파병 사실을 통보했다. 이렇게 민란이 '청과 일본의 군사적 대치'라는 국제적 사건으로 비화하고 만 것이다. 결국 일본 함대가 아산만 입구에서 증원 병력을 싣고 오던 청 수송선을 격파하는 것으로 청일전쟁이 시작되었다.

청일전쟁이 발발하기 이틀 전 새벽에 일본군은 경복궁부터 점령했다. 흥선대원군이 일본군의 호위를 받으면서 궁궐에 들어섰다. 과거 흥선대원군은 일본에 문호를 개방하는 것을 반대했는데 이번에는 일본군에 업혀서 권력을 잡게 되었다. 흥선대원군이 돌아온 뒤 새로운 정부가 세워졌는데 여기에는 흥선대원군뿐만 아니라 김홍집을 비롯한 개화파 관료들이 대거 참여했다. 갑오개혁으로 농민군의 반감을 어느 정도 진정시킬 수 있었다. 1894년 12월 12일에 고종이 왕세자와 문무백관을 거느리고 종묘에 행차하여 홍범 14조라고 하는 서고문(誓告文)을 반포했다. 그 첫 번째 조항이 조선은 앞으로 청과의 관계를 끊고 자주독립하겠다는 것이었다. 그러나 이것은 일본의 요구에 의해 비자주적으로 자주독립을 선언한 것에 불과했다. 조선은 청일전쟁을 거치면서 청의 손아귀에서 벗어나 일본의 손아귀로 넘어가게 되었다.

• 19세기 말의 3국(대한제국, 러시아, 일본)

대한제국은 1897년 10월 12일부터 1910년 8월 29일까지 존속했
던 조선왕조의 국가이다. 1884년 갑신정변 때에 급진개화파들은 조
선국왕을 중국의 황제와 동등한 지위에 놓으려고 시도했지만 실패
로 돌아갔다. 이후 1894년 갑오개혁 때에 중국의 연호를 폐지하고
조선왕조의 개국기년(開國紀年)을 사용하여 1894년을 개국 503년이
라 하고 자주독립의 기초를 세우려했지만 일본의 반대로 계획이 실
행되지 못했다. 그 뒤 1896년 2월 11일에 '아관파천(俄館播遷)'이 일
어나 갑오개혁 내각이 붕괴됨으로써 정권은 친러 수구파에 의해 농
단되었다. 그 당시 정치제제를 둘러싸고 개화파는 입헌대의군주제를
주장했고 수구파는 전제군주제를 내세웠다.

아관파천은 1896년 2월 11일 새벽에 고종이 가마를 타고 몰래 경
복궁을 빠져나가 정동 언덕에 있는 러시아 공사관에 들어간 사건을
말한다. 삼국간섭(러시아, 프랑스, 독일)으로 러시아가 동아시아의
새로운 강자로 떠오르면서 조선 정계 일각에서도 러시아를 끌어들
여서 일본을 견제하려는 움직임이 나타나기 시작했다.

일본은 이러한 움직임의 배후에 왕비가 있다고 의심하고서 왕비
를 살해한 을미사변을 일으켰다. 을미사변 이후 사실상 궁궐에 감금
된 상태였던 고종은 몰래 궁궐을 탈출하여 러시아 공사관으로 피신
했다. 이로써 조선에서 일본의 입지는 급격히 축소되었고 친일적인

개화파 대신들을 몰아냈으며 갑오개혁 시기에 시행된 내각제도 대신에 과거의 의정부 관제를 부활시킴으로써 친정 체제를 구축하려 했던 것이다.

고종은 러시아 공사관에 머문 지 1년 만인 1897년 2월 20일에 경운궁으로 환궁했고 1897년 10월 12일에 조선을 왕국에서 제국으로 바꾸고 황제로 즉위했다. 국호도 조선에서 대한(大韓)으로 바꾸고 청의 연호 대신에 광무(光武)라는 새 연호를 사용하기 시작했으며 음력을 버리고 양력을 사용했다. 1897년 11월 20일에는 독립협회가 대한제국 선포를 축하하는 이벤트 가운데 하나로서 서대문 밖에 독립문을 완공했다. 무악재를 넘어 도성으로 들어오는 중국 사신들을 맞이하던 옛 영은문 자리에 프랑스 파리의 개선문을 본떠서 독립문을 세웠던 것이다.

그러나 고종과 독립협회는 청으로부터 독립이라는 데에 뜻을 같이하고 있었지만 독립한 대한제국이 어떠한 방향으로 나아가야 할 것인가에 대해서는 생각이 달랐다. 고종은 군주를 중심으로 권력을 집중해야만 나라의 혼란을 방지할 수 있다고 보았다. 또한 대한제국 정부는 근대 개혁을 추진하면서도 '옛것을 근본으로 하되 새로운 것을 참작한다(舊本新參)'는 것을 기본 원칙으로 삼았다. 유교 숭상을 표방하여 위정척사파(衛正斥邪派) 유학 인들의 불만을 잠재우려 했다. 그래서 고종은 아관파천 이후 제일 먼저 단발령부터 폐지했다.

고종 황제는 대한제국을 선포한 후 과거보다 더 적극적으로 외교 활동에 나섰다. 1901년 벨기에와 국교를 수립했고 1902년에는 덴마크와도 국교를 수립했다. 외교 관계의 확대와 함께 대외 개방의 폭도 넓어졌다. 1897년 목포항을 국제교역 항으로 지정해 문호를 개방했으며 평안남도 진남포, 경상남도 마산, 전라북도 군산도 함께 개항했다.

대한제국은 서양 여러 나라 사이에 통용되는 '만국공법(萬國公法)'을 믿고 새로운 길을 모색했다. 대한제국은 광산, 철도, 전기, 산림사업을 투자하는 외국 자본을 받아들였다. 대한제국은 미국을 통해 중립화를 추진하려 했으나 미국이 거부했고 유럽 여러 나라를 통한 중립화를 시도했다. 러시아와 일본 사이의 전쟁 가능성이 높아가던 1904년 1월 21일에는 국외중립을 선언했다. 1900년 경인철도 개통과 함께 한성과 인천 사이의 시외전화도 개통되었다. 시내전화보다 시외전화가 먼저 개통된 것은 조선 내부의 연결보다는 조선과 외국을 연결하는 것을 우선으로 두었기 때문이었다.

1904년 2월 8일 러시아와 일본은 전쟁에 돌입했다. 이 전쟁은 10년 전인 1894년에 있었던 청일전쟁과 모든 면에서 닮아 있었다. 인천 앞바다에서 러시아 함대를 기습한 일본은 곧바로 여순에서 러시아 극동함대를 격파한 후 만주로 진격했다. 러시아는 발틱 함대를 동아시아로 급파해 전세를 만회하려 했지만 일본 연합함대의 요격을 받아 침몰하고 말았다.

이런 와중에 러시아 국내에서 1905년 1월 22일 노동자들이 봉기한 이른바 피의 일요일 사건이 일어나 전쟁을 더 이상 지속하기는 어렵게 되었다. 일본도 장기간의 총력전을 수행하는 바람에 국력이 거의 고갈된 상태였다. 이때 미국이 양국 간에 중재에 나서 포츠머스에서 휴전협정을 맺었다. 포츠머스조약으로 러시아는 한반도와 남만주 일원에 대한 일본의 권리를 인정하고 자국의 영토인 사할린 남부를 일본에 넘겨주었다.

러일전쟁은 세계사적 성격을 가진다. 영국과 미국은 러시아를 견제하고자 간접적으로 일본을 도와주었다. 러시아의 경우에는 과거 삼국간섭 때 힘을 합쳤던 프랑스와 독일이 소극적인 태도를 취했다. 일본은 자국의 힘만으로 러시아를 꺾은 것이 아니고 러시아를 견제하고자 하는 영국을 대신해 대리전을 치른 것이었다. 러일전쟁은 제국주의 열강들이 세계 분할의 마지막 미개척지인 만주와 한반도를 놓고 격돌한 것이다. 대륙 간의 전쟁인 러일전쟁을 분석함으로써 제1차 세계대전을 준비하게 된 것이었다.

Part <u>05</u>

한국 문화 속의 3

• 우리나라의 3가지 전통 그릇(청자, 백자, 분청자)

도자기는 '도기'와 '자기'로 분류된다. 도기는 찰흙이라고 부르는 붉은색의 진흙, 즉 도토(陶土)로 만든다. 도기는 이 흙을 500~1,100도 사이의 온도로 구어서 만들어진 그릇이다. 자기는 자토(瓷土)로 만드는데 1,200도 이하에서는 익지 않고 1,300도 정도가 되어야 익는다. 이렇게 높은 온도에서 흙을 구우면 흙이 훨씬 가볍고 단단해진다. 금속인 구리로 만든 종도 1,000도 이하에서 녹아내리는데 1,300도에도 견딜 수 있는 흙은 그야말로 대단한 그릇 재료이다. 자토는 돌가루로 되어 있고 색깔은 흰색이나 회색을 띠고 있는데 우리는 이것을 고령토(高嶺土)라고 부른다. 경남 하동 지방에 질이 좋은 고령토가 많이 생산된다.

우리나라에서는 전통적으로 이 고령토로 3가지 그릇, 즉 청자, 백자, 분청자를 만들었다. 이 흙으로 만든 그릇에 청색 유약을 입히면 청자가 되고 백색 유약을 입히면 백자가 된다. 유약이라는 것은 나무 타고 남은 재를 물에 탄 것인데 유약을 발라야 그릇이 아름다워지고 흉터도 나지 않으며 방수 처리가 된다.

청자는 9세기경에 중국의 선승들이 차를 많이 마시면서부터 실용화되어 널리 보급되기 시작했다. 선불교가 유행하던 고려에도 청자가 수입되었다. 고려는 10세기 후반에 중국에서 건너온 중국인 도공들의 힘으로 개경 근처에서 처음으로 청자를 만들게 되었다. 일본은 17세기 초에 조선의 도공들이 건너가서 자기 만드는 법을 가르쳐준 다음에야 자기 제작을 시작했고 유럽은 더 늦어서 18세기 초가 되어서야 독일의 작센 지방에서 자기를 만드는 데 처음으로 성공하게 된다.

고려청자는 중국청자보다 두 가지 측면, 즉 상감 기법과 비색에서 훨씬 훌륭했다. 상감 기법에서는 청자 겉면을 학이나 꽃의 모습으로 얇게 판 후에 백토나 자토를 그곳에 넣고 구워서 백토는 흰색으로 자토는 검은색으로 나오게 한다. 비색을 위해서는 유약에 3%의 철분이 포함되어야 하는데 이것보다 덜 포함되어 있으면 약한 연두색이 나오고 더 많으면 아주 어두운 녹색이 나온다.

백자는 미학적 측면은 보는 사람마다 다른 느낌을 가질 수 있겠지만 기술적 측면으로는 청자보다 앞선 그릇이다. 청자나 백자는 고령토라 불리는 백토로 만들지만 백자 흙은 청자 흙보다 순도가 더 높은 흙이다. 따라서 굽는 온도도 백자가 청자보다 조금 더 높다. 백자에 쓰이는 유약은 청자의 그것보다 품질이 더 우수하다. 유약을 칠한 청자 표면에는 미세한 금이 가 있는 것을 발견할 수 있지만 백자에는 이런 균열이 잘 보이지 않는다. 성리학에서는 밖으로 드러나 있는 화려함보다는 내적인 청결을 더 중시했고 검소한 삶을 더 가치 있다고 여겼기 때문에 조선 시대에서는 화려하지 않는 백자가 더 인기였다.

조선은 백자를 만들기 위한 적정한 장소를 물색하던 중에 경기도 광주를 최적의 백자 제작 터로 지정했다. 그 이유는 경기도 광주가 백자 흙을 채취할 수 있는 곳, 불을 때기 위한 나무들이 많은 곳, 백자가 깨지기 쉬우므로 편한 운송을 위해 배로 운반할 수 있는 곳 등의 조건에 모두 부합되었기 때문이다.

분청자는 분청사기라고도 불리는데 이 분청사기라는 말은 1930년대에 우리나라 최초의 미술사학자였던 고유섭(1904~1944)이 당시 일본인들이 사용하던 '미시마(三島)'라는 용어에 반대하여 새롭게 지은 '분장회청사기'의 약칭이라고 한다. 분청자는 말 그대로 기본적으로는 청자인데 청자에 하얀 분칠을 했기 때문에 분청자라고 한 것이다.

중국에서 백자가 유행하게 된 것은 중국 사람의 유교적인 세계관과 잘 어울렸기 때문이었다. 성리학에서는 바깥으로 화려하게 나타내기보다는 검박하고 절제하는 것을 높이 치는데 이런 정신이 백자로 나타난 것이다. 이러한 백자는 조선의 왕실에 전해졌고 조선의 상류층으로부터 큰 호응을 얻게 되었다. 그런데 당시 조선에서 백자를 만들 수 있는 곳이 극히 한정되어 있었다. 일반 사대부들도 백자를 갖고 싶었던지라 당시 유행하던 청자 그릇에 백토를 칠해 분청자를 만들게 되었던 것이다.

분청자는 한국의 미를 제일 잘 살린 그릇이라고 알려져 있다. 청자나 백자는 중국에도 있는 것이지만 분청자는 다른 나라에서는 발견되지 않는다. 분청자는 '자유분방하고', '수더분하고', '구수하고',

'천진난만하고', '익살스럽고', '대범하게 생략적이고' 등등으로 말할 수 있다고 한다. 분청자는 문양들의 모습뿐만 아니라 생김새에서도 언제나 아주 자유분방하다. 여기에는 역사적 배경이 있다. 조선 초기에 정치적 불안이나 왜적의 침입으로 인해 관요에 있던 도공들이 전국으로 흩어지게 되었는데 이때부터 그들은 국가의 규제를 받지 않고 그릇을 자유롭게 제작할 수 있게 되었다. 그 결과 다른 그릇에 비해 훨씬 더 활달하고 천진난만하며 자유분방한 멋을 풍기는 분청자가 만들어지게 된 것이다.

● 한옥 재료의 세 가지(돌, 흙, 종이)

인간은 신석기 시대로 들어오면서부터 농사를 짓고 한 곳에 정착하여 그들 스스로 집을 짓고 살기 시작했다. 신석기 시대에는 대개 땅속에 움집을 짓고 살았었다. 움집은 지면을 파서 만든 구덩이의 중앙에 기둥을 세우고 서까래를 원추형으로 세운 다음에 그 위에 잔나뭇가지나 풀 등으로 지붕을 덮어주는 주거형태이다.

고조선시대까지는 일반적으로 움집에서 생활을 해왔으나 삼국시대에 들어와서부터 온돌과 마루의 존재가 확실해졌다고 한다. 통일신라시대에는 불교의 융성과 더불어 목조건축 기술이 발달됨에 따라 주거건축의 양상도 크게 발전하였다. 온돌이 서민의 살림집에까지 일반적으로 널리 보급되어 한국 건축 양식이 완성된 시기는 고려시대이다. 고려시대의 주택에는 중앙에 대청이 있고 양측 칸에 온돌방이 있었다.

한옥은 서양식 주택인 양옥에 대비되는 개념이다. 한옥의 가장 큰 특징은 난방을 위한 온돌과 냉방을 위한 마루가 균형 있게 결합되어 있다는 점이다. 한반도는 대륙성 기후와 해양성 기후가 공존하기 때문에 더위와 추위를 동시에 해결해줄 수 있는 한옥이야말로 우리나라의 독특한 주거형태가 되어왔던 것이다.

한옥은 외부 구조가 중국과 비슷하지만 내부 구조는 중국의 집과 완전히 궤도를 달리한다. 한옥의 내부에는 북방계 문화와 남방계 문화가 공존하고 있는데 온돌과 마루가 그것이다. 한국인들은 더울 때에는 마루에서 생활하고 추워지면 방으로 들어간다. 그러나 중국의 집은 온돌이나 마루 구조가 일절 없다. 집 안에서도 신발을 신고 생활하고 잠은 침대 위에서 잔다. 이렇게 보면 중국과 한국의 집은 겉모습만 비슷하고 속은 완전히 다르다고 말할 수 있다.

한옥은 세 가지, 즉 돌, 흙, 종이 등으로 만들어진다. 물론 이들 외에도 나무, 볏짚, 기와 등이 한옥의 재료에 속하기는 하지만 여기에서는 돌, 흙, 종이 등의 세 가지에 대해 말하고자 한다.

돌은 '구운 돌'의 약어인 '구들'을 만드는 데 사용된다. 구운 돌로 바닥을 데우는 온방 기술을 온돌이라고 한다. 온돌의 시초는 움집으로 거슬러 올라간다. 움집은 기능별 공간이 구분되어 있지 않아서 사람들은 내부의 가운데 바닥에서 불을 피워 음식물을 익혀먹었다. 이때 불이 주위로 번지는 것을 막기 위해 돌을 둘렀는데 사람들은 이 돌이 열을 받은 후 어느 정도의 시간 동안은 뜨거운 상태가 지속되는 것을 알고부터 온돌을 생각해냈다는 것이다.

사람은 손발을 따뜻하게 하고 머리를 차갑게 하는 것이 건강에 좋다고 한다. 온돌은 바로 이것을 가능하게 해주는 방법이다. 뿐만 아니라 우리는 집에서 신발을 벗고 사는 것을 아주 당연하게 생각하는데 이것은 신발을 벗는 것이 건강에 좋다는 것을 부지불식간에 알기 때문일 수도 있다. 한국인들이 집에서 신발을 벗을 수 있는 것은 바닥이 따뜻하기 때문에 가능하다.

흙은 구들을 깐 다음에 연기가 밖으로 새지 않도록 발라두는 데 사용한다. 물론 여기에서의 흙은 농사 흙이 아니라 황토 흙을 말한다. 황토는 한옥의 바닥으로부터 올라오는 습기도 막아주는 역할을 한다. 흙은 바닥뿐만 아니라 벽이나 지붕에도 사용된다. 흙으로 벽을 치고 천정을 만들고 바닥을 까는 것이 원시적인 방법인 것처럼 보일 수 있으나 사실은 우리나라와 같이 온도차가 극심하게 급변하는 사계절의 기후조건에서 가장 쾌적한 주거환경을 이룰 수 있는 방법이 바로 흙을 이용하는 것이다.

한옥이나 중국집이나 지붕에는 기와를 쓴다. 그런데 한옥은 기와 밑에 흙을 바르는데 중국에는 그렇지 않다. 그 흙 덕분에 한옥은 여름에는 서늘하고 겨울에는 따뜻하다. 무더운 여름 날씨에 흙은 그 열기를 안으로 전도시키지 않고 습기를 머금고 있다가 햇빛이 들면 내뿜어 자연스럽게 습도 조절이 이루어진다. 또한 겨울에는 아무리 추운 날씨에서도 햇볕의 온기를 머금고 있다가 방안으로 서서히 전달해주고 밖의 냉기를 집안으로 끌어들이지 않으며 습기를 머금는 기능 때문에 벽에 결로가 잡히지 않는다.

종이, 즉 한지는 한옥의 내부를 빈틈없이 도배할 때 사용된다. 벽을 도배하는 것은 물론이고 문에도 한지를 바른다. 문에 바른 한지는 추위를 막는 데 효과적일 뿐만 아니라 인간에게 적절한 조명도 제공한다. 한지는 햇빛을 적절하게 차단시켜주기 때문에 발라 놓으면 커튼이 필요 없다. 한지는 유리처럼 닫힌 구조가 아니라 공기가 한지 사이로 얼마든지 통할 수 있는 열린 구조로 되어 있다. 한지는 실내에 습기가 많으면 그것을 흡수했다가 건조하면 습기를 다시 증발시키는 방식으로 습도 조절이 가능하다. 한지는 심지어 실내에 있는 먼지를 머금어 공기를 청정하게 한다는 설도 있다. 한옥에서는 지붕에 있는 서까래 사이에도 한지를 바른다. 한옥 내부를 한지로 온통 도배를 하는 것이다. 그런데 바닥은 그냥 종이로 놓아두면 안 되니까 콩기름을 수차례 먹여줌으로써 방수 기능을 확보한다.

한옥은 오늘날 과학문명이 발달한 상태에서도 우수한 점들이 많이 발견되고 있다. 이전에는 살기에 불편하다고 기피하던 한옥이 지금은 아주 비싼 집이 되었다. 아파트 내부 시설을 한옥처럼 꾸며놓은 집도 등장한다. 한옥의 장점을 현대의 건축물에 활용하는 기획도 세워볼 만한 일이 될 것이다.

• 불탑(佛塔)의 세 부분(기단부, 탑신부, 상륜부)

탑(塔)이란 말은 인도 말인 수트파에서 온 것이라고 한다. 인도어인 수트파가 중국에서 탑파(塔婆)로 음역되었고 이 말이 줄여서 탑이 된 것이다. 탑은 '붓다의 무덤'이라고 말할 수 있다. 석가모니는 인도의 쿠시나가라 나라의 사라쌍수 밑에서 열반했는데 그의 제자들은 당시 사회의 풍속에 따라 석가모니 유해를 다비(화장)했다.

이때 인도의 여덟 나라에서 석가모니의 사리를 차지하기 위한 쟁탈이 벌어짐에 따라 사리를 똑같이 여덟 나라에 나누기로 했고 사리를 보관하기 위해 각기 탑을 세우니 이를 '분사리'라고 했다. 사리 신앙은 이때부터 싹트기 시작했으며 불탑 역시 이때에 기원한다. 석가모니가 입멸한 지 100년이 지나 대인도제국을 건설한 마우리아 왕조의 제 3대 아소카왕은 불사리를 안치한 8대 탑을 발굴하여 불사리를 다시 8만 4,000으로 나누어서 전국에 널리 사리탑을 건립함으로써 불교를 넓은 지역에 전파시킬 수 있었다.

처음에는 탑이 석가모니의 사리를 모시기 위해 세워졌으나 세월이 지남에 따라 탑은 석가모니를 나타내는 상징물로 바뀌게 된다. 그런데 스님들의 사리는 탑이 아니라 부도(浮屠)에 보관한다. 탑은 대개 절 안에 있지만 부도는 절의 뒤쪽이나 바로 바깥쪽에 모셔 놓는다.

탑은 크게 보면 세 부분, 즉 아래에서부터 기단부, 탑신부, 상륜부 등으로 나눌 수 있다. 기단부는 탑신부를 올려놓는 기초이다. 기단부와 탑신부의 구별은 집의 지붕에 해당하는 '옥개석'이 있는지 없는지를 보면 된다. 옥개석이 있는 것이 탑신, 즉 탑의 몸체이다. 우리가 '3층탑' 혹은 '5층탑'이라고 부르는 것은 이 탑신의 숫자를 가지고 부르는 이름이다. 그리고 사리는 바로 이 탑신에 모셔지게 된다. 반면에 기단은 이런 것 없이 그냥 네모형의 돌만 있을 뿐이다. 일반적으로 탑의 기단부에는 십이신장상, 팔부중상, 사천왕상 등이 장식된다.

탑신부는 기단부에 올려져 있으며 집의 모습이 보이는 탑의 몸체이다. 탑신부는 매 층마다 몸돌과 지붕돌로 구성되며 몸돌에는 인왕상과 사천왕상, 화불, 보살상 등이 새겨진다. 탑신부에는 우산 집처럼 지붕이 있고 '옥개받침'이라 불리는 처마도 있다. 이 처마는 집의 그것처럼 층층으로 되어 있고 우리 한옥에서 보이는 것처럼 그 끝이 살짝 올라가 있다. 탑신의 네 귀퉁이에는 기둥의 모습을 새겨 놓는다. 이렇게 보면 탑은 완벽한 집의 형태이다.

상륜부는 탑의 맨 꼭대기로서 인도 탑의 모습이 남아 있는 부분이다. 불탑은 인도의 산치에 있는 큰 탑에서 비롯되었는데 이 탑은 마치 엎어놓은 사발 위로 동그라미 모양의 고리가 층층이 쌓여 있는 구조이다. 한국의 탑 윗부분인 상륜부에는 맨 밑으로 엎어놓은 사발 모양이 남아 있고 그 위로 동그라미 모양의 고리가 쌓여 있으며 맨 끝에는 뚜껑모양이 올려져 있다.

탑에는 크게 목탑, 전탑, 석탑 등의 세 종류가 있다. 중국인들은 탑을 석가모니의 거주처로 생각해서 자신들이 사는 집의 형태로 탑을 만들기 시작했다. 중국인들은 나무나 벽돌 등과 같은 재료를 가지고 탑을 만들었기 때문에 지금도 중국에 가면 곳곳에서 이 탑들을 발견할 수 있다. 특히 목탑은 집과 똑같은 형태를 지니고 있다. 우리나라에는 황룡사 9층 목탑이 기록으로만 남아 있으며 현재는 보은 법주사에 있는 팔상전 하나밖에 남아 있지 않다. 우리나라에 목탑이 남아 있지 않은 것은 목탑이 화재에 약하기 때문이다. 탑의 재료로 중국인들이 제일 좋아했던 것은 벽돌이었지만 한국인들이 탑의 재료로 가장 선호한 것은 벽돌이 아니라 돌이었다. 우리나라에 구운 흙벽돌로 만든 전탑도 존재하지만 석가탑을 출발로 하여 돌로 만들어진 탑이 대부분이다.

석가탑은 더할 것도 뺄 것도 없는 완전한 형태로서 단순함의 극치를 보여준다. 아무 장식 없이 돌덩이 몇 개 가지고 비례로만 최고의 미를 표현한 것이다. 다보탑은 그 양식이 인도의 것을 그대로 따른 것이라 한국의 토양에는 정착되지 않았다. 석가탑은 한국형 석탑의 원형이 되어 그 후 대부분의 한국 탑은 석가탑을 모방하게 되었던 것이다.

사찰에서는 보통 대웅전 앞에 하나 또는 두 개의 탑을 세우는데 하나일 때는 일탑식이라 하고 두 개일 때는 쌍탑식이라고 한다. 산지 사찰에는 탑을 하나 세우고 평지 사찰에서는 두 개를 세운다. 불국사의 경우에는 평지 사찰인지라 쌍탑식의 탑을 세웠다. 일반적으로 쌍탑식의 두 탑은 그 형태가 서로 같지만 불국사의 경우는 두 탑의 형태가 서로 다르다. 석가탑은 일반적인 전형(典型)을 따르고 다보탑은 장식성이 강한 이형탑(異形塔)의 형태이다. 석가탑은 불법을 설하고 있는 석가여래를 상징하고 다보탑은 그의 설법 내용이 진실임을 증명하고 찬탄하는 다보여래를 상징한다고 한다.

• 우리나라 궁궐 왕실의 세 공간(내전, 외전, 동궁)

조선의 수도였던 한양에는 경복궁, 창덕궁, 창경궁, 경운궁(덕수궁), 경희궁 등 다섯 개의 궁궐이 있었다. 경운궁은 1907년에 고종이 순종에게 양위를 한 후 이곳에 살자 고종의 장수를 빈다는 뜻으로 덕수궁으로 개칭되었다. 경희궁은 광해군이 완공한 궁궐로서 경운궁과는 구름다리로 연결되어 있었다고 한다. 조선시대의 궁궐은 임진왜란과 같은 전쟁 중에 불타 없어지거나 화재로 소실되기도 했다. 중국의 자금성이 규모가 큰 것으로 자랑삼고 있지만 경복궁의 규모가 자금성의 절반 수준이고 다섯 개의 궁궐을 다 합치면 그 범위는 자금성보다 크다. 따라서 우리나라의 궁궐이 결코 작다고 말할 수 없는 것이다.

궁은 아니지만 궁으로 불리는 곳이 있는데 대표적인 공간이 바로 행궁(行宮)이다. 행궁은 임금이 궁궐 밖에서 임시로 머물던 별궁으로서 주로 능행이나 휴양 시의 임시거처, 전란 시의 피난처 등으로 이용하기 위해 지어졌다. 행궁 제도는 삼국시대부터 시행되었는데 고려시대에는 도참사상의 유행으로 여러 행궁들이 세워졌으며 조선시대에는 행궁 제도화가 확립되어 다양한 목적에 따라 많은 행궁들이 건립되었다. 오늘날 남아 있는 행궁으로는 조선의 정조가 수원 화성에 갈 때 머물던 화성행궁이 있고 남한산성에도 행궁이 있다. 운현궁은 왕이 살던 곳이 아니라 고종의 아버지인 대원군이 살던 곳을 궁이라고 불렀다. 청와대 바로 옆에는 칠궁(七宮)이라는 곳이 있는데 이곳에는 왕을 출산했지만 정실이 아니기 때문에 종묘로 가지 못한 7명의 후실들의 혼이 모셔져 있다.

궁궐에는 왕과 직접적으로 관련되어 있는 세 공간, 즉 내전(內殿), 외전(外殿), 동궁(東宮) 등이 있다. 첫째로 내전은 왕의 생활공간 중에서 가장 핵이 되는 장소이다. 내전은 왕과 왕비의 숙소가 주를 이루는데 이들은 이곳에서 생활하면서 많은 사람들을 만난다. 경복궁의 내전에는 임금이 자는 강녕전과 왕후가 거처하는 교태전이 있다. 이 내전에는 왕이 신하들과 함께 국무회의를 하는 편전(便殿)도 포함된다. 경복궁의 편전은 '사정전'이고 창덕궁은 '선정전'이라고 한다.

두 번째로 외전은 왕이 공식적으로 국가업무와 행사를 주관하는 곳을 말한다. 외전에서 왕은 전체 신하들과 같이 조회를 하기도 하고 외국에서 온 사신들을 위해 공식 환영회를 열기도 한다. 또한 왕이나 세자의 즉위식과 교서 반포도 이곳에서 거행된다. 이러한 이유로 외전은 궐내에서 가장 장중하고 근엄한 공간으로 표현되었다. 이러한 공간 표현을 위해 회랑, 즉 기다란 복도가 연결되어 있고 지붕이 있는 집으로 외전을 둘러막았는데 그 안에 네모난 마당을 조정(朝廷)이라고 불렀다. 경복궁의 경우에는 근정전 영역이 바로 이 외전에 해당한다. 경복궁의 근정전으로 들어가기 위해서는 밖에서부터 광화문, 흥례문, 근정문 순으로 지나야 한다. 현재 광화문과 근정문은 남아 있지만 흥례문은 사라지고 없는데 이는 일제강점기에 흥례문 자리에 조선총독부 건물을 세웠기 때문이다.

세 번째로 동궁은 말 그대로 동쪽에 있는 궁을 뜻한다. 조선시대 세자의 거처가 경복궁의 동쪽에 있었기 때문에 생겨난 명칭이다. 세종대왕이 세자 문종을 위해 동궁을 건립했다고 한다. 동궁 옆에는 자선당을 건립하였는데 이곳에서 세자와 세자빈이 거처하였다. 동궁에서 세자는 앞으로 왕이 되기 위해 엄격한 교육을 받았다. 조선의 경우 세자를 가르치는 선생만도 20명이 넘을 정도로 이 동궁 영역이 꽤 큰 규모였다. 세자의 처소를 동쪽으로 한 까닭은 해가 떠오르는 방향과 예비 국왕인 세자를 상징적으로 일치시켰기 때문으로 추측되기도 한다.

궁궐에는 왕실의 공간 외에도 신하들이 업무를 보는 공간도 있다. 이 공간 중에서 궐 안에 있는 것은 '궐내각사'라 하고 궐 밖에 있는 것은 '궐외각사'라고 한다. 궐내각사로는 왕의 비서실 격인 '승정원'과 외교 문서 작성을 위한 '예문관' 등이 있으며 임시 기관이지만 '실록'을 편찬하는 '춘추관' 등이 있다. 반면에 국정 전반을 다루는 관청들은 주로 궐 바로 바깥에 위치한다. 경복궁의 경우에는 광화문

남쪽 좌우에 궐외각사가 있었는데 여기에는 가장 중요한 행정 부서인 육조와 의정부가 있었고 한양을 관리하는 한성부와 관리를 감찰하는 사헌부 등이 있었다. 후원은 주로 궁궐의 북쪽에 위치하는데 경복궁의 후원은 오늘날의 청와대 일원에 해당한다. 이곳에서 왕은 휴식을 취할 뿐만 아니라 과거도 치루고 군사 훈련도 했다고 하며 심지어 손수 농사도 지었다고 한다.

● 판소리의 세 역할(소리꾼, 고수, 구경꾼)

한국민족문화대백과는 판소리를 '한 사람의 소리꾼이 한 고수의 북장단에 맞추어 기다란 서사적인 이야기를 소리(노래)와 아니리(말)로 엮어서 발림(몸짓)을 곁들이며 구연(口演)하는 창악적 구비서사시(口碑敍事詩)'라고 정의하고 있다. '판소리'라는 말은 '판'과 '소리'의 합성어이다. 우리말에서 '판'의 일반적 의미는 '상황이나 장면'과 '여러 사람이 모인 곳'으로 나타나므로 판소리라 함은 '다수의 청중들이 모인 놀이판에서 부르는 노래'라는 의미로 이해할 수 있다.

판소리의 놀이판에는 구경꾼들 상대로 소리꾼이 고수와 함께 부르는 노래라고 할 때에 판소리에는 세 사람, 즉 소리꾼, 고수, 구경꾼 등이 있어야 함은 당연한 것이다. 첫째로 소리꾼은 소리만 하지 않고 아니리와 발림(너름새) 등을 사용하여 고수와 대화를 이어나간다. 아니리는 소리꾼이 소리를 하다가 한 대목에서 다른 대목으로 넘어가기 전에 자유리듬에 맞춰 엮어내는 사설을 말한다. 발림 혹은 너름새는 소리꾼이 소리의 가락이나 사설의 극적인 내용에 따라 손,

발, 온몸을 움직여서 소리나 이야기의 감정을 표현하는 몸짓을 의미한다.

소리꾼이 소리, 아니리, 너름새 등으로 판소리를 풀어나가면 고수는 북장단에 맞추어 '얼씨구'라든가 '어허' 등과 같은 추임새로 대답을 한다. 이들 두 사람의 대화를 들으며 구경꾼들은 판소리 이야기 속으로 빠져 들어가게 된다. 소리꾼이 판소리 대목의 주인공이 되어 신세타령을 하면 고수는 주인공의 말에 맞장구를 치며 즐거움과 슬픔을 함께 나눈다. 이러한 모습을 보노라면 구경꾼도 소리꾼의 노랫말에 저절로 빠져들어 소위 카타르시스를 느끼게 되는 것이다.

판소리는 '1인 오페라이다' 하는 말에서 알 수 있듯이 소리꾼 한 사람이 이야기에 등장하는 모든 인물들의 역할을 다 해낸다. 판소리 소리꾼은 '춘향전'에서는 춘향이부터 이몽룡, 변학도나 아전들까지 모든 역할을 표현한다. 판소리 소리꾼은 광대로서 사회의 하층계급이었으며 더 오래전에는 무당 출신의 소리꾼도 많았을 것이라고 한다. 사회적으로 천대와 설움을 많이 받던 소리꾼들은 일반 민중이 겪는 삶의 고단함을 다소 과장해서 표현했고 구경꾼들은 그들의 설움을 통해 자신의 삶을 위로받았다. 18세기 후반에는 판소리가 시정의 놀이 문화로 무르익음에 따라 전문 소리꾼이 하나의 직업으로 등장하였다.

소리꾼은 '소리가 참 곱다' 혹은 '소리가 예쁘다'라는 말을 무척 싫어한다. 소리꾼들은 쇠망치 소리와 같이 견고하고 강한 '철성'과 쉰 듯이 컬컬하면서도 힘으로 충만한 '수리성'이 합쳐진 '천구성'의 목소리를 가장 갖고 싶어 한다. 천구성이란 '하늘이 내린 목소리'라는 것인데 판소리에서는 이처럼 텁텁하고 거친 소리를 좋아한다. 판소리를 통해서 본 한국인들은 이렇듯 야성적이고 거칠다.

소리꾼은 판소리를 스승으로부터 배우는데 수년간 뼈를 깎듯이 고통스러운 혼자만의 연마를 거쳐야만 진정한 명창으로 태어난다. 판소리 열두 마당을 정리한 신재효(1812~1884)는 소리꾼이 갖추어야 할 네 가지 기본 요건으로 인물치레, 사설치레, 득음, 너름새 등을 들었는데 인물은 타고나는 것이니 어쩔 수 없는 것이라며 우아한 사설, 음악적 기교 및 관중을 사로잡을 수 있는 연기 등의 중요성을 강조했다.

판소리는 소리의 특징과 지역에 따라 동편제와 서편제, 그리고 중고제 등으로 분류된다. 동편제는 전라도 동부에서 전승된 판소리로서 산이 높고 물이 세차게 흐르는 자연풍토에 따라 강한 소리가 특징이다. 동편제는 감정의 절제, 엄격한 법식 등을 존중하는 식자(識者) 취향의 소리를 표방하였다. 반면에 서편제는 전라도 서남지역의 판소리로서 기교와 수식이 많고 템포가 느리며 발림이 풍부하다. 중고제는 경기도와 충청도의 판소리로서 서편제 쪽보다 동편제 쪽에 가까우며 소박한 시김새로 짜여 있어서 성량이 풍부한 소리꾼이 부르기에 좋은 판소리이다.

두 번째로 고수는 일명 '북재비'라고도 하며 판소리에서 북장단을 치는 사람이다. 고수는 소리꾼과 함께 판소리를 능동적으로 이끌어 가는 또 하나의 주체이다. 고수가 갖추어야 할 3요소로는 자세, 가락, 추임새 등이 있다. 자세는 책상다리로 허리를 펴고 소리꾼을 똑바로 바라보고 앉아야 하는데 이는 소리꾼이 소리를 하는 도중에 쓸데없는 동작으로 주변을 산만하게 하지 않기 위함이다. 가락은 다양하게 변화하는 리듬을 많이 알고 꼭 필요할 때 즉흥적으로 소리와 잘 어울리는 장단을 치기 위한 요소이다. 추임새는 판소리 도중에 고수가 말하는 '얼씨구', '좋다', '으이', '그렇지', '아먼' 등의 감탄사로서 판소리의 흥을 돋우고 소리의 강약을 보좌한다.

'소년 명창은 있을 수 있지만 소년 명고는 있을 수 없다'라는 말이 있다. '소리꾼이 꽃이라면 고수는 나비이다'라는 말이 있다. 이와 같이 판소리의 연희(演戲) 형태는 소리꾼과 고수의 2인 무대인 것이다. 또한 첫째가 고수이고 둘째가 명창이라는 뜻의 '일고수이명창(一鼓手二名唱)'이라는 말에서와 같이 판소리에서 고수의 중요성은 너무나도 크다고 말할 수 있다.

세 번째로 구경꾼은 소리꾼이 나타내는 연기를 보고 들으며 또한 고수의 장단과 추임새를 함께 들으며 판소리의 이야기 속으로 빠져들어 웃기도 하고 눈물도 흘리며 때로는 '잘한다!', '얼씨구' 등과 같은 추임새도 넣는 사람들이다. 판소리 '흥보가' 중에서 '사람은 모두 오장육보가 있는디 놀부놈은 심술보가 하나 더 있어서 오장칠보가 있다'라는 대목에서 구경꾼들은 어른 아이 할 것 없이 박장대소를 금치 못한다. 구경꾼들이 '잘한다'라는 추임새라도 넣으면 소리꾼은 신이 나서 능청스런 연기를 곁들게 되고 흥부의 가난과 비탄을 이야기하는 소리꾼의 애절함에 박장대소하던 구경꾼들은 금세 눈시울을 붉힌다.

구경꾼들은 판소리 속의 설움을 통해 자신의 삶을 위로받기 시작했고 구경꾼의 층은 서서히 서민에서 중인, 양반으로까지 그 영역이 넓혀졌으며 판소리를 후원하는 양반들도 나타났다. 구경꾼이 양반일 경우에는 그들의 취향에 맞추기 위해 어려운 고사성어도 섞기도 했고 양심적이고 서민의 편에 선 양반의 모습도 만들었다.

원래 판소리는 12곡(춘향가, 심청가, 수궁가, 홍보가, 적벽가, 배비장타령, 변강쇠타령, 장끼타령, 옹고집타령, 무숙이타령, 강릉매화타령, 가짜신선타령)이 있었는데 7곡은 전해지지 않고 지금은 수궁가, 심청가, 춘향가, 홍부가, 적벽가 등의 5곡만 남아 있다. 나머지 7곡은 남녀의 에로틱한 관계를 많이 다루었는지 너무 야하다는 이유로 없어지고 말았다. 판소리를 정리한 신재효는 중인 출신이었으니 자신의 유교적인 지식인의 입장에서 유교에 걸맞은 충, 효, 열(烈), 우애 등을 다룬 것들만 골라 정리한 것이다.

판소리는 우리나라 고유의 가락이며 연기이고 무대이다. 오늘날에는 너무나도 많은 대중매체들의 등장으로 인해 판소리 애호가가 감소하고 있는 것이 사실이다. 그러나 중국의 강창(講唱)이나 일본의 가부키는 자국 내뿐만 아니라 세계 사람들에게도 인기가 높은 점을 감안하면 판소리도 국내를 넘어 세계까지 진출할 방향을 모색해야 한다. 판소리 전문가들이 한데 머리를 맞대고 전통 유지와 함께 관객층 증대를 가져올 수 있도록 심혈을 기울여야 할 것이다.

• 한국음악의 장단은 3박자

장단(長短)은 글자의 뜻대로 길고 짧은 가락으로 구성되어 일정한 시간 단위로 반복되는 리듬의 한 형태이다. 장단은 주로 장구나 북 등과 같은 타악기에 의해서 반복 연주되는 하나의 시간 단위를 가리킨다. 장단의 유형이나 종류는 음악의 갈래에 따라 여러 가지로 분류된다. 예를 들어서 정악에서는 도드리장단이 대표적으로 사용되며 그 외에 여러 장단들이 있다. 판소리나 산조에서 많이 사용되는 장단으로는 진양조, 중모리, 중중모리, 자진모리, 엇모리, 휘모리, 단모리 등이다. 또한 농악장단으로는 덩덕궁이, 삼채굿, 두마치, 세산조시, 굿거리 등을 포함하여 여러 가지 종류가 있다.

한국음악의 장단은 대부분 3박자이다. 이는 2박자 계통이 지배적인 일본이나 중국의 장단과 대조적인 특징에 해당한다. 우리 음악에도 아주 빠른 단모리나 휘모리 등과 같은 장단에서는 2박자 계통이 발견되기도 하지만 대부분은 3박자를 기본으로 하여 구성된다.

우리나라 대표적인 민요인 아리랑도 3박자이다. 우리 춤의 하나인 살풀이를 '능청거린다'고 표현하는데 이것은 3박자의 음악에 맞추어 추기 때문이다. 4박자가 많은 서양 음악에서는 우리나라 춤처럼 너울거리고 출렁거리는 몸짓이 나오기 힘들다. 중국 음악이나 일본 음악은 2박자로 되어 있는데 유독 우리 음악만 3박자로 되어 있다는 사실이 이상스럽다. 우리나라의 대표 가요인 트로트는 기본적으로 2박자로 구성되기 때문에 한국의 전통을 따랐다고는 말할 수 없다. 음계도 일본식 음계가 많아서 더욱더 우리 전통과는 거리가 멀다. 그러나 트로트의 '꺾기'가 판소리의 시김새와 비슷한 느낌이 나기에 우리나라 사람들이 즐겨 부름에 따라 우리 것이 되었으니 굳이 외국 것이라고 말할 필요는 없을 것이다.

우리 음악이 3박자인 이유는 천·지·인의 삼재(三才)에서 나왔기 때문이라느니 한민족이 원래 기마 민족이어서 말 탈 때 움직이는 박자가 3박자라서 그렇다느니 하는 설이 있지만 모두 추정에 불과하다. 음악이 먼저 시작되었는지 아니면 춤이 먼저였는지는 몰라도 우리 춤의 흥에 딱 맞는 장단이 3박자였기에 우리 음악이 3박자로 전해내려 왔을 것이다. 중요한 것은 우리 민족이 이와 같이 중국과는 다른 문화 체계를 가지고 있다는 사실이다.

굿거리장단은 서울, 경기도, 충청도, 전라도 지방의 무악과 농악에서 많이 연주되는 장단인데 3분박의 4박자를 한 주기로 구성되어 있어서 서양 음악의 표기로는 $\frac{12}{8}$ 박자로 나타낸다. 즉, $\frac{1}{8}$ 리듬의 3 묶음을 하나의 소장단으로 할 때에 이러한 3박자가 4번 반복하여 하나의 장단을 이룬다는 의미이다. 서울 지방의 창부타령이 대표적인 굿거리장단이다.

세마치장단은 '세 번 친다'는 뜻으로 조금 느린 속도의 3박자 장단이다. 세마치장단은 우리나라 민요의 양산도, 진도아리랑, 한오백년, 강원도아리랑, 밀양아리랑, 도라지타령, 아리랑 등에서 사용된다. 중모리장단은 보통 빠르기의 12박을 한 주기로 삼으며 판소리에서 담담한 사연의 서술이나 서정적인 대목에서 사용된다. 여기에서 12박은 3박 단위가 네 부분으로 구성됨을 뜻한다. 자진모리장단은 판소리에서 이야기의 격동하는 대목이나 여러 사연을 늘어놓는 대목에서 사용되며 급하게 빨리 몰아붙이는 장단이다. 휘모리장단은 자진모리장단을 더욱 빨리 연주함에 따라 생성된 장단으로서 음악에 따라서는 3박이 아닌 2박으로 구성되는 경우도 있다.

한 나라의 노래는 그 나라 사람들의 언어 구사법과 연관성이 깊은데 이는 노래가 말하는 것에다 가락과 리듬을 붙인 것이기 때문이다. 우리말은 항상 맨 앞 음절에 악센트가 들어간다. 그래서 우리 민요에서는 모두 앞 음절에 힘이 들어간다. 예를 들어 '한오백년'을 부를 때에도 '하안(恨) 많은 이라고 하면서 앞 음절인 '한'을 아주 강하게 발음한다. '아리랑'을 부를 때에도 맨 처음 음절인 '아'에 힘을 주게 된다.

2002년 월드컵 때 생겨나서 이제는 우리 국민의 응원 구호가 되어 있는 '대-한민국'은 우리 어법에 딱 들어맞아 자연스럽게 생겨났을 것이다. 이러한 구호를 '한국형 4박자'라고 부른다고 한다. 우리의 음악이 3박자이지만 3박자로 응원하기가 힘들다. 이런 배경에서 '대-한민국'이라는 구호에서 맨 앞의 '대'에 악센트를 넣고 부른다. 서양 음악의 4박자에서는 3번째 음절에 악센트를 준다. 예를 들어서 4분의 4박자인 서양의 '고고'음악은 '약약강약'과 같이 세 번째 박자를 강하게 연주한다.

우리나라의 전통 악기는 그 형태가 중국이나 일본의 악기와 비슷하지만 악기 주법은 많이 다르다. 우리 악기의 가장 큰 특징은 한 음한 음을 정확하게 내기보다는 농현(현악기) 혹은 농음(관악기), 즉 음을 떠는 데에 있다고 말할 수 있다. 한국 음악이 이처럼 농현을 갖게 된 것은 3박자로 구성되어 있어서 능청거림이 있기 때문이다. 이러한 농현은 우리나라의 트로트에 전해져서 소위 '꺾기' 소리가 바로 그것이다.

우리 악기들은 고운 소리만 내지 않는다. 현악기 중에 가야금은 그래도 고운 소리가 나지만 거문고는 아주 거친 소리를 낸다. 거문고는 손으로 치지 않고 술대라는 작은 막대기로 내려친다. 그래서 현을 치는 동시에 울림통을 때리기 때문에 딱딱거리는 잡음 같은 소리도 난다. 외국에서는 우리나라를 '조용한 아침의 나라'라고 표현했다고 하지만 한국 문화를 통해 보면 우리 민족은 내적으로 역동적인 민족이었던 것이다.

• 집안의 3대 신(성주신, 삼신할머니, 조왕신)

오늘날에는 우리가 살고 있는 집에 신이 있다고 믿지 않지만 옛날 우리 조상들은 각 집안에 여러 신들이 존재한다고 믿으며 살았다. 그리하여 집안의 신, 즉 가신(家神)에게 예의를 갖추는 가신신앙이 발달해 있었다. 가신신앙은 유교적 제례와 전혀 갈래가 다르다. 유교제례는 남성들이 주가 되고 형식성, 이념성, 논리성 등의 특징을 지니지만 가신신앙은 부인들이 주가 되며 소박하고 현실적이며 정적인 것을 특징으로 한다. 가신은 집을 지키는 신답게 집안 곳곳, 즉 방, 마루, 마당, 우물, 장독대, 곳간, 뒤뜰, 뒷간 등 어디에나 있었다. 가신에는 여러 종류의 신들이 각 지방마다 독특한 형태로 존재하지만 대표적인 3대 신으로는 성주신, 삼신할머니, 조왕신이 있다.

첫째로 성주신은 집을 지키는 신이다. 성주풀이에서 '와가에도 성주요, 초가에도 성주요, 가지막에도 성주'라고 했듯이 어떤 집에도 성주가 있다. 성주의 신체를 모신 성주단지는 대주(垈主)의 대가 바뀌면 새로 장만하기 때문에 성주단지와 대주는 동갑이라는 말이 있다. 성주신을 모시는 방법은 각 지방마다 다른데 강원도에서는 고사때 걸어두었던 백지에 실과 돈을 뭉쳐서 대청 들보 밑에 붙였다. 경상도에서는 단지에 쌀을 넣어 선반 위에 얹었고 충청도에서는 백지에 대추나무 가지를 묶어서 기둥에 잡아매었으며 전라도에서는 안방 선반이나 마루방에 보리나 쌀을 담은 독을 올려놓았다.

주부는 고사를 통해 집안의 신들을 모셨다. '제사'는 집안의 가장이 주관하지만 '고사'는 주부가 관장했다. 고사란 집 안에서 존재하는 가신들에게 올리는 제사였다. 고사는 성주신에게 치성을 드리는 것으로 시작한다. 정성스럽게 시루떡을 만들어서 시루떡 위에 북어나 실타래 같은 것을 올려놓는다. 여기에 촛불을 켜 놓기도 하는데 막걸리 한 사발을 올리는 것도 빼놓을 수 없다. 주부는 여기에 절을 하고 손을 비비면서 올 한 해를 무사히 넘긴 것을 감사해 하고 앞으로 집안에 복을 내려달라고 빈다. 고사는 원래 10월에 추수가 끝난 다음에 지냈는데 형편이 닿으면 무당을 불러 지내기도 했다. 그리고 고사 의례가 끝나면 신에게 바쳤던 떡을 이웃들과 나누어 먹었다.

두 번째로 삼신할머니는 집안의 생활공간인 안방을 주관하는 신이다. 삼신할머니는 옥황상제의 명을 받아 아이의 출산, 수명, 질병 등을 관장하는 신이다. 이 신을 위해서는 벽 위쪽에 작은 단지를 모셔놓고 그 안에 쌀이나 보리 같은 귀한 곡식을 넣은 다음에 한지로 덮어 놓는다. 이 신 이름에 할머니가 붙여진 이유는 긴 인생을 살아온 할머니는 아주 노련하기 때문에 출생이나 사망처럼 안방에서 일어나는 수많은 사건들을 해결하는 데에 큰 도움을 줄 것이 분명하다고 믿었기 때문일 것이다.

며느리가 출산을 할 때에 출산을 쉽도록 도와달라고 비는 대상이 삼신할머니이고 아이가 아파도 삼신할머니를 찾았다. 아기를 낳으면 가장 먼저 삼신할머니에게 고맙다는 뜻으로 미역국을 끓여 바쳤고 곧이어 산모에게 역시 미역국을 끓여 먹였다. 옛날에는 아이들이 여러 가지 병치레를 치러 백일이나 첫돌을 넘기기가 어려웠기 때문에 첫돌까지 삼신할머니를 찾는 일이 많았다. 이때에 정갈한 소반에 깨끗한 정한수를 떠놓고 두 손을 모아서 정성으로 비는 것으로 삼신할머니를 찾았다.

세 번째로 조왕신은 화신(火神)으로 부엌에서 모시는 신이다. 부억은 인간의 의지대로 불을 조절하고 효율적으로 통제할 수 있는 공간이며 또한 집안에서 가장 중요한 난방과 음식조리 장소이다. 부엌은 주부가 관할하므로 조왕신은 주부, 즉 시어머니 또는 며느리가 모시는 신이다. 부엌에는 당연히 불이 있는데 불은 많은 사회에서 신성시되어 왔다. 불이란 모든 것을 태워버릴 수 있기 때문에 정화력이 있는 것으로 생각되었다.

불씨는 한 가정에서 매우 중요한 존재였기 때문에 불을 꺼뜨리지 않기 위해 온갖 정성을 다 기울였다. 불씨가 꺼지면 집안이 망한다는 관념 때문에 더욱 치열하게 불을 지키려 했고 만일 불씨를 제대로 지키지 못하면 며느리가 쫓겨나는 일도 있었다고 한다. 더운 여름날에 집안에 화로를 둔 것도 바로 불씨를 보존하려는 정성에서 출발했던 것이다. 부뚜막 위의 벽에 용기 둘 곳을 마련하여 이곳에 깨끗한 물을 담은 사발을 놓아서 조왕신을 모셨다. 주부는 매일 이 사발의 물을 새 물로 갈고 합장을 하면서 예를 갖추었다.

앞에서 소개한 3대 신 이외에도 터줏대감 혹은 터주신이라고 불리는 신이 있다. 이 신은 말 그대로 집터를 관장하는 신이다. 이 신은 부자로 만들어주는 신으로서 보통 장독대 항아리에 햅쌀을 담아 모시는데 항아리 위에는 깔때기 모양으로 된 짚을 덮어둔다. 이 안에 있는 쌀은 다음해에 새 쌀로 바꾸면서 떡을 해 먹는데 이 떡은 절대로 남에게 주지 않는다고 한다. 아마도 자신들의 복이 새어 나갈지도 모른다는 생각을 한 것 같다.

집 안의 재산을 지킨다는 업신이 있는데 이 신은 창고에 산다는 말이 있고 초가의 지붕에 살던 뱀이나 구렁이가 이 신이라고 믿었다고 한다. 변소에는 측신이 있었는데 변소에 들어갈 때마다 헛기침을

해서 인기척을 이 신령에게 알렸다고 한다. 문지방에 사는 신 등 다른 작은 신들이 많다고 전해진다.

과학이 발달되지 못해 오래전부터 내려오던 무속신앙을 그대로 따라 믿어왔던 옛사람들은 일상생활에서 조심해야 할 일이 한두 가지가 아니었던 것 같다. 집안의 길흉화복, 자손 탄생, 건강, 재산증식 등에 관한 바람과 불안감으로 가신을 믿어왔던 옛 사람들은 육체적으로는 힘들었으나 정신적으로는 오히려 평강을 유지했을 것이다. 무속신앙이라는 것이 안 믿을 수도 없고 안 지킬 수도 없었을 것이니 가신을 성심성의껏 모시며 가정의 안정과 번영을 바랬던 것이다.

• 장독대의 3대 장독(간장독, 된장독, 고추장독)

장독대는 장류가 담긴 독과 항아리 등을 놓아두는 곳을 말한다. 우리나라에서 장독의 역사는 음식 보관의 역사와 함께 이어져 내려왔다. 잉여 곡식은 수분을 증발시켜 건조하는 방법을 사용했지만 잉여 부식은 소금으로 절이고 발효시키는 저장법으로 발전시켰다. 이러한 잉여 부식을 담는 용기인 옹기도 함께 생겨났다. 장독대는 부엌과 가까운 뒤뜰 높직한 곳에 두었지만 뒤뜰이 없는 집에서는 물가와 가깝고 바람이 잘 통하는 양지바른 곳에 놓기도 했다. 장독대는 땅 높이보다 높게 위치하는데 이는 두고두고 먹을 양념 재료를 위생적으로 보관하려는 선조의 지혜에서 나온 것이다. 옛날에는 장독대의 자리가 좋으며 장독이 번듯하고 가지런하면 그 집안이 크게 일어날 것이라고 했으며 이사할 때도 장독대부터 옮겨 놓았다.

옛날 어머니들은 만사에 몸가짐을 바르게 하고 집안의 구석구석을 깨끗하고 정갈하게 관리해야 했다. 특히 장독 관리는 어머니의 바깥나들이를 자유롭지 못하게 했다. 햇볕 좋은 날에 장독을 열어놓았다가 갑자기 소나기라도 내릴라 치면 장독 뚜껑을 닫느라 이리 뛰고 저리 뛰어야만 했다. 보름달이 뜰 때면 정안수를 장독 위에 떠놓고 대처로 나간 자식들의 건강과 출세를 위한 기도를 드리곤 했다.

장독대는 아무나 들어갈 수 있는 곳이 아니다. 장독대는 어머니나 누나들을 위한 또 다른 안채이고 안방 격이었다. 장독대는 고조 증조 이래로 혹은 그보다 더 오랜 조상에게서 물려받은 한 집안 맛의 원천지였다. 장독대의 넓이로 그 집안의 부를 가름해볼 수 있었다. 가난한 집은 먹을 양식이 많지 않으니 반찬도 많이 장만할 필요가 없었다. 부잣집은 식솔도 많고 매일 먹는 음식의 양도 많으니 자연히 요리에 들어갈 양념도 그만큼 많이 필요로 했을 것이다. 이러하니 부잣집의 장독대는 가난한 집 것보다 옹기의 종류도 다양했고 가짓수도 많았으며 장독대가 차지하는 면적도 훨씬 넓었다.

장독대의 3대 장독으로는 간장독, 된장독, 고추장독 등이 있다. 일반 여염집 규모의 장독대에는 보통 제일 뒤쪽으로 너덧 개의 큰 대독을 한 줄로 두었고 그 앞에는 조금 작은 중두리 네다섯 개가 차지했으며 그 앞에는 좀 더 작은 독을 일고여덟 개 놓은 후 맨 앞에 작은 항아리들을 놓았다. 간장독과 된장독 등이 맨 뒤에서 높다랗게 자리했고 중간에는 고추장이나 장아찌 등이 위치했으며 맨 앞줄은 계절별 김치들이 자리를 차지하였다.

첫 번째로 간장독은 장독대의 대표이며 주인공이었다. 우리 옛사람들은 간장을 메주로 만들었다. 가을에 콩으로 메주를 쑤어서 온돌에서 띄워놓았다가 이듬해 봄에 메주를 햇볕에 말린다. 말린 메주를 소금물에 담가서 볕이 잘 드는 곳에 30~40일가량 두어 충분히 우린 뒤에 그 즙액만 떠내어 체로 걸러서 솥에 붓고 달이면 간장이 된다.

두 번째로 된장은 간장을 만들 때 소금물 속에서 숙성된 메주로부터 만들어진다. 간장 만들 때 사용한 메주를 부숴서 고루 섞은 다음에 싱거우면 소금이나 혹은 걸러낸 간장을 약간 섞어 버무린 후 햇살이 좋고 통풍이 잘 되는 곳에서 숙성시켜서 된장을 만든다. 된장은 쌀과 채소 위주인 옛사람들에게 부족하기 쉬운 단백질을 공급하는 발효식품으로서 오랜 사랑을 받아왔다.

세 번째로 고추장은 쌀가루에 고춧가루, 엿기름, 메줏가루, 소금 등을 섞어서 만든다. 고추장은 발표식품으로서 영향이 풍부하며 매운맛을 내는 성분인 캡사이신이 들어 있어서 식욕을 돋우고 소화를 촉진하는 것으로 알려져 있다. 고추장은 들어가는 재료에 따라 찹쌀고추장, 멥쌀고추장, 보리고추장, 밀가루고추장, 고구마고추장, 수수고추장, 팥고추장 등 그 종류가 많다.

장독대에서 간장독 다음으로 된장독과 고추장독이 위치했으며 이들 셋은 우리 음식에서 맛을 내는 으뜸 조미료들이다. 이들 셋 장독 외에도 여러 젓갈들이 담긴 독이나 갖가지 장아찌가 저려진 독도 이웃하고 있었다. 소금으로 채워진 소금독도 한 자리 차지하고 있고 더러는 무말랭이 같은 말린 채소며 나물이 담긴 독도 장독대의 한쪽을 차지하고 있었다.

간장, 된장, 고추장은 찌개를 끓이고 나물을 무칠 때에 없어서는 안 될 천연 조미료이다. 이들 셋은 소금이나 깨, 파, 마늘, 고추 등과 더불어서 양념으로 맛을 내는 데도 쓰이지만 그것 자체만으로 당당히 반찬 구실을 맡아내기도 한다. 상추쌈에 밥과 된장을 넣고 먹으면 꿀맛이며 김치와 여러 가지 나물에 고추장을 넣고 비비면 둘도 없는 비빔밥이 된다. 반찬 꺼내기가 귀찮을 때에는 흰 쌀밥에 간장만 넣고 비벼도 맛있게 먹을 수 있다.

장독대는 술래잡기할 때 술래의 눈을 피하는 피난처가 되기도 했다. 간장, 된장, 고추장 독은 여느 독들보다 크기 때문에 어린아이들이 그 뒤에 숨으면 눈치 빠른 술래라고 해도 찾아내기 여간 힘든 일이 아니었다. 장독대에 숨다가 어머니에게 들키기라도 하면 술래한테 들키는 것보다 훨씬 곤욕을 치루는 일이 많았다. 어린아이들이 장독대에 숨다가 혹여 장독이라도 깨트리면 할머니에게 쫓겨날 판이었으니 그 긴장감이 얼마나 컸었는지 충분히 짐작하고도 남을 만하다.

• 초가삼간(草家三間)

김열규은 그의 저서 『이젠 없는 것들』에서 '초가삼간은 세 칸밖에 안 되는 초가라는 뜻으로서 아주 작은 집을 이르는 말'이라고 서술한다. 이때 한 칸이란 기둥 네 개로 이뤄지는 가장 기본적인 공간을 지칭한다. 초가삼간의 세 칸은 부엌 한 칸, 방 한 칸, 헛간 한 칸으로 이루어진다. 헛간은 곡식이나 농기구 등을 넣어두는 방인데 이 헛간을 방으로 만들어 초가삼간을 이루기도 한다.

초가라는 말은 기와가 아닌 풀, 즉 볏짚으로 지붕을 지은 집이다. 초가의 역사는 벼농사를 짓기 시작한 삼국시대에 이미 건립하기 시작했던 것으로 추측된다. 초가의 초기에는 벽이 없이 땅을 웅덩이 같이 파고 그 위에 단순하게 볏짚 지붕을 씌운 집의 형태였다가 중앙에 기둥을 만들고 서까래를 만들면서부터 지붕이 지면 위로 솟는 구조를 띠게 되었다. 이후 집안의 내부 바닥이 땅 위로 올라오면서부터 기둥이 네 모서리에 세워지고 담과 지붕이 분리된 초가형태를 가지게 되었다. 이때부터 처마가 제대로 그 형태를 갖춤에 따라 요즘과 같은 기능을 가지게 된 것이다.

초가집은 가운데 큰 기와집을 두고 사방으로 지어졌는데 이는 큰 기와집에 사는 토호나 사대부들의 노비들이 초가집에서 살았기 때문이다. 경주시의 양동마을이나 안동의 하회마을 등에는 군데군데 기와집과 함께 옹기종기 초가집이 들어찬 형태가 눈에 띈다. 그러나 양반이라도 안빈낙도(安貧樂道)를 자신의 삶으로 삼았던 선비들은 초라한 초가집에서 살기도 했다.

초가삼간은 우리 조상의 서민들이 살았던 집의 형태이다. 소나무로 기둥을 세우고 진흙과 짚을 물에 으깨어서 벽을 만들어서 구들장을 놓은 후 지붕을 볏짚으로 올리면 초가삼간이 되었다. 우리의 전통적인 마을은 마을 전체에 걸쳐서 그만그만한 크기의 초가집이 옹기종기 모인 동네였다. 초가집 주위에는 풀이나 나무 따위를 엮어서 만든 울타리가 얕게 휘돌아 나갔다. 마주 보고 있는 담이나 울타리의 사이로는 좁다란 골목길이 나 있다. 골목길을 따라 걷다보면 집의 경계구역인 담벼락이 낮아서 집안이 훤히 들여다 보였기에 이웃간의 비밀 없이 그야말로 이웃사촌처럼 살갑게 살았다.

초가삼간이라고 하여 꼭 세 칸짜리 초가집만을 일컬은 것은 아니었다. 부엌을 두고 부엌과 통하는 안방이 있으며 안방과 건넌방 사이에 대청마루를 두어 무더운 여름을 부채 하나로도 시원하게 보낼 수 있었다. 건넌방은 부엌의 온돌이 다다르기에 너무 멀기에 별도로 아궁이가 설치되어 있었다.

초가집을 한일자로만 꾸밀 수 없기에 집채 모양이 'ㄱ'자나 'ㄴ'자를 이루고 있는 것도 있고 'ㄷ'자를 이루고 있는 것도 있었다. 이들은 대개 규모가 큰 초가집이지만 아주 커지면 'ㅁ'자를 이룬 초가집 유형을 띄게 된다. 'ㄱ'자, 'ㄴ'자, 'ㄷ'자, 'ㅁ'자 집의 공통점은 집이란 본질적으로 얼싸안는 것, 또는 감싸 안는 것이라는 의미를 드러내고 있다. 이들 초가집은 본 칸을 중심으로 팔이 나와 있는 형상인 것이다.

큰 집 지을 경제력은 없었던 가난한 시절에도 초가로 지은 3칸이면 가족생활에 부족함이 없었다. 초가지붕의 둥그런 모습은 마을 뒷산의 봉우리 모습을 닮아 있어서 자연 친화의 심성을 느낄 수 있었다. 그뿐만 아니라 둥글게 내려온 초가지붕의 모습은 어머니의 부드러운 손길처럼 느껴졌다. 우리나라 농촌의 초가에는 봄철에 처마 밑에 호박이나 박을 심어 대나무나 나뭇가지로 그 넝쿨들을 초가지붕으로 올린다. 호박과 박에게 시골 거름의 영양분을 듬뿍주면 한여름의 햇볕 영양을 받아 무럭무럭 자라서 가을에는 노란 호박과 하얀 박을 초가지붕 위에 올려놓아 주었다.

겨울에는 밤새 내린 눈이 녹아 초가집 처마 끝에 고드름이 대롱대롱 달려 있게 되면 아이들은 그 고드름을 따서 칼쌈을 하기도 하고 도시 아이들 아이스크림 먹듯이 깨물어 먹기도 했다. 늦은 겨울에 날씨라도 따뜻해지면 초가지붕의 눈이 녹아내려 집 마당의 진흙이 질펀하게 됨에 따라 때때옷 입은 아이들의 뛰어다니는 발걸음이 살

금살금 걷는 걸음으로 바뀌곤 했다.

'새마을운동'의 일환으로 진행된 농촌주택지붕개량사업으로 초가지붕이 시멘트 슬레이트 지붕으로 바뀌고 그 위에 도색을 하게 되었다. 결국 잘사는 농촌을 만들자는 구호 아래 우리들의 초가집은 아쉬움을 남긴 채 사라져버렸다. 가난의 상징이라 부끄러워했던 초가집이 이제 그리워지는 것은 우리 조상들이 살고 지내던 정겨운 집터 형태였기 때문이다.

• 갓난아기 일 년 동안 세 번의 통과의례(삼칠일, 백일, 첫돌)

예부터 우리나라에서는 아기가 태어나면 일 년 동안에 세 번의 통과의례, 즉 '삼칠일', '백일', '첫돌' 등이 치러진다. 한 집안에서 아이가 태어나는 일은 새로운 가족이 탄생한다는 의미 못지않게 집안의 대를 잇는다는 생각으로 조상에게도 감사할 일이라 생각했다. 이러하니 갓난아기를 보살피는 일은 여간 세심하지 않으면 안 되었을 것이다.

첫 번째로 삼칠일은 갓난아기가 최초로 맞는 첫 번째 중요한 의례이다. 삼칠일은 세이레라고도 하는데 이는 이레라는 말이 7을 뜻하기 때문이다. 삼칠일은 7일이 3번째 되는 날로서 21일을 나타낸다. 삼칠일은 아기 출산 후의 금기기간으로 인식되었기 때문에 아기가 태어나면 삼칠일 동안에 집 대문에 금줄을 쳐서 집과 외부세계를 격리시켰다. 금줄은 출산을 널리 알리면서 외부인의 출입을 막고 나쁜 기운이 침범하지 못하게 하여 아기와 산모의 건강을 보호하는 역할을 했다.

금줄에는 고추, 솔가지, 숯, 백지 등을 매달았는데 이들은 새끼줄의 황색과 함께 오방색을 나타냄으로써 오행의 기운을 극대화하기 위한 데서 비롯되었다. 그러나 민간에서는 이러한 오행의 의미를 따지기보다는 부정을 물리칠 뿐만 아니라 아이의 남녀를 구분하기 위해 사내아이의 경우에는 금줄에 고추를 달았고 여자아이의 경우에는 정절의 의미인 솔가지를 달았다.

삼칠일이 되는 날에 금줄을 걷고 모든 금기를 해제하며 산실을 개방하고 친지 이웃들에게 아이를 보여주며 음식을 대접한다. 아이 보러 온 사람들은 실타래, 건강하게 자란 아이 옷, 미역 등을 선물하기도 한다. 또한 삼신할머니에게 밥과 미역국을 올려 감사드리고 산모도 일상생활로 돌아와 바깥출입을 할 수 있다.

두 번째로 백일은 아이가 태어난 지 꼬박 백 일째 되는 날에 이루어지는 통과의례로서 아이는 '백일상'을 받는다. 의술이 발달하지 못해서 영유아의 사망률이 대단히 높았던 옛날에는 백일 안에 죽는 경우가 많았다. 그래서 어려운 시기를 넘기고 하나의 생명체로 존재할 수 있게 된 것을 축하하는 행사가 곧 백일이다. 오늘날에는 이와 상관없이 전래의 풍습으로 이어지고 있다.

음양오행에서 1, 3, 5, 7의 홀수를 길하게 여기는 것은 발생장성(發生長成)의 의미가 있는 양수(陽數)이기 때문이다. 그래서 삼칠일은 아기를 출산한 후 아기와 산모를 보호하는 데 진력하는 시기로 정해진 것이다. 그런데 백은 그 자체로는 짝수이지만 백 단위의 첫수이므로 1이나 마찬가지이다. 또한 백은 순우리말로는 '온'이다. 그것은 '온 나라'라든지 '온 세상'이라고들 하는 말에서도 헤아려볼 수 있듯이 전체이고 전부이고 완전한 수가 다름 아닌 '온'이고 '백'이었다. 백일을 축하일로 정하는 것은 백은 이와 같이 성스러운 의미가 담긴 수이므로 신생아의 발육이 백일을 고비로 큰 고개를 잘 넘었다는 뜻을 나타내기 위함인 것이다.

백일상에는 여러 종류의 떡, 과일, 음식 등이 풍성하게 차려지며 아기의 장수와 복을 비는 뜻으로 흰 실타래와 쌀이 놓여진다. 아기 백일을 축하해주기 위해 일가친척이 찾아오는데 이때 축하품으로는 돈, 쌀, 흰 실, 국수 등이 주종을 이루며 외할머니는 포대기, 수저, 밥그릇 등을 선물한다. 잔치 뒤에는 백일 떡을 이웃과 함께 나누어 먹는데 백일 떡을 받은 집에서는 돈이나 흰 실타래로 답례한다.

세 번째로 돌은 아기가 태어난 지 1주년이 되는 기념일이다. 돌날 아침에는 심신상을 차려 아이의 복(福)을 빌고 가족친지가 미역국과 쌀밥으로 아침밥을 먹은 다음에 돌잔치를 시작한다. 돌상에는 각종 떡과 과일을 풍부히 올려놓고 그 밖에 강정, 약과, 약밥, 고기, 생선, 전 등도 많이 차린다. 특히 국수, 백설기, 수수팥떡 등과 같이 장수와 무병, 부정을 막는 의미의 음식들이 함께 차려진다.

돌상 아래 바닥에는 여러 가지 물건을 질서 없이 놓아두는데 남자아이의 경우에는 쌀, 돈, 책, 붓, 먹, 두루마리, 활, 장도, 흰 실타래, 대추, 국수, 떡 등을 놓아두고 여자아이의 경우에는 쌀, 돈, 책, 붓, 먹, 두루마리, 바늘, 인두, 가위, 잣대, 흰 실타래, 대추, 국수, 떡 등을 놓아둔다. 아이가 이것들 중에서 어느 것들을 집느냐에 따라 그 아이의 성격, 재질, 수명, 재복, 장래성 등을 점쳐보는 데 이러한 행사를 돌잡히기라고 한다.

책, 먹, 붓, 두루마리 등을 먼저 집으면 학문에 힘써서 과거에 등과할 것으로 보고 쌀과 돈을 먼저 집으면 부자가 될 것으로 점쳤다. 활과 장도를 먼저 집으면 무관이 될 것이라 했고 실과 국수를 먼저 집으면 장수하리라고 보았다. 대추를 먼저 집으면 자손이 많을 것으로 점쳤고 떡을 먼저 집으면 미련하리라고 보았으며 바늘, 가위, 자, 인두 등을 먼저 집으면 바느질을 잘할 것으로 내다봤다.

아기가 태어나서 치렀던 삼칠일, 백일, 돌 등은 삶을 뜻 깊고 보람차게 겪어가자는 뜻을 담고 있는 행사들이었다. 요즘에야 의술이 발달하고 의식주가 풍부하여 어린아이가 삶의 고비를 넘기는 데 큰 어려움이 없지만 첫돌까지 살아남기가 여간 어렵지 않았던 옛날에는 자식의 건강과 복을 빌어주기 위한 이러한 통과의례를 커다란 의미와 함께 꼭 치러야 할 필수 절차라 여겼던 것이다.

Part 06

인간 속의 3

• 신체의 3부분(머리, 몸통, 팔다리)

인간은 다른 동물들과 마찬가지로 육체와 정신을 가지고 태어난
다. 육체가 컴퓨터의 하드웨어에 해당한다면 정신은 컴퓨터의 소프
트웨어에 대응된다고 말할 수 있다. 즉, 육체는 물질적인 개체로서
공간을 가져서 눈에 띄지만 정신은 논리적 개체이기 때문에 직접적
으로 볼 수 없고 그 사람의 말과 행동을 통해 짐작할 뿐이다.

인간의 육체를 신체(身體)라는 대중 명사로 대체하여 부르는데 예
를 들어 여성의 신체부위 중에서 남자들이 매력을 느끼는 부위라든
가 남자는 어느 신체부위가 중요하느냐 등과 같은 표현에서 사람의
인체를 신체라고 부른다. 사람의 육체적 기능을 논할 때에 사용하는
신체검사는 인체의 어느 부위에 병이 있느냐 없느냐에 관한 검사가
아니라 육체적 활동의 가능성 정도를 평가하는 활동이다.

일반적으로 신체를 3부분으로 구분하면 머리, 몸통, 팔다리 등으
로 분류할 수 있다. 해부학적으로는 인체를 5부분, 즉 머리, 목, 몸

통, 팔, 다리 등으로 구분하지만 여기에서는 머리와 목을 합쳐서 머리로 하고 팔과 다리를 팔다리로 통합함으로써 인체를 3부분으로 나누어보았다. 이렇게 분류하는 것은 인체를 외부에서 바라본 형태에 근거하는데 이는 결국 인체를 형성하고 지지하는 골격을 경계점으로 구분한 셈이다.

첫 번째로 머리는 7개의 경추로 지탱되는 목과 23개의 두개골로 이루어진 두부로 구성되어 있다. 머리는 다시 뇌와 안면으로 나누어진다. 인간의 뇌는 1,000억 개의 뉴런과 이들을 서로 연결하는 시냅스로 이루어져 있다. 하나의 뉴런은 다른 뉴런들과 적게는 1,000개에서 많게는 10만 개까지 시냅스를 형성하며 네트워크를 이루고 있다.

뇌는 두개강 속에 들어 있으며 일반적으로 대뇌, 간뇌, 중뇌, 교, 연수, 소뇌 등으로 구분한다. 대뇌는 뇌 전체 중량의 약 80%를 차지하며 신체의 운동 및 감각, 희로애락의 정서감정 주관, 학습과 기억, 언어활동, 사색 및 창조적 정신기능 등과 같은 정신활동이 이루지는 곳이다. 간뇌는 대뇌와 중뇌 사이의 부분으로서 5대 감각의 중간중추, 자율신경계의 통합중추, 체온 및 혈당 등의 조절중추 등의 기능을 가진다. 교는 중뇌와 연수 사이에 볼록하게 튀어나온 부분으로서 대뇌피질, 교핵, 소뇌피질 등을 연결하는 신경섬유로 구성되어 있다. 연수는 생명유지에 필수적인 심장, 호흡 및 소화 등에 관한 중요한 반사중추들을 가지고 있다. 소뇌는 교와 연수의 뒤쪽에 위치하며 근육의 긴장 등에 관여하여 신체 운동의 권고와 조정에 관여하는 대뇌의 자문 역할을 담당한다.

안면은 15개의 뼈와 여러 개의 안면근들로써 이마, 눈, 코, 입, 귀, 볼, 턱 등을 구성한다. 안면, 즉 얼굴에는 표정을 만드는 안면근과 음식물의 저작에 관여하는 저작근으로 구분할 수 있다. 인간의 안면 근은 감정의 변화에 따라 움직여서 여러 가지 표정을 나타내므로 표 정근이라고도 한다. 표정은 얼굴 각 부위의 단순한 변화가 아니라 마음상태를 밖으로 들어낸 것이다. 따라서 얼굴의 여러 부위는 개인 의 마음상태뿐만 아니라 한 민족의 심성을 반영하기도 한다.

예를 들어서 서러운 운을 가진 사람이 있는가 하면 늘 웃는 것 같 은 표정을 가진 사람도 있고 고집스러운 입모양을 짓는 사람도 있 다. 민족에 따라서도 얼굴 모양이 다른데 오랜 전쟁에 시달린 민족 의 얼굴은 지친 모습에 표정이 거의 없는 듯하고 역사의 역경을 이 겨온 민족의 얼굴은 슬기롭고 차분한 느낌을 준다. 이와 반면에 좋 은 자연환경 속에서 역사의 풍파를 별로 겪지 않은 민족은 대체적으 로 밝고 명랑한 얼굴표정을 짓는다.

두 번째로 몸통은 흉부, 복부, 회음부, 배부 등으로 이루어져 있다. 흉부는 위로는 쇄골을 경계로 하여 경부와 구분되고 아래로는 늑골 을 경계로 하여 복부와 구분된다. 흉부에는 깔때기 모양의 흉곽이 있는데 흉곽은 12개의 흉추, 12쌍의 늑골, 1개의 흉골로 구성된다. 이들로 둘러싸인 내부의 공간을 흉강이라고 하는데 이곳에는 심장, 폐, 식도, 기관지 등의 장기들이 있다. 복부는 위로는 좌·우 늑골궁 의 최저점을 연결하는 선과 아래로는 좌·우 상전장골극을 연결하 는 선을 경계로 하며 상, 중, 하복부의 3부로 나뉘고 이는 다시 좌· 우 2개의 세로선으로 각각 3등분되기 때문에 전체적으로 9개의 부 위로 구분된다. 복부에는 각종 내장 장기, 즉 위, 소장, 대장, 간, 담 낭, 췌장 등이 있고 이들 장기들을 싸고 있는 얇고 투명한 형태의 복 막이 있다.

회음부는 앞으로는 요도와 생식기로 이루어져 있고 뒤로는 항문이 있다. 회음부를 이루는 골반 뒤로는 천골이 있고 그 밑으로는 꼬리뼈에 해당하는 미골이 있다. 배부는 몸통의 뒷부분으로서 척주부, 견갑부, 견갑하부, 요부 등으로 구성된다. 척주부는 7개의 경추, 12개의 흉추, 5개의 요추 등으로 구성된다. 견갑부는 양쪽 어깨 밑 부분의 등을 말하며 견갑하부는 견갑부의 아래 부분이고 요부는 허리 부위를 뜻한다.

세 번째로 팔다리는 팔과 다리를 의미하는데 팔은 64개의 뼈로 구성되어 있고 다리는 62개로 이루어져 있다. 팔은 팔꿈치를 중심으로 하여 위쪽을 상완이라 하고 아래쪽을 전완이라고 한다. 전완 밑에는 손목을 경계로 하여 손이 연결되어 있다. 다리는 사람의 몸통을 지탱하거나 이동할 수 있게 해주는 신체기관으로서 넓적다리부위, 무릎부위, 종아리부위, 발목, 발 등으로 이루어져 있다. 팔이 다리보다 뼈의 개수가 많은 것은 물건을 잡거나 밀거나 던지거나 조종할 때 사용되는 팔이 아무래도 다리보다 미세하게 움직일 수 있어야 하기 때문인 것이다.

인간의 신체가 머리, 몸통, 팔다리 등의 세 부분으로 이루어졌다고 서술했으나 인체는 너무 복잡하여 어떠한 글로도 표현할 수 없는 구조와 기능을 가지고 있다. 더욱이 전문가들조차 아직도 인체의 신비를 풀지 못하는 부분이 너무나 많이 잔존하고 있다. 그러나 우리들은 자신의 몸을 아낀다는 취지로도 우리 몸의 각 기관들의 위치, 구조, 기능 등에 대해서 관심을 기울여야 할 것으로 여겨진다.

• 인체의 구조적 3단계(세포, 기관, 기관계)

인체는 복잡한 구조적 단계를 가지고 있는데 그 첫 번째 단계는 화학적 단계인 원자이다. 몇 개의 원자가 모여서 분자를 형성하고 분자들은 다시 생체고분자를 이룸으로써 생물학적 단계로 천이된다. 생체고분자들이 합성되어 소기관을 형성하는데 이러한 소기관들은 세포 내에서 대사와 합성기능을 담당하며 독자적인 역할을 수행한다.

인체의 생물학적인 구조적 단계는 3단계, 즉 세포, 기관, 기관계 등으로 이루어져 있다고 말할 수 있다. 첫 번째로 세포는 골지체, 미토콘드리아, 리보솜, 핵, 핵막, 세포막 등으로 구성되는데 핵 속에는 염색체가 존재한다. 사람의 염색체 수는 23쌍, 즉 46개이며 이들 중에서 23개는 정자에서 그리고 나머지 23개는 난자에서 유래한다. 23쌍 중 한 쌍은 각각 모양이 다르며 이것은 성(性) 결정에 관여하는 성염색체이고 큰 쪽을 X, 작은 쪽을 Y로 표시한다.

염색체 안에는 DNA(deoxyribonucleic acid)와 RNA(ribonucleic acid)가 들어 있다. DNA는 유전정보를 가지고 있으며 이러한 유전정보를 RNA에게 전달하면 RNA는 단백질을 합성하는 데에 관여한다. 인간이 태어날 때에는 약 3조 개의 세포로 이루어지지만 성인이 되면 60조 개로 늘어나므로 수정란의 DNA가 60조 배로 그 수가 증대되는 것이다.

두 번째로 기관은 특수한 기능이나 활동을 수행하기 위해 각 조직들이 적절하게 결합된 상태를 말한다. 여기에서 조직은 분화의 방향이 같고 구조와 기능이 비슷한 세포들의 집단을 의미하는데 인체의 이러한 4대 기본조직으로는 상피조직, 결합조직, 신경조직, 근육조직 등이 있다. 기관은 실질성 기관과 유강성 기관으로 구분되는데 실질성 기관이라는 것은 간, 췌장, 신장, 갑상선 등과 같이 속이 조직으로 차 있는 기관을 말하며 유강성 기관은 위, 대장, 소장, 방광 등처럼 속이 비어 있는 기관을 뜻한다.

세 번째로 기관계(system)는 몇 개의 기관들이 서로 연결되어 하나의 기능적 단위를 이루는 것으로서 인체는 11개의 기관계로 구성되어 있다. 골격계는 뼈, 연골, 관절 등으로 구성되며 우리들의 인체에는 206개의 뼈와 연골이 있다. 골격계는 신체의 견고한 지주 역할, 각종 장기 보호 역할, 근육의 수축 시 지렛대 역할, 조혈 기능, 무기질 중 칼슘과 인 저장 등의 기능을 가지며 머리뼈의 일부에는 공기 공간 확보 기능을 담당한다.

근육계는 약 650여 개의 근육들로 이루어지며 3가지 형태의 근육, 즉 골격근, 평활근, 심근 등으로 구성된다. 골격근은 골격에 부착되어 있는 근육으로서 줄무늬가 뚜렷하고 골격의 움직임에 관여한다. 평활근은 줄무늬가 뚜렷하지 않아서 민무늬근육이라고도 불리는데 위, 장, 혈관 등과 같은 관으로 된 기관의 벽에서 볼 수 있기 때문에 내장근이라고도 한다. 심근은 심장벽을 구성하는 특수한 근육을 말한다. 인체의 골격근에는 머리 근육, 목 근육, 가슴 근육, 배 근육, 팔 근육, 다리 근육 등의 7개 근육군이 있다.

호흡기계는 조직에 산소를 공급하고 이산화탄소를 제거하는 기능을 담당한다. 호흡에는 4과정, 즉 허파환기, 외호흡, 호흡가스 수송, 내호흡 등으로 이루어진다. 허파환기는 숨쉬기이며 외호흡은 허파혈관과 허파꽈리 사이에서 산소와 이산화탄소의 교환이 이루어지는 과정이다. 호흡가스 수송은 허파와 조직세포들 사이에서 혈액을 통해 산소와 이산화탄소가 옮겨지는 과정이고 내호흡은 모세혈관 내의 혈액과 조직세포 사이에서 공기가 서로 교환되는 과정을 뜻한다.

심혈관계는 심장, 혈액, 혈관 등으로 구성되며 주요 기능으로는 호흡가스 수송, 영양물질 수송, 노폐물 수송, 호르몬과 같은 세포 생산물 수송, 항상성 유지, 생체 보호 작용, 체액의 다량 손실 방지 등의 기능을 가지고 있다. 림프계는 림프, 림프관, 림프절, 비장, 흉선, 편도 등으로 구성되며 림프구 및 항체의 생산을 주관한다. 심혈관계와 림프계를 통합하여 순환기계라고 부른다.

소화기계는 입, 식도, 위, 소장, 대장, 항문, 간, 췌장, 담낭, 타액선 등으로 구성되며 음식물의 섭취 및 소화, 이후의 찌꺼기를 배설하는데 관여한다. 소화기관은 소화관과 소화선으로 구분되는데 소화관은 입에서 시작하여 항문까지의 약 9m 관을 말하며 소화선은 소화기관에 필요한 물질을 생산하여 공급하는 기관으로서 침샘, 간, 췌장들을 뜻한다.

비뇨기계는 신장, 요관, 방광, 요도로 구성되며 오줌의 생산과 배설에 관여한다. 감각기계는 피부, 눈, 귀, 코, 혀 등으로 구성되며 각종 감각의 감수에 관여한다. 피부는 감각의 감수뿐만 아니라 신체의 보호, 체온 조절, 수분 및 지방질 등 기타 물질의 배설, 약물 등의 흡수, 비타민 D 저장 등의 기능을 가지고 있다.

생식기계는 여성의 경우 난소, 자궁, 난관, 질, 외음부 등으로 이루어지고 남성의 경우 고환, 부고환, 정관, 정낭, 전립선, 음경 등으로 구성되며 정자와 난자의 생산과 배출, 수정란의 잉태 및 성장 등에 관여한다. 내분비계는 뇌하수체, 갑상선, 부갑상선, 부신, 췌장, 난소, 고환, 송과선 등으로 구성되며 호르몬의 생산 및 분비에 관여한다.

신경계는 구조적으로 중추신경계와 말초신경계로 나뉜다. 중추신경계는 신경계의 통합과 조절을 담당하는 중추로서 뇌와 척수로 이루어지며 말초신경에서 들어오는 감각을 받아들이고 이것에 대해 반응을 일으킨다. 말초신경계는 중추신경 밖에 있는 모든 신경구조로 이루어지며 중추신경계로 흥분 및 충동 등을 전달하는 들부와 중추신경계로부터 흥분 및 충동을 보내는 날부로 이루어져 있다. 들부에는 체성감각 신경과 내장감각 신경 등이 있고 날부에는 체성신경과 자율신경 등이 있다.

• 대뇌의 기능 영역 3분류(감각영역, 운동영역, 연합 영역)

인간의 뇌는 다른 어떤 기관보다 복잡하여 위치별로 구분하는 방법이 일치하지 않고 있지만 일반적으로 대뇌, 뇌간(간뇌, 중뇌, 교, 연수), 소뇌 등으로 구분한다. 그러나 이 책에서 뇌를 3부분으로 구분한다면 대뇌, 간뇌, 그리고 보조뇌(중뇌, 교, 연수, 소뇌) 등으로 분류하고자 한다. 대뇌는 신경계의 중심체로서 뇌 전체 중량의 약 80%를 차지한다. 대뇌는 신체의 감각, 이성, 운동 기능 등을 총괄한다. 이 책에서 보조뇌라고 이름 붙인 것은 이 부분에서는 대뇌로 향하는 감각신경과 운동신경의 중계역할을 담당하고 운동기능의 보조기능을 수행하기 때문이다.

간뇌는 시상뇌(시상, 시상상부, 시상후부), 시상하부, 제 3뇌실, 변연계 등으로 구성되어 있다. 시상뇌는 후각을 제외한 모든 감각들을 일시적으로 머물게 하고 이후 대뇌에 전달한다. 시상은 원래 그리스어로 '휴게실'이라는 의미를 가지고 있었는데 눈에서 출발한 시신경이 머무는 지점이라고 하여 한자어로 시상이라 불리게 되었다. 시상하부는 자율신경계의 최고중추로서 여러 개의 신경핵이 무리를 지어 있으며 체온조절, 음식물 섭취조절, 음수조절, 감정표출, 성 행동, 순환기와 소화기에 대한 작용 등의 역할을 담당한다. 제 3뇌실은 양측의 시상 사이에 존재하는 뇌실이다.

변연계는 대뇌의 일부분으로 구분하기도 하고 간뇌에 속한다고도 하는데 본 책에서는 간뇌에 포함시키기로 한다. 변연계는 대뇌의 안쪽 부분을 지칭하는데 이 용어는 척수에서 시작하여 대뇌로 연결되는 입구를 둘러싸고 있는 부분이라는 의미로 지어진 것이다. 즉, 대뇌의 안쪽 부분에 해당한다. 변연계는 시상하부를 포함하고 편도체, 해마, 중격 등이 여기에 속한다. 파충류의 뇌는 대부분이 변연계로만 이루어져 있는데 이와 같이 변연계는 사람과 동물에 공통된 기능, 즉 자율신경이나 개체 유지, 종족 보존의 본능에 관한 기능이나 행동, 원시적 감각 등에 관여한다.

편도는 아몬드의 한자어인데 편도체는 아몬드와 크기와 모양이 비슷하여 붙여진 이름이다. 시각, 청각, 촉각, 후각, 미각뿐만 아니라 내장에서 오는 감각 정보도 편도체로 들어오기 때문에 편도체는 이러한 감각을 근간으로 감정 처리와 감정 기억에 관여하는 것으로 알려져 있다. 해마는 기억의 저장과 인출에 관여하는 중요한 기관이다. 해마는 알츠하이머병에 걸리면 가장 먼저 손상되는 기관이다.

대뇌는 본능적 행동과 정서반응을 주재하는 변연계에 대비하여 이성 행동을 주재하는 기관이다. 이러한 대뇌는 3가지의 기능영역, 즉 감각영역, 운동영역, 연합영역 등으로 구분되어 있다. 대뇌의 각 부분마다 특징적인 기능을 수행하는 곳이 정해져 있는 것을 대뇌의 기능적 국재(functional localization)라고 한다.

대뇌는 앞머리 중앙에서 뒷머리 중앙으로 이어지는 뇌량을 기준으로 하여 좌뇌와 우뇌로 구분된다. 대뇌는 위치별로 앞머리 부분의 전두엽, 뒷머리 부분의 후두엽, 좌우 양측 머리 부분의 측두엽, 윗머리 부분의 두정엽으로 이루어져 있는데 대뇌의 여러 기능들은 각 위치에 산재해 있다. 기능이 산재되어 있다고 하여 어느 특정의 기능이 그 위치에서만 수행되는 것이 아니라 다른 위치의 기능들과 서로 연합하여 동작되는 것이다. 또한 하나의 영역이 병이나 사고로 인해 제대로 기능을 수행할 수 없는 경우에는 다른 부위에서 그 기능을 대신할 수 있다는 점이 대뇌가 가지는 특징들 중의 하나이다. 아직도 대뇌의 정확한 위치별 기능은 밝혀지지 않고 있는 실정이다.

첫 번째로 감각영역은 시각, 청각, 미각, 후각, 촉각에 따라 위치가 다르다. 시각 영역은 후두엽의 제일 끝에 위치하며 이곳으로 망막의 시각신호가 입사된다. 시각연합영역은 시각영역에서 앞머리 쪽의 근방인데 이곳은 과거의 경험을 바탕으로 눈으로 보는 것을 이해하고 기억하는 데에 관여한다. 청각영역은 측두엽의 위쪽 부위에 위치하며 귀의 달팽이관에서 일어난 청각신호가 이곳으로 투사된다. 청각연합영역은 청각영역을 둘러싸고 있는 부분이며 이곳에서 소리의 소재나 의미 등을 판별한다. 미각영역은 두정엽의 아래 부분에 위치한다. 후각영역은 측두엽의 안쪽에 위치한다. 감각성 언어영역은 베르니케 영역이라고도 불리는데 측두엽 후방에서 두정엽의 일부에 위치하며 이 부분에 장해가 발생하면 언어의 발음은 가능하지만 뜻을 이해할 수 없는 감각성실어증이 유발된다.

촉각은 두정엽의 위쪽 중심선, 즉 대뇌의 위쪽 가운데를 오른쪽에서 왼쪽으로 구분할 때의 중심선인 중심구에서 뒷머리 쪽에 위치한다. 이곳에서는 간뇌의 시상을 거쳐서 들어오는 피부의 일반감각인 온각, 냉각, 촉각, 압각 등과 근육의 심부감각 등을 받는다. 촉각감각영역은 다시 손, 발, 팔, 다리, 체간, 목, 얼굴, 혀, 치아 등과 같이 신체 부위별로 위치가 정해져 있다. 촉각감각영역 안에서 손과 입의 감각을 담당하는 부위가 제일 넓은데 이것은 인간이 손과 입의 촉각이 다른 부위에 비해 상대적으로 예민하다는 것을 알 수 있다.

두 번째로 운동영역에는 신체 부위의 근육운동영역, 전운동영역, 운동성언어영역 등이 있다. 근육운동영역은 촉각감각영역과 마주 보는 영역으로서 중심구로부터 전두엽 쪽에 위치하는데 촉각감각영역에서와 마찬가지로 손, 발, 체간, 표정, 입 등과 같은 신체부위의 근육을 움직이는 영역이 각각 별도로 존재한다. 전운동영역은 두정엽에서 근육운동영역의 앞 부위에 위치하는데 이 영역은 신체의 무의식적 운동이나 긴장을 담당한다. 운동성언어영역은 브로카 영역이라고도 불리며 언어에 필요한 종합적인 운동을 관리한다. 이 부위에 장해가 발생하면 언어는 이해하지만 발음이 불가능하게 되는 운동성실어증이 유발된다.

세 번째로 연합영역은 고도로 분화된 정신기능과 관련이 깊은 언어, 기억, 상상, 감각, 학습, 이성 및 인격 등의 기능을 주관하는 곳이다. 감각연합영역과 언어연합영역은 각각 감각영역과 언어영역의 주변에 위치하며 각각의 감각과 언어의 기억에도 관여한다. 이들 기능 외에 판단과 예견 등과 같은 고위 정신기능들에 기초하여 행동과 운동을 조절하는 조절연합영역은 전전두, 즉 앞머리에 위치한다. 연합영역은 고등동물일수록 그 영역이 넓으며 사람에 있어서는 대뇌면적의 약 86% 정도가 되는 것으로 알려져 있다. 전전두 영역은 새로운 기억의 약호화와 옛 기억의 인출 모두와 밀접하게 관련되어 있다. 전전두 영역은 기억 활동뿐만 아니라 문제해결, 추리, 판단과 결정 등에 긴밀하게 관여하고 있다.

• 뇌의 3부위(좌뇌, 우뇌, 뇌량)

인간의 뇌는 크게 3부위, 즉 좌뇌, 우뇌, 뇌량 등으로 분류한다. 사람을 정면에서 볼 때 왼쪽이 좌뇌이며 오른쪽이 우뇌이고 이마에서 뒷머리로 이어지는 뇌의 한가운데 아래쪽에 좌뇌와 우뇌를 서로 연결해주는 뇌량이 존재한다.

뇌량은 좌뇌와 우뇌를 연결하는 신경섬유다발로서 두 대뇌반구의 정보를 교환하는 다리 역할을 한다. 뇌량은 다른 동물에 비해 인간의 뇌에서 특히 발달되어 두꺼운 백질판을 이룬다. 좌우의 대뇌반구 사이를 연결하는 섬유군으로는 뇌량 외에도 전교련이 있는데 이것은 하등동물에서 발달되어 있고 사람에 있어서는 오히려 빈약하다.

뇌량은 한쪽 반구에서 다른 쪽 반구로 정보를 전달하므로 감각경험과 기억 등에 필수적인 역할을 한다. 뇌량의 부위에 따라 교환되거나 교통되는 정보가 다른데 뇌량 몸통의 앞쪽은 운동 정보, 몸통의 뒤쪽은 체감각 정보, 가운데 부분은 청각 정보, 꼬리 부분은 시각

정보와 관계가 있다고 알려져 있다. 이러한 사항으로 좌뇌와 우뇌의 감각영역과 운동영역이 뇌량을 통해 상대편의 영역으로 각각 연결되어 있음을 알 수 있다.

뇌량이 후천적으로 손상을 입어 좌뇌와 우뇌 사이에 원활한 정보교환이 이루어지지 않으면 분할뇌증후군이 유발된다. 간질 발작을 치료할 때에 뇌량 절제술을 활용하는데 발작이 뇌량을 통해 반대쪽 반구로 퍼지는 것을 방지할 수 있어서 어느 정도 효과를 보기도 한다.

1960년대 로저 스페리는 간질환자의 발작치료를 위해 실시한 좌뇌와 우뇌의 분할 수술을 통해 좌뇌와 우뇌가 서로 상반된 정보처리 기능을 가지고 있다는 연구결과를 얻었다. 그는 뇌과학 연구의 획기적인 전기를 마련한 것을 인정받아 1981년 노벨 의학상을 수상했다. 로저 스페리는 뇌량이 절단된 사람들의 좌측 눈에 연필을 보여주면 연필이라는 것은 인식하지만 연필이라는 단어를 말하지 못했고 반대로 우측 눈에 연필을 보여주면 연필이라고 말은 하지만 연필의 용도를 알지 못했다고 한다. 이러한 사실로부터 좌뇌와 우뇌는 서로 다른 기능을 가지며 좌뇌는 언어에 관련되어 있고 우뇌는 공간적 기능을 담당함을 알 수 있다는 것이다. 그러나 이후 연구에 의하면 로저 스페리의 연구가 조금 과장되었고 좌우반구는 상호 보완적, 협동적인 면도 많다는 사실이 밝혀졌다.

좌뇌와 우뇌가 서로 다른 기능을 처리하는 것은 정보시스템의 관점에서 보면 일종의 병렬처리에 해당한다. 좌뇌의 두터운 회백질은 신경세포가 밀착되어 있어서 근처 세포를 동원하여 집약적이고 섬세한 작업이 가능하도록 한다. 이에 반해 우뇌는 백질 부분이 좌뇌에 비해 두터워서 신경세포의 축색이 길고 멀리까지 뻗어서 동일한 모듈끼리 연계되어 있기 때문에 다면적 정보나 개념을 크게 취급할 수 있는 기능이 발달되어 있다.

일반적으로 좌뇌는 언어적 사고 및 판단, 많은 정보에서 체계적 추리, 이성 및 지성, 논리적이고 분석적이며 합리적 사고, 규범성, 의식 등의 기능을 담당한다. 우뇌는 시각적, 이미지적 사고 및 판단, 하나의 정보로 전체를 파악, 감성, 직관적이고 감각적이며 공간적이고 비합리적 사고, 무규범, 무의식 등의 기능을 담당한다고 알려져 있다.

감각 인식 측면에서 보면 좌뇌는 논리적 판단을 수행하고 우뇌는 감각적이고 종합적인 판단을 담당한다. 예를 들어 그림을 보고 색감이 강하다느니 구도가 이상하다느니 원근법이 잘못되었다느니 하는 것들은 좌뇌가 판단하고 우뇌는 그림이 아름답다느니 훌륭하다느니 근사하다느니 등과 같이 판단한다는 것이다.

언어적 측면에서 좌뇌는 상대방이 하는 말 자체의 의미를 이해하지만 우뇌는 상대방이 하는 말의 억양, 리듬, 고저, 목소리 크기 등과 같은 운율을 감지한다. 실제적으로 좌뇌형 인간은 논리정연하고 간단명료하며 사무적이고 지적이지만 차가운 인상을 준다. 이에 반해 우뇌형 인간은 논리적 체계는 없지만 감정이 풍부하고 제스처가 요란하며 표현이 풍부하여 인간적인 느낌을 줌으로써 친화력이 강해 좋은 인간관계를 맺는다.

이시형은 그의 저서 『창조의 심장, 우뇌』에서 일본인들은 대체적으로 좌뇌형인데 반해 한국인들은 우뇌형이 많다고 한다. 한국인들에게는 가무를 즐기는 것, 신나게 노는 것, 신바람만 나면 죽을 둥 살 둥 하며 일하는 폭발성, 대충-적당히-어림잡아-자연스러움-따지기 싫어하는 것, 감만 잡히면 무슨 일에도 겁 없이 뛰어드는 도전성 및 직관력, 세계 어디를 가도 잘 사는 적응성-유연성-융통성, 슬쩍 보기만 해도 잘 만들어내는 모방성-손재주-빠른 눈치 등과 같은 우뇌형 특징이 있다는 것이다. 이와 같은 우뇌형 창조성이야말로 우리나라를 그토록 빠른 기간 내에 산업동력을 일으킨 근본적인 힘이었다고 서술한다.

그러나 그는 산업부흥을 이룬 우리나라가 우뇌적 특징으로 인해 오히려 실패를 경험하는 일이 많아질 것이라고 경고한다. 직관만으로 대충대충 얼버무려서 일을 처리하려는 우뇌형만으로는 더 이상 진취적 사회를 형성할 수 없다는 것이다. 이제부터는 우뇌형 특질뿐만 아니라 좌뇌형 특질이 더해진 종합적 인간형만이 무한경쟁의 경제시대에서 살아남을 것이라고 한다.

혹자는 창조적 기질을 발휘할 수 있기 위해서는 우뇌를 발휘시켜야 한다고 주장한다. 그러나 우뇌가 예술적이고 직관적이며 창조적인 기능을 담당한다고 하여 어떻게 우뇌만을 집중적으로 발달시킬 수 있을까? 컴퓨터 시스템처럼 우뇌를 좌뇌로부터 분리시켜 별도로 훈련시킬 수는 없는 노릇이다. 따라서 창조적인 특성 발달을 위해 우뇌를 발달시킨다고 말하는 것보다는 그냥 창조적 특성 발달을 위해 예술성, 직관성, 종합성 등을 발달시킨다는 표현이 보다 올바르다고 말할 수 있을 것이다.

• 인간 정신활동의 3단계(입력활동, 처리활동, 출력활동)

인간은 외부나 혹은 내부로부터 정보를 받아들여서 이를 처리한 후 처리 결과를 내부 혹은 외부로 내보내는 정보처리 시스템으로 묘사되기도 한다. 정보처리 시스템은 크게 하드웨어 시스템과 소프트웨어 시스템으로 구성된다. 인간의 정신활동은 정보처리 시스템과 유사하게 그 순서를 3단계, 즉 입력활동, 처리활동, 출력활동 등으로 이루어진다.

첫 번째로 입력활동은 감각기관을 통해 외부 정보를 받아들이고 지각하는 과정이다. 이러한 지각과정은 세부적으로 환경자극→수용기상의 자극→변환→신경처리→지각→재인→행위 등의 단계를 거친다. 환경자극은 인간이 지각할 수 있는 주변의 모든 대상, 즉 눈, 귀, 코, 혀, 피부 등으로부터 입력되는 외부 정보를 뜻한다. 환경 자극 정보는 인간이 그 대상에 주의를 기울일 때에 수용기상의 자극으로 옮겨지고 전기 에너지로 변환된 후 신경처리 되어 지각 단계에 도달하게 된다.

지각은 감각으로부터 얻은 신체 바깥세상을 알아차리는 것이다. 재인은 우리가 알아차린 지각정보를 의미를 갖는 특정 범주로 배정하는 능력을 말한다. 시각재인에는 물체 재인과 얼굴 재인이 있는데 물체 재인은 우리가 보고 있는 물체의 사용 용도를 파악하는 것이고 얼굴 재인은 상대방이 누구인지 알아보는 것을 뜻한다. 또한 말 재인은 말소리를 듣고서 그 의미, 즉 어떤 단어인지를 파악하는 것이다.

지각과정의 마지막 단계인 행위는 몸을 움직여서 주변을 돌아다니는 것과 같은 활동을 가리킨다. 지각하는 과정을 환경자극에서부터 시작해서 지각, 재인, 행위로 끝나는 일련의 단계로 나타내지만 지각과정 전체는 어디가 출발점이고 어디가 종착점인지 알 수 없는 역동적이고 순환적인 과정인 것이다. 즉, 지각이 행위를 유도하지만 행위

또한 지각을 이끄는 것이다. 행위는 인간의 출력활동에 해당한다.

두 번째로 처리활동은 두 가지 부류, 즉 외부정보에 대한 처리와 내부정보에 대한 처리로 구분된다. 외부정보에 대한 처리는 입력활동을 통해 받아들인 외부정보를 기억하고 판단하며 결정을 내리는 활동을 말한다. 인간의 기억 활동은 처리활동에 포함된다. 내부정보에 대한 처리는 기억 활동을 통해 떠올려진 내부정보를 인출하고 판단하며 결정을 내리는 활동이다. 인간의 모든 처리활동은 기억되기 마련이므로 기억력은 인간의 모든 활동에 있어서 아주 중요한 기능에 해당한다.

입력활동으로부터 획득한 모든 정보들은 저절로 혹은 의도적으로 항상 기억되며 이때 정서도 함께 우리 뇌에 저장된다. 정서는 공포, 분노, 혐오, 슬픔, 기쁨, 흥미 등과 같은 순간적인 기분을 뜻한다. 어떤 사람으로부터 소스라치게 놀란 공포를 느꼈다면 그 사람을 볼 때마다 끔찍한 일이 기억나기 마련인데 이와 같이 인간은 어떤 사물, 사람, 장소 등을 경험할 때에 항상 정서도 함께 기억된다.

처리활동에 속하는 기억은 단기 기억, 작업 기억, 장기 기억 등으로 분류된다. 단기 기억은 감각 기억들 중에서 주의를 받은 기억을 말한다. 감각 기억은 감각피질 주변에 위치하는 감각 저장소에 저장되며 잠시 머물다가 주의를 받지 못하면 사라져 버리는데 주의를 받은 정보는 중간 단계의 단기 기억으로 들어간다. 장기 기억은 비교적 영구적인 기억으로서 단기 기억의 정보를 암송할 때에 장기 기억으로 들어가게 된다. 단기 기억의 정보가 장기 기억으로 들어가는 것은 단기 기억의 정보를 보다 얼마나 깊이 있게 처리하는가에 따라 결정된다.

작업 기억은 처리활동을 수행하는 데에 필요한 정보를 유지하기 위한 기억을 말한다. 예를 들어서 23×47 계산을 암산으로 하려 하면 두 숫자를 머리로 떠올려서 머릿속에서 곱셈 과정을 거친 후에 계산 결과인 161을 암송하게 된다. 이와 같이 작업 기억은 머릿속으로 어떠한 일을 처리할 때에 필요한 정보를 일시적으로 기억하는 것을 말한다.

처리활동 중에는 심상(mental image)이 있는데 이것은 외부정보 처리가 아니라 내부정보 처리를 수행한다. 시각 심상의 경우에는 머릿속으로 이미지를 떠올리는 것이다. 예를 들어서 자신의 집에 창문이 모두 몇 개 있는지에 관한 질문을 받으면 머릿속으로 자신의 집을 떠올리고 집 안을 둘러보면서 창문을 세는데 이와 같이 사람들은 외부로부터 시각 신호가 없어도 머릿속에 심상을 만들 수 있다.

처리활동 중에 지식 표상이 있는데 이것도 외부정보 처리가 아니라 내부정보 처리의 하나이며 저장되어 있는 지식을 떠올리는 것이다. 심상은 마음속으로 어떠한 장면을 떠올리는 것인 데 반해 표상은 지난 일들에 관한 내부정보를 떠올리는 것이다. 우리들은 시간이 지남에 따라 과거 경험의 정보들 중에서 일부가 손상됨을 알 수 있는데 이때에 우리들은 의미 있는 내용만을 떠올리고 중요하지 않은 세부사항들은 망각하게 된다.

처리활동의 하나인 문제 해결은 인간이 다른 어느 종보다 탁월한 능력을 가지고 있다. 인간은 이미 배워서 익숙해진 반응 양식으로는 해결하기 어려운 문제에 직면하면 우선 문제의 소재를 분명히 파악하고 어떠한 행동이 유효한가, 즉 어떻게 하면 목표에 다다를 수 있는가에 관한 수단을 찾는데 이와 같이 여러 번의 시행착오를 통해 최종적인 목표지점에 도착하는 것을 문제 해결이라고 한다.

판단은 처리활동의 하나이며 시간과 공간 속에서 변화하는 상태를 분석하고 예측하는 활동이다. 예를 들어서 두 사람이 싸움을 할 때에 누가 옳은지를 분석하는 것이 판단이고 앞으로 어떠한 일이 벌어질 것인가를 예측하는 것도 판단에 해당한다. 사람들은 어떤 사건에 대해 판단을 내릴 때에 그 사건이 발생할 빈도수를 감안하여 확률을 예측한다. 비록 수학적인 확률을 배우지 않은 사람들도 나름대로 어떤 사건이 얼마나 자주 발생할 것인가를 직관적으로 예측한다. 우리들은 지나온 경험을 바탕으로 직관을 동원하여 어떤 사건, 예측, 방향 등을 판단하고 이를 바탕으로 최종 결과를 결정한다.

세 번째로 출력활동은 인간의 행동에 해당하는데 이는 감각기관, 얼굴, 팔, 다리, 몸통 등과 같은 신체 부위들을 통해 외부를 향해 움직이는 것이다. 인간의 출력활동은 말하기, 시각 주의, 청각 주의, 맛보기 행동, 냄새 맡기 행동 등과 함께 얼굴 표정 그리고 손, 발, 몸통 등을 사용하는 수많은 움직임들을 뜻한다.

인간의 출력활동은 반응 속도에 따라 고속 반응 활동, 중속 반응 활동, 저속 반응 활동 등으로 구분할 수 있다. 여기에서 반응 속도라는 것은 행동 대상이 출현할 때부터 실제로 행동을 취하는 시간 간격을 의미한다. 적의 공격으로부터 피할 때에는 고속 반응 활동이 요구되지만 다른 행동들은 그다지 빠른 속도를 요구하지 않으므로 중속 반응 활동 혹은 저속 반응 활동에 속하는 것이다.

인간의 출력활동을 결정하는 것을 동기라고 한다. 동기는 사람들로 하여금 어떠한 행동을 선택하도록 유도하는 것인데 동기의 세기에 따라 그 행동의 힘이 결정된다. 동기는 어떠한 행동에 에너지와 방향을 제공하는 내적 과정으로서 욕구, 인지, 정서 등에 의해 결정된다. 따라서 인간은 욕심에 근거한 동기를 바탕으로 하고 외부정보혹은 내부정보를 인지한 후 그 시점에서 정서와 결합함으로써 그 상황에 적절한 행동을 취하는 것이다.

• 인간의 3가지 기분 상태(좋음, 나쁨, 중간)

우리가 살고 있는 이 세상의 모든 만물들은 자신만의 고유한 특성을 가지고 있다. 개체의 특성을 나타내는 단어는 수많이 존재하지만 그 단어를 꾸미는 수식어도 여러 개가 있다. 그런데 이러한 수식어는 양끝이 존재하는 막대기와 같다. 막대기의 한쪽 끝의 상태는 다른 쪽 끝의 상태와 반대의 개념을 갖게 된다. 예를 들어서 '가깝다'의 반대편 끝은 '멀다'인 것이다. 막대기의 중간점을 하나의 상태로 본다면 이 세상의 모든 상태는 대개 3가지 분류로 이루어진다. 자신의 집에서부터 학교까지의 거리가 가까운 학생, 먼 학생, 중간인 학생 등과 같이 3가지로 분류함으로써 복잡한 수식어를 단순화시킨다.

인간의 기분 상태를 3가지로 분류해 보면 좋음, 나쁨, 중간 상태로 표기된다. 인간은 외부감각 정보와 내부기억 정보를 통해 놀라기도 하고 공포심을 가지며 흥미를 느끼거나 기쁨 혹은 슬픔을 경험하는데 인간의 이러한 정신적 상태를 정서라고 부른다. 정서와 기분은 지속시간에서 그 차이점이 있다. 정서는 몇 초 또는 몇 분 동안과 같이 지속시간이 짧은 정신적 사건이지만 기분은 지속시간이 긴 편이다. 예를 들어서 출근길에 자신을 헐뜯는 말을 듣는 순간에 '분노'의 정서를 느낀 사람은 하루 종일 축 처진 감정을 갖는데 이러한 감정이 바로 기분인 것이다.

사람들은 하루 동안에 오랜 시간 동안 각성되어 있지만 실제로는 단지 몇 분 동안만 분노, 공포, 기쁨 등과 같은 원형적인 정서를 느낀다. 정서를 느꼈다고 해도 기분으로 이어져서 지속되기 위해서는 정서의 강도가 일정 수준을 넘어서야 한다. 따라서 일반적으로 대부분의 사람들은 평상시에 자신들의 기분 상태가 좋지도 않고 나쁘지도 않은 중간 상태를 유지하고 있다.

그러나 자신의 기분 상태는 주관적 판단의 결과물이다. 객관적으로는 아주 좋은 기분이 생겨날 사건임에도 불구하고 본인은 아무런 기분 변화가 일어나지 않는 중간 상태에 머무를 수 있고 심지어 나쁜 기분에 빠져드는 수도 있다. 반대로 다른 사람들이 볼 때에는 아주 나쁜 사건처럼 느끼는데도 본인은 기분을 떨어뜨리지 않는 경우도 있다. 우리들은 기분 소재보다는 그 소재를 어떻게 받아들이느냐에 따라 서로 다른 기분을 느끼게 되는 것이다. 기분 소재보다 받아들이는 자세가 더 낮으면 좋은 기분을 느낄 것이고 자세가 더 높으면 나쁜 기분으로 빠져들게 된다. 감사하는 마음이라는 것은 낮은 자세를 유지한 채로 기분 소재를 받아들이는 것이니 항상 기쁘고 행복한 기분을 느끼게 된다.

좋은 기분과 나쁜 기분은 서로 반대되는 상태가 아니라 서로 독립적이라고 한다. 즉, 나쁜 기분이 생겨났다고 하여 좋은 기분이 사라지는 것이 아니라는 것이다. 나쁜 기분을 없애야만 좋은 기분을 가질 수 있다는 마음가짐으로는 결코 좋은 기분에 들어설 수 없다는 것이다.

좋은 기분, 즉 긍정적인 감정은 즐거움의 한 차원이다. 높은 수준의 긍정적 감정을 느끼는 사람은 일반적으로 열정을 느끼고 활력, 기대, 긍정성을 경험한다. 긍정적 감정을 적게, 즉 긍정적 중간 감정을 느끼는 사람은 무기력함과 함께 무감동과 지루함을 경험한다. 나쁜 기분, 즉 부정적인 감정은 즐겁지 않은 일이다. 매우 부정적인 감정을 느끼는 사람들은 일반적으로 불만족, 신경질, 과민함을 경험한다. 부정적 감정을 적게, 즉 부정적 중간 기분을 느끼는 사람은 침묵과 이완을 경험한다. 이와 같이 사람은 기대(강한 긍정적 감정), 불만족(강한 부정적 감정), 지루함(긍정적 중간 감정) 혹은 침묵(부정적 중간 감정) 등의 감정을 매일 계속적으로 경험한다.

좋은 기분을 가지고 있는 사람은 중간 기분에 있는 사람과 비교해 볼 때 다른 사람을 더 잘 도와주고 더 사회적으로 행동하며 다른 사람에 대해 더 호감을 표현하고 다른 사람뿐만 아니라 자기 자신에게도 관대하며 더 큰 위험을 감수한다고 한다. 좋은 기분 상태에 있는 사람은 인지적인 유연성을 가지며 창의적인 문제해결을 촉진한다. 또한 좋은 기분의 사람은 실패를 겪더라도 이겨내며 더 효과적으로 의사결정을 내리고 흥미로운 활동들에 대해 스스로 더 많은 관심을 보인다.

나쁜 기분을 가지고 있는 사람은 다른 사람에게 어떠한 보상을 주려하기보다는 처벌을 내리려하고 자신의 일뿐만 아니라 주변 사람을 회피하려는 경향이 있다. 좋은 기분 상태는 긍정적 정서를 낳지만 나쁜 기분 상태는 부정적 정서를 낳게 되고 이것은 다시 나쁜 기분으로 더 빠져들게 만들어버린다.

긍정적인 감정 시스템은 도파민성 신경로와 같은 신경 기제를 가지고 있지만 이와 달리 부정적 감정 시스템은 세로토닌 및 노르아드

레날린 신경로들과 같은 신경기제를 가지고 있는데 이는 긍정적 감정들과 부정적인 감정들이 서로 반대되는 감정이라기보다는 독립적인 방식의 감정이라는 결론을 보여주고 있는 것이다.

좋은 기분을 가진 사람들은 행복한 생각들과 긍정적인 기억들을 받아들일 준비가 되어 있다. 사람들은 좋은 기분이 두드러지면 더 많은 창의성을 보여주고 실패에 직면했을 때에 더 많은 인내를 보여주며 효율적으로 의사결정하고 모든 일들을 스스로 추진해나간다. 따라서 우리들은 나쁜 기분을 전환시켜 중간 기분 혹은 좋은 기분으로 상승시킴으로써 삶의 여유로움과 행복을 느낄 수 있도록 늘 겸손과 감사하는 마음을 가질 필요가 있다.

● 인간의 인격체계 3요소(본능, 정신 주관, 이상)

인간은 역사가 시작된 이래부터 우주 만물이 서로 대립되는 요소, 즉 음(陰)과 양(陽)으로 이루어져 있다고 생각했다. 음양 사상이 비록 동양에서 출발했다고 하지만 이러한 개념은 서양이나 지구의 다른 곳에서도 인간이라면 누구든지 사유해낼 수 있는 내용이다. 인간은 어떤 개념을 이해할 때에 항상 그것의 반대 개념도 함께 떠올리기 때문인 것이다. 예를 들어서 하루 중에 태양이 떠 있는 동안을 낮이라고 하면 이와 반대로 태양이 지는 동안은 무엇일까라는 생각을 하기 마련이다.

삼라만상은 낮과 밤, 위와 아래, 앞과 뒤, 물과 불 등과 같이 서로 대립되어 있는 개체들로 이루어져 있는데 이들 둘이 적대관계일 때에는 갈등을 일으키지만 조화를 이루면 상호의존적 상태에 놓여진다. 음과 양 사이에 조화를 이루기 위해서는 이들 둘을 균형 있게 조절할 수 있는 주체 혹은 주관자가 반드시 구비되어야 한다.

인간의 인격체계에서도 본능과 이상의 대립적 관계 속에서 정신 주관이 이들 둘을 조절하는 기능을 가진다. 이와 같이 인간의 정신 체계는 본능, 정신 주관, 이상 등의 3요소로 구성되어 있다. 본능과 정신 주관은 프로이트의 정신분석 이론에서 각각 원초아, 자아에 해당하지만 이상은 그의 이론에서 제기한 초자아보다 그 범위가 넓게 정의하고자 한다. 즉, 이상은 본능의 부정적 행동을 억제하려는 초자아 개념뿐만 아니라 본능의 긍정적 행동을 성취시키려는 자아실현 등을 포함시키고자 한다.

원초아는 인간의 신체 구성적인 필요로부터 생겨나는 본능적인 충동들을 나타낸다. 인간은 누구나 생득적으로 유쾌한 일들은 하기 좋아하고 불쾌한 일들은 꺼려한다. 그러나 자신이 유쾌하다고 하여 자신뿐만 아니라 다른 사람, 사회, 국가, 인류 등에 손해를 끼친다면 망설여지기 마련인데 이는 인간의 정신 주관, 즉 자아가 그러한 행동을 막아주기 때문이라는 것이다. 또한 자신의 이상을 실현하려는 과정에서 유쾌하지 않은 일들이 반복되면 원초아는 자신의 이상을 포기하려 하는데 이때에도 자아는 이러한 원초아를 거부하려 나선다.

정신 주관, 즉 자아는 사고, 감정, 의지 등과 같은 여러 작용의 주관자를 뜻한다. 인간의 원시적이고 비인격적인 본능적 충동이 쾌 원리를 좇아 작용할 때에 의식의 표면에 발생하는 것이 자아이다. 자아는 본능과 이상 사이에 존재하여 인간의 본능을 억제 또는 발휘함으로써 정신을 주관한다. 자아는 철학적 용어에도 포함되는데 여기에서는 단순히 인간의 본능과 이상 사이에 위치하는 정신 주관의 의미로 사용하도록 한다.

이상은 부정적 본능 억제인 초자아와 긍정적 본능 충족인 극자아로 구분된다. 초자아는 프로이트의 정신분석 이론에서 주장하는 성격구조의 한 요소로서 도덕적 양심의 형성이나 또는 자아평가의 발달 등을 포함하는 용어로 사용된다. 자아는 현실의 원리에 의에서 지배되지만 초자아는 도덕의 원리에 의해서 지배된다. 인간의 본능들 중의 하나인 공격적이고 파괴적인 욕구는 초자아에서 발생되는 죄책감을 바탕으로 정신 주관인 자아가 이를 통제한다. 극자아는 자신의 이상 실현을 위해 본능으로부터 생겨나는 무기력, 나태, 중도 포기 등을 막는 합리적 행동을 유도한다.

어린아이는 본능을 근간으로 하여 자신의 신체를 온전히 보존하려 한다. 인간의 유아기는 본능, 정신 주관, 양심 중에서 본능이 자신의 행동을 상대적으로 많이 지배한다. 유아기를 넘어 사춘기로 접어들면서부터 인간은 사회적 경험과 교육의 영향으로 정신 주관인 이성적이고 합리적인 행동을 취하게 된다. 그러나 규범에 맞는 행동들만으로는 자신의 만족을 채울 수 없을 경우에 의도적으로 자아를 포기하고 본능을 앞세워서 도(道)에 어긋나는 일을 저지르기도 한다. 이때에 초자아의 요소인 양심이 나타나 자아로 하여금 자아비판을 하게 만들면서부터 죄책감에 따른 괴로움이 시작되는 것이다.

정신 주관이 본능의 욕구와 양심의 요구 사이에 조정을 취하는 과정에서 본능의 욕구가 강해지면 불안감을 느끼게 되는데 이러한 불안으로부터 자신을 보호하기 위해 사용하는 정신 책략을 방어 기제라고 부른다. 방어 기제의 주된 역할은 심리적인 안정감을 유지하는 것이며 죄책감이나 불안으로부터 벗어나고 자존감을 보호하는 것이다. 대표적인 방어 기제에는 억압, 부정, 투사, 동일시, 퇴행, 반동 형성, 전위 등이 있다.

방어 기제 중의 하나인 투사는 자신이 받아들일 수 없는 생각이나 욕망 등을 자신이 아닌 다른 사람이나 외부 환경적 이유 때문이라고 생각하는 것이다. 자신이 인색한데도 타인을 인색하다고 여기는 것은 동일시의 일종으로서 투사에 해당한다. 또한 그림을 그리면 그림 속에 그 사람의 심리상태가 표현되는데 이것도 투사의 일종이라고 한다.

정신병리들 중의 하나인 우울증은 정신 주관이 본능과 이상 사이에서 부정적인 사고, 즉 희망 없음, 무기력, 자기 비판적 사고 등을 불러일으킴으로써 나타난다. 우울증은 초자아 혹은 극자아의 힘이 본능의 힘에 역겨워하는 현상일 수 있다. 초자아 측면에서는 본능을 억제하여 양심적으로 살려 하지만 그렇지 못하는 자신에 대해 죄책감과 더불어 자기 비판적 사고에 빠져듦으로써 특별한 일 없이도 슬픈 기분이 이어지게 된다. 극자아 측면에서는 자신의 이상실현을 위해 본능을 억제하며 나날이 노력해왔으나 목표를 달성하지 못한 자신에 대해 실망감과 더불어 무력감을 느끼며 우울증으로 이어질 우려가 있는 것이다.

• 인간 욕구의 3분야(생리적 욕구, 유기체적 심리적 욕구, 획득된 사회적 욕구)

사람의 마음 상태는 다른 개체들의 상태들과 마찬가지로 크게 3

가지, 즉 플러스, 마이너스, 제로 상태 등으로 구성되어 있다. 인간의 마음에 있어서 플러스, 마이너스, 제로 상태는 각각 성장, 결핍, 유지 등에 해당한다. 인간은 자신의 현재 위치에서 성장하려는 욕구가 있으며 또한 무엇인가 결핍되어 있을 때에는 이로부터 탈피하여 안정화하려는 욕구를 가지고 있다. 인간의 마음이 유지 상태에 있을 때는 부족함을 느끼지도 않고 만족의 크기를 키우려 하지도 않은 상태를 말하는데 이는 긍정적 측면에서는 자기만족으로 판명되기도 하지만 부정적 측면에서는 아무것도 하지 않으려는 무기력 증상일 수도 있다.

인간의 욕구는 크게 3가지 분야, 즉 생리적 욕구, 유기체적 심리적 욕구, 획득된 사회적 욕구 등으로 구성된다. 생리적 욕구는 결핍 상태로부터 벗어나기 위한 욕구를 의미하며 유기체적 심리적 욕구와 획득된 사회적 욕구 등은 현재 상태에서 자신을 보다 높은 수준으로 올리려는 성장 욕구에 해당한다. 인간의 욕구는 때때로 도덕과 범죄와 연관된다. 사람은 욕심을 너무 과하게 부리면 양심과 법을 어기게 되어 죄책감과 벌을 받는다. 유사 이래 인간은 자신의 욕구를 통제할 수 있는 수많은 교육과 수양을 받아왔지만 자유자재로 욕구를 제어할 수 있는 사람은 지극히 드문 훌륭한 인격을 갖췄다고 말할 수 있다.

첫 번째로 생리적 욕구는 뇌신경회로, 호르몬, 신체기관 등과 같은 생물학적 체계와 연관되어 있으며 오랜 시간 동안 충족되지 않으면 생명을 위협하게 된다. 생리적 욕구는 만족되면 의식에서 사라지고 최소한 얼마 동안은 생각나지 않는다. 이러한 생리적 욕구에는 통증, 갈증, 배고픔, 성 등이 있다.

생리적 욕구들 중에서 범죄와 연결되기 쉬운 욕구가 배고픔과 성욕구이다. 3일을 굶으면 도둑질 안 할 사람이 없다는 말이 생겨난 것은 그만큼 배고픔으로부터 탈피하려는 식욕이 강하기 때문인 것이다. 먹을 것이 풍부한 현대사회에서는 배고픔 욕구 충족이 옛날보다 쉬워졌기에 이제는 비만 문제가 대두되고 있는 실정이다. 성욕이 건전하게 충족되지 못하면 성범죄가 유발되어 사회적 불안을 초래한다.

두 번째로 유기체적 심리적 욕구는 성장 욕구이며 환경에 대한 능동적인 몰두, 기술개발, 건강한 발달 등을 촉진시키는 동기를 발생시킨다. 유기체적 심리적 욕구는 누구나 타고나는데 이러한 욕구들에는 자기결정, 역능, 친교 등이 있다.

자기결정 욕구는 우리가 스스로 목표를 설정하고 그 목표를 성취하는 방법을 스스로 결정하고자 하는 욕구를 말한다. 어떤 외부의 힘이 우리에게 특정 방식으로 행동하도록 압력을 가할 때는 우리는 자기 결정적 태도가 아니라 타인 결정적 태도가 되는데 이는 자율성을 상실하는 것으로서 자기결정 욕구가 차단되는 것이다.

역능은 환경과의 상호작용에서 효과적이 되려는 욕구이며 자신의 역량과 기술을 연습하려는 소망을 반영한다. 유아가 잡기, 던지기, 나르기 등의 운동능력을 향상시키려는 것과 말을 배우려는 행동은 역능 욕구에 해당한다. 청소년기와 청년기에 자신의 생활에 필요한 새로운 기술을 배우고 숙달하려는 행동은 역능 욕구에서 출발한다.

친교는 다른 사람들과 친밀한 정서적 유대를 형성하려는 욕구이며 대인관계 상으로 온화한 관계를 맺으려는 소망을 나타낸다. 사람들은 상호작용을 하면 할수록 또한 함께 보내는 시간이 많으면 많을

수록 우정을 형성할 가능성이 높아진다. 또한 사람들은 일단 사회적 유대가 형성되면 그것이 와해되는 것을 싫어하는데 이는 사람들이 친교 욕구를 가지고 태어나기 때문이다.

세 번째로 획득된 사회적 욕구는 인간이 경험, 발달, 사회화 등을 통해 후천적으로 획득한 욕구이다. 획득된 사회적 욕구는 우리 내부에 잠복상태로 존재하다가 욕구를 만족시키는 유인이 나타날 때 정서적 및 행동적 잠재력을 발생시키고 활성화시킨다. 획득된 사회적 욕구에는 성취 욕구, 친애와 친밀, 권력 욕구 등이 있다.

성취 욕구는 어떤 우수성의 표준과 비교하여 잘하려고 하는 욕망이다. 성취욕구는 어떤 과제를 다른 과제보다 잘하려는 욕구, 오늘의 자신보다 내일의 자신이 더 발전되기를 바라는 욕구, 다른 사람들보다 우수해지려는 욕구 등을 포함한다. 성취 욕구가 높은 사람들은 희망, 자존심, 기대의 충족 등과 같은 접근 지향적 정서들을 가진다. 이와 반대로 성취 욕구가 낮은 사람들은 불안, 방어, 실패의 공포 등과 같은 회피 지향적 정서로 반응한다.

친애와 친밀 욕구 중에서 친애 욕구는 외향성과 인기에 근원을 두기보다는 다른 사람으로부터 배척을 받는 데에 대한 공포와 밀접한 관련이 있다. 친밀 욕구는 다른 사람과 온화하고 긴밀하며 의사소통이 가능한 교환을 기꺼이 경험하려고 하는 욕구이다. 친밀 욕구 소유자들은 다른 사람들로부터 온화하고 사랑스러우며 성실하고 비지배적인 사람이라고 평가받는다. 또한 이들은 사람 간의 상호작용이 포함된 에피소드를 기억하려는 경향을 가지고 있다.

권력 욕구는 물질적 및 사회적 세계를 자신의 개인적 이미지 혹은 계획에 맞추려는 욕망이다. 권력 욕구가 높은 사람은 다른 사람, 다른 집단, 다른 세상 등을 향해 유세, 통제, 영향력 등을 행사하려는 욕망을 가진다. 권력 욕구가 높은 사람은 리더가 되려고 시도하며 다른 사람과 힘이 있고 책임을 맡는 형태로 상호작용을 한다. 높은 권력 욕구를 가진 사람은 집단에서 인정받기를 추구하며 권력과 영향력을 성취하려는 노력에서 자신이 다른 사람의 눈에 띌 수 있는 방법을 찾는다.

● 자기결정의 양에 따른 동기의 3구분(무동기, 외재적 동기, 내재적 동기)

우리가 취하는 어떤 행동에는 이유와 강도가 내재되어 있다. 왜 그 행동을 선택하는지, 그리고 우리가 선택한 행동을 왜 그리 열심히 노력하는지 등과 같이 행동의 근원을 동기에 두고 있다. 심리학자들은 '동기(motive)는 행동에 에너지와 방향을 제공하는 것'이라고 정의한다. 에너지는 행동의 격렬성과 지속성을 나타내며 방향은 행동이 특정 목표를 성취하도록 안내자 역할을 제공한다. 동기는 우리의 내적과정인 욕구, 인지, 정서 등과도 공통적인 부분이 존재한다.

자기결정은 무슨 행동을 선택할 것인가, 그 행동을 언제 할 것인가, 그 행동을 언제 멈출 것인가 등과 같이 우리들이 스스로 목표를 설정하고 목표달성의 방법을 선택하는 것을 말한다. 우리들이 취하는 행동들이 모두 우리들 스스로 결정한 것이라고 볼 수 없다. 우리들이 흥미가 생겨서 선택한 행동들도 있고 자의반 타의반으로 행하는 행동들도 있으며 때로는 아무런 느낌도 가지지 않은 채로 행동하는 경우가 있다. 자기결정은 그 양에 있어서 없음, 중간, 많음 등과 같이 크게 3가지로 구분할 수 있다.

우리가 어떤 행동을 선택할 때에 그 행동 선택의 원동력인 동기는 자기결정의 양에 따라 3가지, 즉 무동기, 외재적 동기, 내재적 동기 등으로 구분할 수 있다. 무동기는 자기결정이 전혀 없는 동기이고 외재적 동기는 자기결정이 어느 정도 존재하며 내재적 동기가 자기 결정이 가장 많은 형태이다.

첫 번째로 무동기는 글자 그대로 동기가 없음을 나타내며 외재적 으로든 내재적으로든 전혀 동기화되지 않은 상태이다. 예를 들어서 학교 공부에 흥미 또는 가치를 전혀 느끼지 못하여 중퇴한 학생, 자 신이 해왔던 스포츠에 환멸을 느낀 운동선수, 결혼생활에 오랜 불만 으로 인한 무심한 배우자 등은 무동기 상태에 놓여 있기 때문에 자 기결정을 하지 못한다. 그러나 무동기에서도 본능적 욕구는 충족하 려 하며 무의식적 행동은 취하기 마련이다.

두 번째로 외재적 동기는 환경적 유인으로부터 발생하는 형태에 속한다. 우리가 학업성적을 위해 학교를 다니고 돈을 벌기 위해 직 장을 다니며 처벌을 면하기 위해 교통질서를 잘 지키는 행동 등은 모두 외재적 동기로부터 기원한다. 외재적 동기는 목적에 대한 수단 이다. 즉, 어떤 목적을 달성하기 위해 행동하려는 마음은 외재적 동 기로부터 생겨나는 것이다. 우리들의 일상은 대부분 외재적 동기로 부터 기원하는 행동들로 이루어져 있다고 말할 수 있다.

외재적 동기의 유인에는 크게 강화물과 처벌물이 있다. 강화물은 어떤 행동을 증가시키는 외재적 사건을 말한다. 아이들로 하여금 공 부를 열심히 하도록 하기 위해 주는 용돈이나 칭찬 등은 정적 강화물에 해당한다. 정적 강화물이라는 것은 어떤 사람으로 하여금 그 행동을 반복할 수 있도록 해주는 환경자극이다. 이러한 정적 강화물에는 돈, 칭찬, 친절, 성적, 상금, 음식, 트로피, 공적인 인정 및 특전 등이 포함된다.

이에 반해 부적 강화물은 어떤 행동을 반복하도록 만들면서도 혐오스럽고 거슬리는 자극이다. 예를 들어서 두통으로 고생하는 사람이 진통제를 먹고서 자신의 통증이 제거된다면 앞으로 동일한 약을 자발적으로 복용할 가능성이 증가되는데 이때 두통약은 부적 강화물로 작용한다. 부적 강화물에는 아이의 울음소리, 감시, 마감시한, 알람소리, 모든 종류의 통증 등이 포함된다.

외재적 동기의 유인 중에서 처벌물은 어떤 행동이 또다시 발생하는 것을 억제시키는 환경적 자극이다. 꾸짖음, 벌금 티켓, 형사사건 구속, 비난, 공개적 조롱 등은 이것들을 발생시킨 행동을 다시 하지 못하도록 억제시키는 처벌물에 해당한다. 외재적 동기는 자기결정의 양이 많을수록 순서적으로 4가지 유형, 즉 외적 조절, 투입된 조절, 동일시된 조절, 통합된 조절 등으로 다시 구분된다. 외적 조절 형태의 외재적 동기는 자기결정의 양이 제일 적은 동기인데 시험이 다가올 때만 공부를 시작하는 학생의 동기 상태가 여기에 해당한다. 외적 조절은 동기가 자신의 외적으로 조절된다는 것을 의미하며 내재화가 되지 못한 상태이기 때문에 그 사람은 외적 유인이 있어야만 어떤 행동을 수행하려 한다.

투입된 조절 형태의 외재적 동기는 다른 사람의 규칙 또는 요구를 채택하여 행동을 하기는 하지만 그 행동을 진정으로 수용하게 만들지는 못한다. 피고용자들이 시간에 늦거나 부정직하면 그들 스스로 죄책감과 수치심 등과 같은 감정을 느끼기 때문에 제시간에 출근을 하거나 혹은 상품을 훔치려 하지 않을 것인데 이것은 투입된 조절 형태의 외재적 동기에서 유발된 행동들이다.

동일시된 조절 형태의 외재적 동기는 대체적으로 내재화된 동기를 나타낸다. 어떤 사고방식 혹은 행동방식이 자신에게 중요하고 유용한 것처럼 생각이 들면 그 방식을 자발적으로 수행하는데 이것은 동일시된 조절 형태의 외재적 동기가 유발되기 때문이다. 어떤 학생이 수학 과외 학습이 중요하다고 생각하여 과외를 받으려 하는 동기는 외재적이기는 하지만 자유롭게 선택한 것이기 때문에 동일시된 조절 형태에 해당한다.

통합된 조절 형태의 외재적 동기는 가장 많은 양의 자기결정을 지닌 유형이다. 내재화는 가치 또는 조절을 채택하는 과정에 해당하지만 통합은 개인이 채택한 가치와 조절을 자기의 것으로 완전히 변환하는 과정이다. 통합된 조절 형태의 외재적 동기는 새로운 사고, 느낌, 행동 등을 자신의 기존 사고, 느낌, 행동 등과 모순되지 않도록 조화시키기 위한 자기결정이 포함되므로 자기결정의 양이 증가하게 되는 것이다.

세 번째로 내재적 동기는 자신의 흥미에 따라 역량을 연습하고 그 과정에서 적정 도전을 추구하려는 선천적인 경향의 동기이다. 사람들은 과제를 착수하여 역능과 자기결정을 느낄 때에 외재적 보상이나 압력 없이 자발적으로 어떤 행동을 수행하는데 이러한 행동의 근간이 바로 내재적 동기이다. 예를 들면 독서에 흥미가 있는 사람은 보상과 압력 없이도 독서를 하려는 욕망을 불러일으킨다.

내재적 동기는 자기결정의 양이 가장 많으며 어떤 사람의 유기체적 심리적 욕구를 충족시키려는 데에서 발생하는 동기이다. 내재적 동기로 독서를 즐기고 있는 어떤 사람이 돈이나 칭찬 등의 외재적 유인을 받으면 내재적 동기와 외재적 동기가 합쳐져서 독서를 하려는 동기가 그만큼 증가할 것으로 예상할 수 있다. 그러나 동기의 증가가 항상 발생하지는 않는다고 한다. 오히려 내재적으로 흥미로운 활동에 외재적 보상을 부과하는 것은 종종 앞으로의 내재적 동기를 손상시킬 수 있다는 것이다. 따라서 어떤 사람에게 외재적 유인을 가할 때에는 이와 같이 보상의 숨겨진 대가를 고려하여 신중하게 선택해야 할 것이다.

Part <u>07</u>

성공의 3

7.1. 성찰

• 3의 성찰

우주는 시간과 공간 속에서 수많은 개체들로 구성되어 있다. 개체는 유형의 개체와 무형의 개체들로 구분된다. 유형의 개체는 삼라만상(森羅萬象)의 표현처럼 눈에 보이는 사물과 현상을 나타내며 무형의 개체는 눈으로는 볼 수 없고 머릿속으로 인지할 수 있는 개체를 의미한다. 유형의 개체로는 예를 들어 해, 달, 별, 비, 바람, 나무, 돌, 모래 등과 함께 봄, 여름, 가을, 겨울 등이 있다. 무형의 개체에는 예를 들어 행복, 사랑, 건강, 경제, 증권, 정치, 과거, 현재, 미래 등이 있다.

원시인들은 우주의 개체들을 바라보며 신비스러워하기도 했고 두려워하기도 했지만 이성적 사고 형태가 널리 퍼지면서부터 철학자들은 우주의 개체를 실재와 현상으로 구분했다. 우리들이 외부의 사물을 바라보는 것은 현상에 불과하고 그 사물의 원래 모습인 실재는 현상과 다르다는 것이다. 우리들이 보는 사물은 실체가 아니라 그 실체로부터 나타난 현상뿐이기 때문에 그 실체의 본질을 찾아내야 할 필요가 있다는 것이다. 실제로는 일반사람들도 동일한 사물에 대한 표현이 제각각이고 똑같은 현상에 대해서도 그에 대한 설명이 천차만별이다. 이는 사물을 보는 방식이 기계적이 아니라 인간적, 즉 객관적이 아니라 주관적이기 때문이다.

인간이 언어를 사용하면서부터 온갖 사물과 현상을 단어로 표현하기 시작했다. 어떤 사물들이 공통성을 가지고 있으면 그 사물들에게 명사(名詞)를 붙였으며 어떤 현상들마다 동사, 형용사, 부사 등으로 표현하여 그 의미를 일반화시킴으로써 서로 간의 원활한 대화를 가능하게 만들었다. 각 개체와 현상마다 이름을 붙인다는 것은 다른 개체들과 현상들 사이에 경계를 둔다는 것을 뜻한다. 사람들은 닭을 새라고 부르지 않고 닭이라고 부르는 것으로부터 닭의 특성과 새의 특성 사이에 엄연한 경계가 있음을 학습하게 된다. 사람들은 어떤 단어의 의미를 학습할 때에 그 단어와 비슷한 의미의 단어뿐만 아니라 반대되는 의미의 단어를 동시에 학습하는 것을 편리하다고 여겼을 것이다.

그런데 비슷한 의미의 단어들은 다소 애매모호한 부분이 없지 않았겠지만 극과 극의 반대 개념은 추가적인 설명 없이도 누구나 쉽게 이해할 수 있었을 것이다. 실제적으로도 막대기의 양쪽 끝에 해당하는 현상들이 우주만물 속에서 발견되었기 때문에 자연스럽게 그 현상들에 해당하는 단어 또한 반대의 의미를 갖게 되었다. 반대 개념의 대표적인 단어들이 바로 음양(陰陽)에 관한 것들이다. 음양은 고대 중국에서 철학상의 기본을 이룩한 관념이다. 예를 들어서 남녀(男女), 주야(晝夜), 내외(內外), 천지(天地), 한난(寒暖) 등의 단어들이 음양을 표현한다.

동양뿐만 아니라 서양에서도 서로 반대되는 현상을 표현하는 단어들로부터 우주만물의 이치를 설명하고 학습했을 것이다. 그런데 '있다'와 '없다'라는 서로 반대 개념의 단어는 태고 때부터 사용해왔으면서도 수학에서 '없다'라는 의미의 숫자 '0'은 5세기에 들어와서야 인도로부터 받아들여서 사용했다. 숫자 0의 개념 없이도 계산을 할 수 있었을까? 주판에서 숫자 0을 표현할 때에는 해당 자리의 주판알을 움직이지 않고 그대로 두는 것으로 나타냈기 때문에 실생활에서 계산하는 데에는 전혀 문제가 되지 않았었다. 숫자 0은 계산도구 없이 바닥에 숫자를 써서 혹은 머릿속으로 계산할 때에 필요한 개념인 것이다. 숫자 0이 만들어지면서부터 사람들은 양수의 반대쪽을 표현하는 음수를 생각해낼 수 있었다.

수학에서는 음양의 경계점에 0을 도입함으로써 음과 양의 두 개의 체계를 넘어서 음, 양, 0과 같이 세 개의 체계가 형성되었다. 수학에서와 마찬가지로 모든 음양에서도 경계선을 찾을 수 있으므로 모든 사물과 현상은 2가 아니라 3으로 표현할 필요성이 대두된다. 고대부터 널리 퍼져 있는 음양의 2개념에서 탈피하여 이제부터는 3개념을 도입함으로써 세상의 이치를 보다 새롭게 통찰할 수 있는 계기를 마련해야 한다. 숫자 3은 성찰의 숫자인 것이다.

눈에 보이는 개체를 지칭할 때에는 말하는 사람과 듣는 사람 사이에 오해의 소지가 발생하지 않는다. 닭은 누가 봐도 새가 아니라 닭이기 때문이다. 물리적 실체를 가지는 개체의 이름은 동일한 부류를 지칭하는 보통명사로 불리고 다른 부류와의 경계선이 뚜렷하여 객관화와 일반화가 가능하다. 그러나 눈에 보이지 않는 개체의 경우에는 객관적 설명보다는 주관적 설명이 강하게 작용하여 일반화된 경계선을 갖기 어려워진다. 예를 들어서 '행복'이라는 개체를 지칭할 때에 '불행'과의 경계선이 각 개인마다 다르고 추상적 개념이라서 상대방을 이해시키기가 상대적으로 쉽지 않다. '실존(實存)'이라는 철학 용어를 이해하기 어려운 이유는 눈에 보이지 않는 전문용어일 뿐만 아니라 철학자마다 지칭하는 범위와 연결이 조금씩 서로 다르기 때문인 것이다.

개체의 상태, 즉 현상을 표현하는 경우에는 단어 구분의 경계선이 더욱 애매모호해진다. 어떤 사람의 키가 '작다'라든지 혹은 '크다'라고 말하는 것은 말하는 사람의 주관적 판단에 근거한다. 즉, '작다'와 '크다'를 구분 짓는 경계선은 우리 모두 서로 다르기 마련이다. 따라서 현상을 표현할 때에는 2가지 단어로만 판단할 것이 아니라 경계선을 추가하여 3가지로 나타내야 할 필요가 있다. 예를 들어서 키가 178cm인 사람에 대해서 이야기할 때에 큰 키의 경계선이 175cm라고 한다면 '그 사람은 키가 크다'라고 말할 수 있다.

컴퓨터에서는 '0'과 '1'의 2진법을 사용하지만 이들 둘의 구분을 짓기 위한 경계구역이 존재한다. 예를 들어서 0V를 '0'으로 하고 5V를 '1'로 간주하는 경우에 4V~5V를 '1'로 판정하고 0V~2V를 '0'으로 판정하며 중간의 경계구역인 2V~4V의 신호는 0도 될 수 있고 1도 될 수 있는 3의 영역인 것이다. 실제로 컴퓨터에서의 신호는 '0', '1', '트라이 스테이트' 등과 같이 3가지 레벨을 가지고 있다. 여기에서 '트라이 스테이트'는 제 3의 상태라는 의미로 0도 아니고 1도 아닌 신호를 나타낸다.

인간관계에서도 3의 채용이 요구된다. 상대방에 대한 감정은 '좋다'와 '싫다'의 두 가지 양립 상태만 존재하는 것이 아니라 3상태, 즉 경계구역이 있기 마련이다. 상대방을 관찰해오면서 상대방에 대한 자신의 감정이 경계구역보다 좋은 쪽으로 향해 있으면 '그 사람은 좋은 사람이다'라고 판정하게 되는 것이다. 경계구역보다 나쁜 방향에 있는 사람이 좋은 사람으로 평가받기 위해서는 부단한 노력을 하지 않고서는 이룰 수 없게 된다. 따라서 우리는 인간관계에서 상대방에게 말이나 행동으로써 상처를 줘서는 안 된다. 어떤 사람으로부터 커다란 마음의 상처를 받은 사람은 경계구역보다 훨씬 나쁜 쪽으로 치우친 감정 상태에 빠져버린다. 이러한 감정 상태를 좋은 상태로 바꾸려면 많은 노력과 시간이 요구되는 것은 당연하다.

3은 창의의 숫자이다. 기존의 개념을 혁신하여 새로운 개념이 세상에 나와 있을 때에 기존의 개념을 1이라고 하면 새로운 개념은 2라고 할 수 있다. 현재 나와 있는 새로운 개념을 뛰어넘어서 독창적인 개념을 창출한다면 독창적인 개념이 바로 3인 것이다. 3은 나타나 있지 않은 그 무엇이다. 여기가 1이고 저기가 2라면 3은 현 시점에서 보이지 않는 거기이다. 3은 타협이다. 1안이 제시되고 2안이 제시되어 둘 중의 하나를 선택하려는 싸움 속에서 이들 둘의 안을 타협하여 새로 창출된 안이 바로 3안이 된다.

3은 화해이다. 인간사회에서 상대방을 서로 이기려고 헐뜯고 비방하며 갖은 공격을 퍼붓는 것보다 둘 다 이익이 되는, 즉 윈(win)-윈(win) 전략을 제시하는 편이 상대방을 설득하기 쉽다. 어느 한쪽이

지는 것이 0이고 이기는 것이 1이라면 둘 다 이기는 것은 3인 것이다. 둘 다 지는 것을 택하는 것이야말로 바보짓임에 틀림없다. 둘 다에게 도움이 되는 3을 택함으로써 서로 간의 앙금을 충분히 해소시킬 수 있는 화해 모드로 들어갈 수 있다.

이제부터는 0과 1만을 머릿속에 떠올릴 것이 아니라 3을 염두에 두어야 한다. 보이는 실체보다 보이지 않은 세계를 상상해야 한다. 하나의 사물을 관찰함에 있어 앞에서나 옆에서 보이는 부분 못지않게 보이지 않는 뒷면이나 그 사물의 내면을 살필 줄 알아야 한다. 3이야말로 성찰의 숫자이고 창의의 숫자이며 성공의 숫자인 것이다.

● 성공의 3요소(성찰, 창의, 실천)

인류역사가 시작된 이래 인간은 누구나 자신의 일을 성공적으로 수행할 수 있도록 나름대로의 노력을 게을리하지 않아 왔다. 인간의 일은 그 종류가 너무나도 많아서 이루 헤아릴 수 없을 정도이다. 매일 규칙적으로 처리하는 일부터 시작하여 주간 단위, 월간 단위, 연 단위 등으로 구분된 우리들의 일들은 각양각색이며 이들은 직접 혹은 간접적으로 서로 연결 구성되어 있다. 우리들은 대부분의 일들을 성공적으로 처리하며 살고 있지만 그렇다고 우리들 스스로 혹은 다른 사람들이 그 일들의 결과를 성공이라고 부르지 않는다.

갓난아기가 난생 처음으로 걸음마를 띠면 부모들은 환한 기쁨의 얼굴로 박수치며 아이의 성공을 축하해준다. 유치원 아이가 몇 마디 영어로 말할 줄 알아도 주변 사람들은 그 아이가 대단한 성공을 이룬 양으로 격려의 박수를 쳐주기도 한다. 초등학교 1학년 아이가 학교 시험에서 100점을 받아오면 부모들은 그 아이가 대학입시에 성공이라도 한 것처럼 기쁨을 감추지 못한다.

그러나 나이가 올라가면서부터 우리들은 칭찬을 받기가 결코 쉽지 않다. 즉, 우리들이 수행한 어떤 일의 결과가 다른 사람들로부터 성공적이었다고 인정받지 못한다는 것이다. 우리들 스스로도 우리들의 일에 대한 결과를 성공적이었다고 평가하는 경우가 드물다. 성공에 대한 우리들의 평가 기준이 일의 결과보다 높기 때문일 것이다.

왜 우리는 성공하려 하는가? 그것은 우리 누구나 행복해지려는 욕구를 가지고 있기 때문이다. 우리들의 목표를 성공적으로 달성하면 우리들은 행복해질 것이라는 기대감이 있기에 악착같이 자신의 꿈을 이루려고 한다는 것이다. 그러나 성공한다고 하여 모두 행복해지는 것도 아니고 행복해진다고 해도 그 행복이 오랫동안 지속되는 것도 아니다. 등산가가 어느 산의 정상을 오르고 그 산보다 높은 산에 다시 또 오르며 이러한 등산을 계속적으로 반복하는 것과 유사하게 우리들은 자신의 성공을 뒤로 하고 또 다른 성공을 향해 열성적으로 오르려 한다. 행복의 에너지가 되는 성공의 배터리를 계속적으로 충전하려는 우리들의 노력이 평생토록 꼬리에 꼬리를 물듯이 이어지고 있다.

그렇다면 성공은 무엇인가? 『인간과 성공』이라는 필자의 저서에서도 서술했듯이 성공은 '개인 혹은 조직이 현재 시점에서의 객관적 그리고 주관적 상태에서 일정한 시간이 경과한 후에 목표 상태에 도달하는 것'이라고 정의하고 싶다. 객관적 상태라 함은 자신뿐만 아니라 다른 사람들로부터 판정될 수 있는 계량적 수준을 의미한다.

이러한 객관적 상태의 예로서 부의 규모, 성적, 가정 및 직장에서의 능력, 사회적 명성, 권력 등이 있다. 주관적 상태는 개인 혹은 조직이 스스로 평가하는 내적 상태를 의미하며 대표적인 예로서 만족감을 들 수 있다. 이 외에도 주관적 상태의 예에는 즐거움, 기쁨, 행복감, 평안함, 희망, 자존감, 자부심 등이 있다.

성공은 객관적 상태만으로 평가될 수 없다. 그렇다고 주관적 상태를 너무 강조한 나머지 다른 사람들의 평가는 거들떠보지도 않고 오로지 자신만이 행복하면 그것으로 성공했다고 보아야 한다는 주장도 설득력이 부족하다. 객관적 상태만으로 성공을 평가하는 것은 그야말로 한도 끝도 없는 도전들을 다 이루었음에도 스스로는 성공했다고 인정하지 못하는 불행을 초래하기도 한다. 이와 같이 성공도 다른 판정들과 마찬가지로 기준의 막대기에서 한쪽 끝으로 너무 치우치는 경향으로부터 탈피하도록 스스로 노력해야 한다.

성공은 3가지 요소, 즉 성찰, 창의, 실천 등으로 이루어진다. 성공의 첫 단계는 성찰이다. 성찰의 사전적 의미는 '자신의 마음을 반성하고 살핌'이다. 성찰은 기존의 인지구조에 바탕을 두고 새로운 경험이나 지식을 평가하고 해석함으로써 새로운 이해를 이끌어내는 과정이다.

성찰은 자기 자신을 자신뿐만 아니라 외부 세계에 내놓고서 평가하는 것을 뜻한다. 성찰은 우리들의 현재 상태를 제대로 파악하고 지난 일들을 반성하며 앞으로의 꿈을 설계하는 것이다. 자신의 현재 위치를 보다 정확히 알기 위해서는 여러 가지 정보습득이 필요한데 이는 직접적으로 경험을 통해 획득하는 방법과 간접적으로 학습하여 얻는 방법 등이 있다. 직접적 경험을 통한 성찰은 이를 통해 축적한 지식을 오래 기억할 수 있는 장점이 있으나 지식 습득에 너무 많은 경비와 오랜 시간이 소요된다는 단점이 내포되어 있다. 간접적 경험을 통한 성찰은 상대적으로 적은 경비와 시간을 통해 손쉽게 이룰 수 있다고 여겨지기는 하지만 깊은 성찰은 결코 만만하지 않다.

성찰은 배움을 통한 깨우침이다. 배움이란 실천을 전제로 하는 것인 만큼 배움에 있어서 맹목적인 묵수의 태도는 배격되어야 한다. 공자는 "배우기만 하고 생각하지 않으면 망령되다(學而不思則罔)"고 말했다. 이러한 배움에는 독서만큼 훌륭한 미디어가 없다. 어느 분야에서 성공을 이루기 위해서는 그 분야에 관한 지식을 습득해야 하는데 이때 독서야말로 가장 좋은 안내자인 것이다.

이 세상에는 책을 한 글자도 읽지 않고 성공했다고 자부하는 사람이 있긴 하다. 책을 통하지 않고 스스로 이리저리 궁리해가며 자신만의 비법을 개발함으로써 그 분야에서 전문가로 성공한 사람도 많다. 혹은 다른 사람들로부터 코치를 받아 지식을 습득하여 부(富)의 성공을 달성한 사람도 많다. 그러나 이러한 성공은 오래가지 못한다. 더욱이 성공의 참 의미를 깨닫지 못한 채 외적 성장만을 좇기만 하여 행복한 삶으로 성장하지 못하는 경우가 종종 있다. 성공뿐만 아니라 행복한 삶을 위해서도 성찰은 반드시 갖추어야 할 덕목인 것이다.

성공의 두 번째 단계는 창의이다. 창의는 '새로운 의견을 생각해내는 것'으로 정의할 수 있다. 성공을 위한 창의는 새롭고 독창적이기만 해서는 곤란하다. 성공을 위해서는 독창적이면서도 사회·문화적 맥락에서 가치가 있고 실현할 수 있는 의견을 창출해야 한다. 창의가 독창적인 산물이나 해결책을 만들어내는 것이라고 하여 과거에도 없었고 현 시점에서도 존재하지 않는 완전히 새로운 아이디어를 뜻하는 것은 아니다.

창의는 개방적이고 자유스러우며 가벼운 마음으로부터 출발해야 한다. 창의는 어느 순간 갑자기 새로운 아이디어를 퍼뜩 떠올리는 것이 아니다. 편안한 마음으로 새로운 아이디어 구상을 위한 관찰, 해석, 통합 등의 과정이 요구된다. 성공을 위한 창의에서는 무엇보다도 기존의 산물과 '다름'이 중요시된다. 여태까지 이 세상에 없었던 산물을 처음으로 만들어내는 것은 창의가 아니라 창조이다. 창조는 창의에서부터 시작하여 오랜 시간에 걸친 심혈적인 투자 끝에 이루어지는 것이다.

창의는 모든 대상과 모든 방법 등에 해당한다. 새로운 제품에 관한 아이디어만이 창의가 아니다. 자기만의 글이나 음악, 미술, 무용, 운동 기술 등도 얼마든지 창의적 산물이 될 수 있다. 동일한 산물이라고 해도 지금까지와는 다른 새로운 방법으로 만들어낼 수 있다면 이것도 창의에 속한다.

성공의 세 번째 단계는 실천이다. 실천은 '생각한 바를 실제로 행함'의 사전적 의미를 갖는다. 두 번째 단계에서 생각해 낸 창의적인 아이디어를 실제로 구현하는 단계가 바로 실천 단계이다. 실천 단계는 창의 단계에서 도출된 아이디어를 현실적이며 구체적인 산물로 만들어내는 과정이다. 아무리 훌륭한 창의라고 하더라도 그것을 실천하지 않으면 그야말로 무용지물이 되고 만다.

성공을 위한 실천에는 여러 가지 자산, 즉 물질적 자산, 재정적 자산, 인적 자산, 내적 자산 등이 요구된다. 내적 자산에는 신체적 자산, 지적 자산, 감정적 자산, 영적 자산 등이 있다. 창의의 새로운 아이디어를 실천하기 위해서는 이러한 자산 투자가 요구되기 때문에 그만큼 위험 요소가 많이 발생한다. 성공의 세 단계들 중에서 실천이야말로 가장 중요한 단계라고 말할 수 있다. 성공적인 실천에는 지혜, 용기, 절제 등의 덕목이 요구된다.

성공은 성찰, 창의, 실천, 재성찰, 재창의, 재실천 등과 같이 반복적 순환 과정으로 달성된다. 또한 각 단계마다 서브 성찰, 서브 창의, 서브 실천 등과 같이 서브 단계가 존재한다. 우리들의 기본 욕구들 중의 하나인 성공을 달성하기 위해서는 체계적이고 지속적인 자기 투자에 심혈을 기울여야 할 것이다.

• 자신의 경험에 관한 3가지의 설명양식(비관성, 낙관성, 통제성)

우리들은 어떤 일을 경험할 때에 우리 나름대로 이를 해석하고 거기에 반응한다. 어떤 일이 우리에게 일어나면 왜 그런 일이 일어났는지 스스로에게 습관적으로 설명하는데 이를 설명양식이라고 한다. 설명양식은 인간의 사고 태도를 나타내며 성공을 위해서 고려해야 할 중요한 요소들 중의 하나이다.

마틴 셀리그먼은 그의 저서 『낙관성 학습』에서 성공을 이룬 사람들의 3가지 특성으로는 동기, 적성, 낙관성 등을 거론하고 있다. 첫 번째 특성인 동기는 욕구에서 나온다. 자신이 어떤 분야에서 성공하고 싶은 욕구가 강해야 동기의 에너지가 강해지는데 이러한 강한 동기가 성공을 향한 추진력으로 작용한다는 것이다. 두 번째 특성인 적성은 성공을 위한 능력을 말한다. 자신의 분야에서 성공하고 싶은 동기가 강하다고 목표를 달성할 수 있는 것이 아니다. 성공에 요구되는 능력, 즉 적성이 뒷받침되어 있어야 한다. 세 번째로는 낙관성인데 이것은 성공으로 가는 과정에서 어떠한 실패를 당하여도 앞날을 긍정적으로 바라보면서 결코 포기하지 않는 인내력을 키워주는 특성이다. 낙관성은 설명양식들 중의 하나이다.

우리들이 어떤 사건을 만날 때에 이를 습관적으로 설명하는 설명양식에는 3가지, 즉 비관성, 낙관성, 통제성 등이 있다. 일반적으로 삶을 바라보는 관점으로는 두 가지의 극과 극인 비관성과 낙관성을 거론한다. 비관적인 사람은 무엇인가 안 좋은 일이 생기면 최악의 경우를 상상하며 이러한 연상을 점점 더 확장시켜서 정신적 및 육체적 건강까지 해치곤 한다. 이와 반대로 낙관적인 사람은 나쁜 일이 닥쳐도 부정적인 쪽으로는 거의 생각하지 않고 모든 일을 이겨낼 수 있다고 생각함에 따라 건강한 상태를 유지할 수 있다.

삶 속에서 우리들이 만나게 되는 일들을 구분해보면 크게 세 가지, 즉 좋은 일, 나쁜 일, 평상 일 등으로 나눌 수 있다. 우리들의 삶이 차지하는 대부분의 시간은 크게 좋지도 않고 나쁘지도 않은 안정된 일들을 만나게 되는데 이러한 일들을 평상 일로 구분한다. 그러다가 내적 혹은 외적 환경변화로 인해 우리들은 좋은 일을 마주치기도 하고 나쁜 일을 당하기도 한다. 좋은 일이나 혹은 나쁜 일이 일어날 때에 왜 그런 일들이 나에게 일어났는가라는 이유를 설명하는 설명양식은 사람마다 다른데 크게 비관적 설명양식과 낙관적 설명양식으로 구분된다.

이러한 설명양식은 세 차원, 즉 지속성, 만연성, 개인화 등으로 구성된다. 첫 번째로 지속성 차원은 시간에 관한 것으로서 어떤 일이 항상 일어나느냐 아니면 가끔 일어나느냐에 관한 설명이다. 두 번째로 만연성 차원은 공간에 관한 것으로서 어떤 일이 전부에 해당하느냐 아니면 일부에 해당하느냐에 관한 설명이다. 세 번째로 개인화 차원은 어떤 일이 발생한 원인이 내 탓인가 아니면 남 탓인가를 설명하는 양식이다.

비관성의 설명양식 사람은 좋은 일에 대해서는 가끔의 지속성, 일부의 만연성, 남 탓의 개인화 등으로 해석한다. 예를 들어서 비관성의 설명양식 사람은 어떤 일을 성공하면 그 성공은 오래 지속되지 못하고 일시적이며 다른 분야로는 성공으로 이어지지 못하고 그 분야에만 성공한 것이며 자신의 능력 때문이 아니라 남들의 도움에 힘입어 성공했다고 믿는다. 비관적인 사람이 나쁜 일을 당하면 이번에는 반대로 항상의 지속성, 전부의 만연성, 내 탓의 개인화 등의 설명양식을 갖는다.

비관적인 사람의 설명양식에는 '너는 말했다 하면 언제나 잔소리만 해', '책은 아무 쓸모없다', '내가 어리석은 탓이야'라고 믿는 태도가 포함되어 있다. 동일한 일에 대해서 낙관적인 사람의 설명양식은 '내가 실수를 하면 꼭 잔소리구먼', '이 책은 아무 쓸모없다', '네가 어리석은 탓이야'라고 믿는 태도를 포함한다.

비관성이 심각하게 드러난 형태가 우울증이다. 우울증에 시달리는 많은 사람들이 자살을 생각하는데 이러한 자살행동에는 보통 한두 가지 동기가 있다고 한다. 첫째로는 지금의 삶이 견딜 수 없어 아주 끝장을 내고 싶어 하는 욕구이다. 두 번째로는 스스로 죽음을 선택함으로써 잃었던 사랑을 되찾거나 누군가에게 복수하거나 자신이 옳음을 증명하려는 조작의 욕구이다.

우울증을 치료하기 위해서는 무엇보다도 설명양식을 비관적 태도에서 낙관적 형태로 바꿔야 한다. 우울증은 나쁜 일들에 대해 지속적, 만연적, 개인적인 형태로 설명하는 사람들에게 나타나므로 이러한 설명양식을 낙관적으로, 즉 실패의 경험에 대해 일시적일 것이라고 믿으며 단지 그 분야에서만 실패했다고 생각하고 자신의 잘못만이 아니라는 믿음의 태도를 확고히 가져야 한다. 마틴 셀리그만의 연구에 의하면 비관적인 사람보다 낙관적인 사람들이 학업 성적도 좋고 선거에서도 더 많이 당선되며 직장에서도 성공적이라고 한다. 더욱이 낙관적인 사람들은 심지어 상대적으로 몸도 더 건강하고 오래 산다고 한다.

그렇다면 낙관성의 설명양식은 장점들만 있을까? 그렇지 않다. 비관성의 설명양식이 단점들만 있는 것이 아닌 것처럼 낙관성의 설명양식에서도 문제점이 발생한다. 우리들의 삶은 어느 한쪽으로만 치우쳐서는 곤란을 겪는 경우가 많이 존재한다. 현실을 직시하지 못한 채 그저 미래를 낙관적으로만 바라보면 생각하지도 않게 일이 잘못되어 실패하는 경우가 많다. 아무런 근거도 없이 '문제없이 그저 잘 되겠지'라는 낙관적인 설명양식보다 때로는 비관적인 믿음으로 다가가서 문제점을 적시에 찾아내 이를 해결하는 편이 훨씬 성공적이 될 수 있다.

통제성의 설명양식은 지속성, 만연성, 개인화 등의 설명 차원을 스스로 조절할 수 있는 능력이다. 통제성은 비관성이나 혹은 낙관성의 한쪽 끝에 자신의 설명양식을 두는 것이 아니라 중도(中道)에 두는 것을 말한다. 석가모니는 고(苦)와 낙(樂)의 양면을 떠나서 심신(心身)의 조화를 얻는 중도에 설 때 비로소 진실한 깨달음의 도가 있다는 것을 스스로 체험하였다.

우리가 비관성의 설명양식을 낙관성으로 바꾸려 하는 것은 원시시대부터 고착화되어 있는 우리들의 비관성으로부터 어떻게 하든지 벗어나기 위한 끊임없는 노력의 일환이다. 그러나 우리가 삶 속에서 성공하기 위해서는 통제성의 설명양식을 가져야 한다. 우리가 경험한 일에 대해 항상 낙관적이거나 비관적이어서도 안 되고 성공이나 혹은 실패에 대해 특정적으로 전부 혹은 일부로 해석하는 것도 지양해야 할 것이며 일의 결과에 대한 귀인으로 내 탓 혹은 남 탓의 이분법적으로 믿는 태도도 버려야 한다.

● 행복하기 위한 3가지 요소(직업적 성취, 외적 관계, 내적 추구)

우리들은 누구나 행복한 삶을 추구한다. 행복한 미래의 삶을 위해 오늘도 자신의 분야에서 성공하려 노력한다. 일반적으로 성공은 행복으로 가는 코스라고 여겨지지만 실제로는 성공한다고 하여 행복이 꼭 보장되는 것은 아니다. 성공하고서 불행을 느끼는 것보다 실패했는데도 행복을 느끼는 쪽을 사람들은 바랄 것이다. 행복은 사람이 내적으로 가지고 있는 정서의 하나이다. 모든 것들을 다 갖춘 사람에 대해 남들은 그 사람을 행복할 것으로 생각하지만 정작 본인이 불행하다고 느끼면 어쩔 수 없이 당사자는 불행한 사람이 되는 것이다.

그렇다면 행복하기 위해서는 어떤 것들이 필요할까? 사람이 행복하기 위해서는 크게 3가지 요소, 즉 직업적 성취, 외적 관계, 내적 추구 등이 필요하다.

첫 번째로 직업적 성취는 행복의 주요한 요소이다. 직업은 생계수단뿐만 아니라 자기실현의 중요한 수단이다. 어린아이 시절부터 배우고 익힌 학습과 경험은 성인이 되어 만족스러운 직업을 선택하기 위한 과정이다. 우리들 대부분은 직업이 생계수단이기 때문에 어쩔 수 없이 일하지 않으면 안 된다고 생각한다. 그러나 직업은 자신의 만족도를 충족시킬 수 있는 것이라고 생각하고 이에 부합하는 분야의 일을 선택해야 한다.

직업만족도는 일을 통해서 개인의 욕구가 얼마나 충족되고 자신이 추구하는 가치가 얼마나 실현되는가에 따른 정서적 반응이다. 우리가 어떤 직업에 대해 만족을 느끼기 위한 요인으로는 직업적 요인과 개인적 요인 등이 있는데 직업적 요인으로는 업무특성, 필요한 능력과 자질, 보상체계, 미래 전망 등이 있으며 개인적 요인으로는 흥미, 적성, 가치, 성격 등이 있다. 이러한 두 가지 요인들이 서로 부합되는 직업을 선택하는 것이 행복해질 수 있는 요소이다.

직업은 자기실현의 방법이 된다. 매슬로는 자기실현을 '개인이 잠재적으로 지니고 있는 것을 충분히 발현하려는 경향'이라고 정의했다. 자기실현은 성장을 추구하는 욕구로서 개인의 포부와 야망을 성취하는 데 기여한다. 직업을 단순히 삶의 수단으로 여기는 것에서 뛰어넘어 자신의 잠재능력을 계발하고 삶의 목표에 도전해야만 의미 있고 풍요로운 인생을 지향하며 살아갈 수 있게 된다. 자기실현하는 과정 속에 몰입이 일어난다면 어떠한 목적을 위해 일을 하기보다는 일 자체를 위한 내재적 동기로 일을 대하기 때문에 무아지경에 빠지는 행복을 느낄 수 있다.

두 번째로 행복의 요소에는 외적 관계가 포함된다. 행복을 위한 외적 관계에는 인간관계와 사회적 기여 등이 있다. 인간은 누구나 혼자서 살 수 없다. 무인도나 산속에서 혼자 사는 사람도 있겠지만 거의 대부분의 사람들은 가족, 학교, 직장, 사회 속의 일원으로 삶을 살고 있다. 우리들이 행복해지기 위한 외적 관계는 긍정적 인간관계와 사회적 기여 등을 포함한다. 긍정적 인간관계는 자존감과 정신건강을 증징시킬 뿐만 아니라 육체적 건강에도 중대한 영향을 미친다. 중요한 사람과의 갈등이나 이별은 우울증, 외로움, 자기 파괴적 행동을 초래하는 중요한 원인이 된다. 인간관계는 관계 욕구의 충족을 통해서 행복과 만족감을 경험하는 주요한 삶의 영역이다.

우리는 긍정적 인간관계를 통해서 행복과 만족을 얻지만 부정적 인간관계에서는 고통과 불행을 느끼게 된다. 가족 내에서 표출되는 강렬한 부정 정서는 가족 간의 역기능을 나타내는 징표일 뿐만 아니라 정신 장애를 유발하는 원인이 된다. 인간관계의 갈등은 악순환 과정을 통해 증폭되는 경향이 있어서 불행과 파국으로 치닫게 되는 경우가 흔하다.

만족스럽고 행복한 삶을 위해서는 네 가지 종류의 동반자가 필요하다. 첫째 가족 동반자로서 부모, 형제자매, 가까운 친척과 같이 가족애를 나눌 수 있는 혈연적 동반자를 뜻한다. 둘째 낭만적 동반자로서 사랑을 나눌 수 있는 연인 또는 애인을 말한다. 셋째 사교적 동반자로서 교우관계를 통해 우정을 느낄 수 있는 친구를 뜻한다. 넷째 작업적 동반자로서 함께 일하는 동료를 뜻한다. 이와 같이 우리들에게 중요한 사람들이 존재하고 이들과 인간적인 관계를 유지하고 있어야 행복한 삶을 살아갈 수 있는 것이다.

행복하기 위한 외적 관계에는 사회적 기여가 포함된다. 사회적 기여에는 후속세대의 양성과 자원봉사가 있다. 후속세대를 보살피고 가르치며 안내하고 지원하면서 그들이 성장하고 행복하도록 헌신하는 일이 행복한 삶 원천들 중의 하나이다. 또한 후속세대의 행복에 도움이 될 수 있는 성과물, 즉 직업 분야에서의 창의적 업적이나 자녀를 위한 많은 유산 등도 행복 요소에 들어간다.

자원봉사는 도움이 필요한 사람들에게 아무런 대가나 영리적 목적 없이 자발적으로 도움을 주는 활동을 의미한다. 다른 사람을 돕는 일에 참여하는 것은 자신을 이타적인 사람으로 내면화하는 데 도움이 된다. 특히 청소년의 경우에는 자원봉사활동을 통해 비행이나 바람직하지 못한 행동을 억제하는 효과를 지닌다.

세 번째로 행복한 삶의 요소 중의 하나인 내적 추구는 즐거운 삶의 활동, 인생의 의미부여, 영적 추구 등으로 구성된다. 즐거운 삶의 활동으로는 여가활동과 향유하기가 있다. 여가활동은 여러 가지 긍정적 효과를 가져오는데 첫째, 직업적 업무와 달리 의무감으로부터 해방된 편안함 속에서 휴식과 재미를 줌으로써 긍정적 기분을 느끼게 해준다. 둘째, 여가활동을 통해서 자율성, 유능성, 관계성 등의 내재적 욕구를 충족시킬 수 있다. 셋째, 여가활동은 대인관계를 촉진하며, 넷째로는 취미와 관련된 특정한 행위에서 각별한 묘미와 의미를 공유하는 사람들만의 세계가 존재한다. 향유하기는 긍정적인 경험을 충분히 느낌으로써 행복감이 증폭되고 지속되는데 이러한 즐거움에는 음식, 음악, 가족, 오락, 독서, 자연, 사랑, 성생활, 유머 등이 있다.

인생의 의미와 목적의식은 우리 삶의 방향을 제시해 줄 뿐만 아니

라 우리 삶이 소중하다는 가치감을 제공해준다. 인생에 대한 목적의
식과 방향감각을 지니고 살아가는 것은 행복의 필수적 요소로 여겨
지고 있다. 의미부여는 외형적으로 전혀 관계가 없어 보이는 사건들
을 서로 연결하고 그로부터 소중한 가치를 발견하는 과정이다. 사람
들은 고통과 불안에 대해서 세 가지 방식으로 의미를 부여한다고 한
다. 첫째는 그것으로부터 어떤 목적을 발견하고자 한다. 둘째는 그
러한 상황에 대한 통제력을 다시 회복하려는 노력을 한다. 셋째는
고통과 불운 앞에서 자기 가치감을 유지하려고 노력한다. '아픈 만
큼 성장한다'라는 말이 있듯이 고통과 역경은 우리의 삶을 긍정적으
로 변화시키는 기회가 될 수 있다. 의미 부여는 고통을 완화할 뿐만
아니라 행복을 증진하는 데에도 중요하다. 자전적 글쓰기는 인생의
의미와 가치를 발견하는 데 크게 유용하다.

　내적 추구의 하나인 영적 추구는 세속적인 것들보다 좀 더 성스럽
고 영원하며 절대적인 것을 갈망하고 개체적인 자아를 넘어서 무엇
인가 좀 더 가치 있는 커다란 것과 연결되기를 원하는 노력이다. 영
적 추구는 종교를 통해 이루어지는 경우가 흔하지만 반드시 종교를
통해서만 이루어질 수 있는 것은 아니다. 영적 추구를 통해서 성스
러움을 접하게 되면 자기 가치감이 향상되고 다른 사람과의 관계가
더 원만해지며 초월적인 존재와의 연결감을 느끼게 된다. 성스러운
존재와의 관계를 형성하고 유지하는 영적인 방법에는 기도, 명상,
암송, 사경, 헌신, 이타행동, 일상생활에서의 영적 의미 발견 등이 있
다. 명상은 주의를 한곳에 집중하여 마음을 청정하게 만들고 나아가
서 삶에 대한 통찰에 이르게 하는 영적인 수행방법이다.

• 성공 메커니즘의 3요소(자동 시스템, 창조 시스템, 생각 틀)

인간의 행동은 무의식적 행동과 의식적 행동으로 구분된다. 의식적 행동은 우리가 어떤 행동을 수행하고자 함에 있어서 머릿속으로 더 작은 행동 개체들로 나누어서 순서적으로 행동하는 형태이다. 이에 반해 무의식적 행동은 의식적 행동을 반복하면서 획득된 경험을 바탕으로 어떤 행동을 작은 행동 개체들로 나누지 않고 자동으로 단번에 수행하는 동작이다.

무의식 행동은 무의식 데이터를 바탕으로 자동적으로 수행하게 되는데 이러한 무의식 데이터를 관리하는 시스템을 자동 시스템이라고 부르자. 읽기, 쓰기, 말하기, 듣기, 걷기, 먹기 등과 같은 대부분의 일상생활은 이러한 자동 시스템에서 수행된다. 이 세상의 모든 생명체들은 자동 시스템을 가지고 태어나는데 하등 생명체는 고등 생명체와 비교하여 후천적으로 자동 시스템의 기능이 보강되지 못한다. 이에 반해 고등 동물의 자동 시스템은 선천적 기능에 후천적 기능, 즉 경험을 통해 획득된 자동 프로그램 등을 보유하게 된다. 고등 동물들은 주변 환경으로부터 새로운 데이터와 새로운 프로그램들을 기억시키면서 자동 시스템을 유지 성장시킨다.

동물과 인간은 둘 다 자동 시스템을 가지고 태어나지만 인간은 동물에게는 존재하지 않는 창조 시스템을 선천적으로 가지고 태어난다. 창조 시스템은 의식 활동 내에서 동작하며 상상력을 바탕으로 자동 시스템의 무의식 데이터를 바꾸거나 혹은 새로운 의식 데이터를 개척해나간다. 사람이 의식적으로 행동할 때에는 의식 데이터에 근거하여 행동하기 마련이다. 그런데 동일한 행동이 반복적으로 일어나게 되면 의식 데이터는 자동 시스템에서도 인출할 수 있게 됨에 따라 그와 관련된 행동이 무의식적으로 행해지게 되는 것이다. 창조 시스템은 이러한 무의식 데이터를 의도적으로 바꿀 수 있게 해주는 기능을 가지고 있다.

성공과 직접적으로 관련되어 있는 무의식 데이터에는 두 가지의 생각 틀, 즉 자신에 관한 생각 틀과 세상을 바라보는 생각 틀이 있다. 전자를 자아 이미지라고 부르며 후자를 패러다임이라고 말한다. 성공하기 위해서는 창조 시스템을 충분히 활용하여 생각 틀을 성공으로 향하는 방향으로 맞추어 놓아야 한다.

생각 틀은 우리들의 자동 시스템에서 사용하는 무의식 데이터의 하나로서 잠재의식 속에 자세히 내재되어 있다. 자신에 관한 생각 틀인 자아 이미지는 성공과 실패를 가늠하는 주요한 요소이다. 자아 이미지와 일치하지 않는 개념은 거부되거나 받아들여지지 않으며 행동으로 옮겨지지도 않는다. 예를 들어서 영어 시험에서 나쁜 성적을 받은 학생이 '나는 영어에 소질이 없구나'라는 자아 이미지를 가지고 있다면 그 학생은 스스로 자신감을 잃게 되어 영어 성적 향상에 결국 실패로 돌아가게 된다. 모든 것은 자신의 머리에 달려 있는 것이 아니라 머릿속에 각인되어 있는 무의식 데이터인 생각 틀에 달려 있는 것이다.

세상을 바라보는 생각 틀인 패러다임은 일반적으로 우리가 세상을 보는 방식을 말한다. 패러다임은 어떤 것 자체가 아니라 그것에 관한 의견이나 해석이며 모양을 나타내는 모델이다. 우리는 외부 개체들을 있는 그대로 본다고 생각하는 경향이 있지만 실제로는 객관적이 아닌 주관적 입장에서 본다. 우리들이 바라보는 외부 개체에 대한 설명은 우리 자신의 패러다임인 것이다.

우리들이 어떤 목표를 달성하기 위한 모든 행동들은 자동 시스템에서 참고하는 무의식 데이터에 근거하여 제대로 수행될 수도 있고 그렇지 않을 수도 있다. 자동 메커니즘들 중에서 일정한 목표를 달성하거나 주어진 문제를 극복할 수 있도록 올바른 길로 방향을 잡아주는 자동 메커니즘을 '길잡이 자동 메커니즘'이라고 부르자. 우리의 길잡이 자동 메커니즘은 자동 성공 메커니즘 혹은 자동 실패 메커니즘이 될 수 있다. 그것은 길잡이 자동 메커니즘이 우리 자신의 자아 이미지를 데이터로 사용할 때에 어떤 데이터를 받아들여서 어떻게 프로그래밍 하느냐에 달려 있다.

길잡이 자동 메커니즘은 또한 외부 개체를 바라보는 우리 자신의 패러다임에 따라 동작하게 된다. 우리의 패러다임은 우리가 사고하고 행동하는 방식의 근원이 된다. 따라서 우리들의 패러다임을 바꾸지 않으면 길잡이 자동 메커니즘은 여전히 낡은 사고와 행동을 유도할 것이며 이는 성공으로 이끌지 못하고 실패의 결과를 초래하게 된다.

성공하기 위해서는 생각 틀인 자아 이미지와 패러다임을 창조해야 한다. 자아 이미지를 창조하기 위해서는 우선적으로 진정한 자아를 발견하는 것이다. 심리학자들에 의하면 대부분의 사람들은 자신을 과소평가하거나 업신여기고 있다고 한다. 실제로 우월감 콤플렉스와 같은 것은 존재하지 않는다. 우월감을 지니고 있는 것처럼 보이는 사람들도 실제로는 열등감 때문에 괴로움을 느낀다. 열등감은 사실이나 경험에 근거하는 것이 아니라 사실이나 경험에 대한 자신의 평가에 근거하는 것이다. 의식 상태에서 외부 정보를 받아들이면서 자기 자신이 스스로 열등감을 느끼게 하는 자아 이미지를 자동 시스템의 데이터로 저장하는 것이다.

그러나 우리는 결코 열등하지 않다. 우리는 우월하지도 않다. 우리는 그저 우리 자신일 뿐이다. 새로운 자아 이미지를 창조하기 위해서는 무의식 데이터인 자신의 자아 이미지를 창조 시스템으로 되돌려야 한다. 무의식 데이터로서 저장된 자아 이미지는 우리 자신이 의식 상태에서 반복적인 접근으로 형성된 것이다. 따라서 자아 이미지가 형성된 방식과 마찬가지로 의식 상태에서 반복적으로 새로운 자아 이미지를 형성해나가야 한다. 우리는 자신의 과거를 되돌아보며 스스로 성공하여 기뻤던 일들을 회상하면서 의식적으로 우리의 자아 이미지를 바꾸어 놓아야 한다. 이러한 기능은 창조 시스템이 충분히 감당할 수 있고 누구나 태어날 때부터 이러한 창조 시스템을 지니며 태어났는데도 실패하는 사람들은 이러한 사실들을 모르고 있는 것이다.

창조 시스템은 상상력을 바탕으로 생각 틀을 바꿀 수 있다. 자신이 원하는 유형의 사람이 되었다고 생각한 후에 그러한 자신이 어떻게 느끼고 있는지 상상해 본다. 만일 수줍음이 많고 소심한 성격의 사람이라면 사람들 사이에서 편안하고 침착하게 행동하는 모습을 상상한다. 운동선수들이 수행하는 이미지 훈련은 의식 상태에서 반복 연습을 통해 자신의 기량을 무의식 데이터에 저장시키는 과정이다. 과거의 자랑스러운 일들을 기억하고 미래의 성공적인 모습을 상상하는 훈련을 통해 의식적으로 우리 자신의 자아 이미지를 성공의 이미지로 바꿀 수 있다. 이것은 운동선수의 이미지 훈련과 비슷한 과정이라고 말할 수 있다.

외부 개체를 과거와 다르게 보기만 해도 우리들의 행동 변화는 자연스럽게 나타난다. 그런데 우리는 이것을 모르고 자신의 태도와 행동만을 변화시키기 위해 오랜 시간을 허비한다. 우리 자신이 중대하고 커다랗게 변화하기를 원한다면 자신이 가지고 있는 기본적인 패러다임을 고쳐야 할 필요가 있다.

누구나 무의식 데이터인 자아 이미지와 패러다임을 의식 상태에서 바꿀 수 있는 창조 시스템을 가지고 있다. 창조 시스템은 인간을 동물과 구별하는 가장 중요한 요소이다. 창조 시스템은 누구나 공감할 수 있는 획기적인 패러다임을 만들어낼 뿐만 아니라 우리 자신의 낡은 패러다임을 새롭게 바꿀 수 있는 기능을 가지고 있다. 또한 창조 시스템은 우리들의 지난 일들에 대해 자랑스럽게 생각하고 미래 자신의 성공 모습에 대한 상상력을 통해 자아 이미지를 바꾸는 기능을 가지고 있다. 따라서 우리들은 우리 내부의 창조 시스템을 활용하여 성공의 자아 이미지와 성공의 패러다임을 구축함으로써 누구나 자신의 목표를 성공적으로 달성할 수 있는 능력을 가지고 있는 것이다.

7.2. 창의

● **창의의 3단계(창의 대상, 창의 해결, 창의 산물)**

원시시대의 인간은 자연 현상을 경이롭게 바라보다가 오랫동안 습관적인 관찰 경험으로 자연에는 일정한 법칙이 존재한다는 사실을 발견하게 되었다. 그들은 생활 속에서 편리함을 추구해온 덕택으로 여러 가지 생활 도구를 만들어서 사용했다. 그들은 희로애락의 내면세계를 표출하기위해 동굴 벽에 그림을 그리기도 했다. 우주의 법칙을 찾아내는 발견과 함께 편리성을 도모하고자 산물을 만들어내는 발명은 인류의 문화를 발전시키는 에너지가 되어왔다. 인류는 유사 이래 진, 선, 미 등에 관한 새로운 산물을 발견 또는 발명함으로써 오늘날의 찬란한 문화의 꽃을 피운 셈이다. 우리는 눈에 보이는 물질적 개체와 눈에 보이지 않는 논리적 개체 등에 관한 새로운 의견을 '창의'라고 부른다.

창의는 3단계, 즉 창의 대상, 창의 해결, 창의 산물 등으로 이루어진다. 인간은 기본적인 생존을 위해 창의성을 발휘해왔다. 인간의 창의는 욕구를 충족시키려는 동기로부터 발현된다. 이러한 욕구는 크게 3단계로 구분할 수 있는데 바로 일상적 욕구, 이성적 욕구, 문화적 욕구 등이다. 일상적 욕구는 생존의 안전성과 관계있는 생리적 욕구들뿐만 아니라 각종 심리적 욕구들과 연관되는 일상생활의 동기로 작용한다. 이성적 욕구는 정신적 쾌 욕구, 성취 및 권력 욕구, 인간관계 욕구 등을 포함한다. 문화적 욕구는 아름다움의 감상 및 표출에 관한 욕구를 의미한다.

창의 대상은 인간의 욕구를 충족시킬 목적으로 찾아지는데 그 분야는 크게 세 가지, 즉 생활, 학문, 예술 등으로 나눌 수 있다. 생활 분야는 인간의 생리적 욕구와 이성적 욕구 등으로부터 출발하며 학문 분야는 이성적 욕구 충족으로부터 시도되고 예술 분야는 문화적 욕구와 관련성이 있다. 일반적인 창의 대상으로는 과학자들이 표현하는 학문의 이론, 개발자들이 실현하는 학문의 실제, 예술가들이 자신의 내면을 표출하는 작품 등이 거론되고 있다.

그러나 창의는 이들 과학자, 개발자, 예술가들만의 대상이 아니다. 창의 대상은 일상속의 안전, 편리, 쾌적함 등의 목적을 위한 도구 개발, 매일 반복되는 잡다한 일들의 효과적인 처리 방법, 일상생활에서 끊임없이 대두되는 수많은 난제의 해결 방법 등도 포함될 뿐만 아니라 자신의 내면을 표출하는 갖가지 작품들도 해당한다. 따라서 창의는 우리 인간의 삶 자체에 늘 존재해왔고 앞으로도 지속적으로 요구될 것이다. 특히 미래 제 2의 정보혁명 시대에서는 지금까지와는 전혀 다른 새로운 삶의 질서가 형성된다고 하니 창의야말로 없어서는 안 될 필수적 삶의 요소로 자리 잡게 될 것이다.

창의의 첫 번째 단계인 대상 찾기는 결코 쉽게 이루어지지 않는다. 창의 대상을 점유하기 위해서는 세 가지 요소, 즉 동기, 학습, 상상 등을 필요로 한다. 우선 창의를 전개하겠다는 동기가 있어야 한다. 아무런 문제의식 없이 주어진 상황대로 살겠다는 사람한테는 창의하겠다는 욕구가 발현되지 않는다. 창의 욕구가 없는 사람은 창의의 동기가 갖춰지지 않기에 창의 대상을 찾을 수 없는 것이다. 창의 동기가 생긴다고 해도 스스로 알고 깨우치지 못하면 창의 분야로 접근할 수 없게 된다.

어떤 분야의 경험이 많을수록 그 분야를 개선해보겠다는 의지가 생기고 그 분야에 대한 학습이야말로 창의 대상 찾기의 필수요소로 작용한다. 따라서 창의의 시작은 학습으로부터 시작된다고 말할 수 있다. 경험과 학습을 통해 문제점을 발견하고 호기심이 발현되었다고 해도 머릿속으로 상상하지 않고는 창의 대상을 찾을 수 없다. 창의의 대상을 찾기 위해서는 아는 것만으로는 부족하고 아는 것들을 서로 연결하여 새로움을 찾는 과정인 상상이 반드시 필요하다. 창의의 대상을 찾기 위해서는 창의하겠다는 동기, 창의 관련 분야에 관한 꾸준한 학습, 학습한 개체들을 머릿속으로 연결 구성하기 위한 상상 등을 생활화할 필요가 있다.

창의 대상은 영감을 통해서도 찾아질 수 있다. 스탠 라이는 그의 저서 『어른들을 위한 창의학 수업』에서 영감이 떠오른 순간은 창의의 과정에서 가장 신비로운 찰나라고 말한다. 고대 그리스의 시인들은 항상 '뮤즈'들이 인간 세상에 내려와 자신들에게 영감을 주고 창작을 도와주기를 갈망했다. 그러나 일부 창작자들은 영감이 외부로부터 왔다고 느낄 수 있지만 대부분의 경우에는 사람이 극도로 집중해 있는 순간에 영감이 찾아온다고 한다. 창의적 영감은 외부로부터가 아니라 내면으로부터 오는 것이기 때문에 창의 대상 찾기는 일종의 자아 수행의 도전이 된다.

창의의 두 번째 단계인 창의 해결은 창의 대상과 창의 산물을 연결 짓는 과정이다. 창의 해결은 일종의 미로 찾기일 수 있다. 창의 대상에서 창의 산물로 이어지는 수많은 미로들 중에서 어느 길로 가는 것이 안전하고 효과적이며 경제적인지를 찾아내는 과정이 바로 창의 해결이다. 문제 해결에 해당하는 미로 찾기에서는 뚜렷한 출발점과 도착점이 존재하지만 대부분의 창의 해결에서는 출발점부터 모호하고 도착점에 다다라도 처음 시도와는 전혀 다른 결과를 얻게 되는 수가 있다. 예술 작품에 관한 창의 해결에서는 영감으로 떠올린 창의 대상을 글자, 그림, 음표 등의 예술 매개체를 사용하여 개략적인 작품으로 옮기는 과정이다.

창의 해결 단계에는 세 가지 요소, 즉 통찰, 지혜, 방법 등을 필요로 한다. 통찰의 사전적 의미는 '예리한 관찰력으로 사물을 꿰뚫어 봄'이다. 통찰은 어떤 사물이나 현상을 보이는 대로만 보는 것이 아니라 보이는 대상 자체뿐만 아니라 그 대상의 주변 개체들을 전체적으로 관찰하는 행동이다. 통찰은 강한 집중력과 오랫동안 고심의 깨우침으로부터 창의 해결을 이룰 수 있게 한다. 예를 들어서 뉴턴이 만유인력 법칙에 관한 창의 해결을 위해 밤낮으로 고심한 끝에 떨어지는 사과를 보고서 중력의 법칙을 깨우칠 수 있었던 것이다.

지혜는 사물의 이치를 빨리 깨닫고 사물을 정확하게 처리하는 능력을 의미한다. 지혜는 창의 해결 단계에서뿐만 아니라 창의 대상 단계에서도 필요한 요소이다. 지혜는 학습과 경험을 바탕으로 이루어지며 창의 대상을 창의 해결로 연결시켜주는 슬기로움이다. 지혜는 수많은 지식과 경험, 그리고 가장 중요하다고 말할 수 있는 사고를 조합하는 메커니즘을 포괄한다. 동일한 문제에 직면했을 때 문제를 분석하기 위한 정보수집 방법은 대동소이하지만 지혜로운 사람은 수집한 정보를 성공적으로 조합하여 새로운 창의 해결에 다다를 수 있다. 창의 해결은 자신의 기억 속에 저장되어 있는 수많은 정보들을 표출하여 이들을 적절하게 변형시켜서 다른 정보들과 새롭게 연결 짓는 과정인데 이때에 핵심적으로 요구되는 능력이 바로 지혜인 것이다. 지혜는 고정된 틀로부터 벗어나서 새로운 틀을 구성할 수 있는 능력이다. 음악이나 미술의 즉흥적인 퍼포먼스는 일상생활에서 끊임없이 축적되고 준비 상태에 놓여 있는 지혜를 필요로 한다.

창의 해결 요소 중의 하나인 방법은 창의에 관한 테크닉을 의미한다. 창의 해결 방법은 창의 대상에 따라 다르고 개인, 조직, 사회, 국가마다 일치할 수 없을 것이다. 개인이 새로운 논문을 작성하고자 할 때에는 헤겔의 '정반합(正反合)' 원리를 활용할 수 있다. 현재 발표되고 있는 논문들은 과거의 논문 내용에 반한 내용이므로 과거의 논문과 현재의 논문들의 합, 즉 이들의 장점을 포함시키고 단점을 제거할 수 있는 새로운 논문을 구성할 수 있다.

창의 해결 방법들 중의 하나인 트리즈는 러시아 학자 겐리히 알트슐러(1924~1998)가 1946년부터 17년 동안의 러시아 특허 20만 건을 분석한 후 가장 많이 활용된 아이디어 패턴 40개를 뽑아내 구성한 방법론이다. 브레인스토밍(brainstorming)은 일정한 테마에 관해 회의형식을 채택하고 구성원의 자유발언을 통한 아이디어의 제시를 요구하여 새로운 발상을 찾아내려는 방법이다. 창조공학(시네틱스: synetics)은 문제에 대한 광범위한 접근으로부터 시작하여 얻어진 해결책을 직접적으로 창의 대상에 관련지어 구체적인 해결 방안을 강구하는 창의 해결 방법이다. 창의 해결 방법으로는 이들 이외도 브레인라이팅, 창의적 문제 해결법, NM법, KJ법, 스캠퍼기법 등 다양한 기법들이 주창되어 있다.

창의 산물 단계는 선정된 창의 대상을 창의 해결 과정을 통해 구체적으로 구현하고 평가하는 단계이다. 창의 산물 단계에서는 실현, 구성, 적합 등의 요소를 필요로 한다. 실현은 선택한 창의 대상의 문제해결을 완료한 후 이를 실제로 적용해보는 것을 의미한다. 전문기술에 관한 새로운 아이디어를 창출할 경우에는 실험 단계에서 실제적 물질, 부품, 시스템 등을 제작하거나 혹은 소프트웨어로 구현하는 것이 실현인 것이다.

구성은 실제로 제작된 물품은 아니지만 글, 그림, 소리, 맛, 향기,

촉감 등의 매개체로 표현된 아웃라인을 뜻한다. 적합은 창의 산물이 외부로 발표될 때에 안전성, 안정성, 도덕성, 경제성 등에 문제없이 적용될 수 있는지를 판단하는 것이다. 창의 산물이 모든 적합 요소를 통과할 경우에는 실제적인 완성품으로 발전될 수 있음을 의미한다. 그러나 적합 요소에 위배되는 경우에는 바로 위 단계인 창의 해결 단계로 피드백 되어 새로운 방법을 모색해야 한다. 창의 해결 단계로 올라가서 반복함에도 적합 판정을 받지 못할 경우에는 창의 대상 단계로 거슬러 올라가 새로운 창의 대상을 찾아야 한다.

• 창의 모드 전환을 위한 3요소(동기, 통제, 환경)

학문들 간의 활발한 교류의 영향으로 각 학문에서는 전문적인 개념을 설명함에 있어 타 학문의 용어를 빌려서 쓰기도 한다. 인간의 뇌 동작을 서술할 때에도 정보시스템의 개념을 도입하고 있다. 예를 들어서 인간의 기억 기능을 서술할 때 자주 등장하는 단기기억, 장기기억, 작업기억 등은 모두 컴퓨터과학에서 빌려온 것들이다.

인간의 뇌 동작은 크게 3종류 시스템, 즉 자동시스템, 생각시스템, 창의시스템 등으로 구성되어 있다고 볼 수 있다. 자동시스템은 깊은 사고를 필요로 하지 않는 반복적이고 단순한 행동을 취할 때에 동작한다. 일상생활의 대부분은 자동시스템이 맡고 있다. 밥 먹기, 걷기, 출퇴근, 운전하기, TV 시청, 반복적인 업무 등이 자동시스템에서 관장하는 행동들이다. 생각시스템은 무의식 상태의 자동시스템과는 달리 의식적으로 깊은 사고를 필요로 한다. 생각시스템에서는 계획 세우기, 사고 요구 활동, 돌아보기 순의 생각들이 이어진다.

예를 들어서 여행계획 세우기, 학업계획 세우기, 다이어트계획 세우기 등이 생각시스템에 속한다. 사고 요구 활동으로는 업무의 성격은 비슷하지만 매번 이것저것들을 논리적으로 따져 보아야 하는 업무들, 예를 들어서 학습활동, 심사업무, 자문업무, 논리게임 등이 여기에 해당한다. 돌아보기의 예에는 추억, 후회, 반성, 원망 등이 있다.

창의시스템은 새로운 의견을 창출하는 기능을 발휘한다. 생각시스템에서는 부정적 정서 속에서 깊은 사고에 빠질 수 있지만 창의시스템은 긍정적이고 진취적이며 개방적인 태도를 가져야만 독창적인 창의 산물을 산출해낼 수 있다. 창의시스템은 훌륭한 과학자, 사업가, 예술가 등만이 자신의 뇌 속에 가지고 있는 것이 결코 아니다. 인간은 누구나 태어날 때부터 자동시스템과 생각시스템뿐만 아니라 창의시스템까지도 함께 우리 뇌 속에 품고 있는 것이다.

그러나 대부분의 사람들은 자신의 뇌 속에 창의시스템이 자리하고 있다는 것을 모르며 살고 있다. 설사 알고 있다고 해도 자신의 창의시스템을 마음대로 활용하려 하지 않는다. 왜 그러는 것일까? 일반적으로 자동시스템과 생각시스템은 특별한 노력 없이도 언제, 어디서나 활용이 가능하다. 그러나 이들 둘 시스템에서 창의시스템으로의 전환은 그리 만만하지 않다. 우리들이 외부 정보를 인식할 때에 우선적으로 생각시스템에서 이를 담당한다.

그러다가 사고를 필요로 하지 않는 활동이라고 판단되는 순간에 생각시스템은 그 활동을 자동시스템으로 넘겨버린다. 길을 걷다가 모르는 길을 만날 때면 생각시스템이 작동되다가 아는 길의 방향을 찾으면 길 걷기는 이내 자동시스템에 맡겨버리고 생각시스템은 다른 사고 업무를 진행한다. 우리들은 생각시스템과 자동시스템을 순간마다 교체해가면서 우리 일들을 처리해나간다. 그런데 교체 지점을 늦춰버리면 위험을 초래하는 경우가 존재한다. 예를 들어서 운전할 때에 핸드폰 사용이 위험한 것은 운전 활동을 자동시스템에게만 맡기기 때문인 것이다.

생각시스템이나 자동시스템에서 창의시스템으로의 전환에는 어떠한 요소들이 필요한 것일까? 이들 요소들은 바로 동기, 통제, 환경 등의 3가지이다. 첫 번째로 동기는 인간의 욕구로부터 생성되며 행동의 에너지로 작용한다. 창의의 동기가 강할수록 우리 뇌 속에서 대기 중인 창의시스템을 발현시킬 수 있다. 창의의 동기는 인간의 내면에서 밖으로 표출되기를 기다리는 온갖 느낌들, 세상의 이치를 밝히고 싶은 강한 호기심, 자신의 목표를 달성하려는 자아 발상적인 성취 욕구 등이 근간으로 작용한다. 창의의 동기 없이는 생각시스템이나 자동시스템으로부터 창의시스템으로의 전환이 불가능해진다.

창의의 동기는 창의 활동을 위한 자신감의 척도이다. 동기의 세기에 따라 행동의 힘이 결정되므로 창의의 동기가 강해야만 창의 산물을 창출할 수 있다는 자신감이 그만큼 강해질 수 있다. 과학자, 전문가, 예술가 등이 아닌 일반 사람들도 창의의 동기를 강화시키면 누구나 창의시스템을 가동시킴으로써 창의적 인식, 창의적 처리, 창의적 실행을 수행할 수 있게 된다.

통제는 창의시스템이 지속적으로 작동될 수 있도록 자신의 감정, 행동, 욕망 등을 제어하는 것으로서 심리학 용어로는 자기통제(self-control)에 해당한다. 창의의 동기를 강화하여 창의시스템으로 전환하고 창의 분야를 선택했다고 해도 창의 시작단계에서 창의 산출단계까지 성공적으로 마치기는 여간 힘든 일이 아니다. 창의시스템에서 창의 활동을 전개하는 과정에서 예술작품이 자신의 뜻대로 산출되지 않거나, 우주질서의 새로운 이론 정립에 어려움을 겪거나, 신제품 개발, 생활 주변의 문제해결, 새로운 의견 창출 등에서 더 이상 앞으로 나아갈 수 없는 어려움에 부딪칠 때에 우리는 창의시스템으로부터 벗어나서 생각시스템이나 자동시스템으로 전환해버리는 경우가 흔하다.

이때에 창의시스템으로 다시 돌아가기 위해서는 두 번째 요소인 통제가 절실히 필요해진다. 자신이 목표로 세운 창의 산물로부터 얻어질 예술적 감정 표출, 성취감, 보상 등을 얻기 위해서는 현재의 일시적인 욕구를 억누르고 부정적인 감정과 인지적인 자원 소모를 참아내야 한다. 창의의 동기 발현으로 창의시스템으로 전환되어 창의의 시작점에서 도착지점으로 항해를 하다보면 예상하지도 못했던 갖가지 어려움에 봉착하게 되는데 이때에 항해 노선으로부터 이탈하여 영영 창의시스템으로 다시 돌아오지 못할 우려도 있다. 이러한 상황을 대비하여 창의시스템으로 원활히 되돌아갈 수 있는 자신만의 통제 방법이 요구된다.

세 번째로 환경 요소가 창의시스템으로 전환함에 있어 중요하다. 이러한 환경은 다시 내적 환경과 외적 환경으로 구분되는데 내적 환경은 우리 자신이 다양한 경험으로 축적한 정보 데이터를 나타내며 외적 환경은 재정적, 인적, 조직적 환경 등을 의미한다. 창의시스템을 작동시키기 위해서는 해당 분야의 지식과 경험 등이 갖추어져 있어야 한다. 아무리 창의시스템 전개를 위한 동기가 강하게 조성되었다고 해도 자신의 기억장치에 관련 정보 데이터가 저장되어 있지 않으면 창의시스템으로의 전환이 불가능해진다. 창의는 이 세상에 존재하지 않는 것을 처음으로 창조하는 것이 아니라 이미 있어왔던 개체들을 조합하고 연결하여 새롭게 구성하는 일이기 때문이다.

창의는 혼자서도 수행할 수 있지만 주변 사람들과의 다양한 협조를 통하면 더욱 효과적으로 추진할 수 있다. 예술적 작품 구상은 자신의 내면을 작품으로 표출하는 것이기 때문에 특별히 외부 사람의 직접적인 도움이 필요하지 않지만 작가들 사이에 예술적 교감의 대화를 통해 창의시스템을 보다 적극적으로 활성화시킬 수 있을 것이다. 생활 주변의 문제해결 측면에서는 인적 자산 활용이 무엇보다도 중요하다. 경험만큼 중요한 산지식은 존재하지 않는다. 따라서 특정 분야의 경험자뿐만 아니라 주변사람들과의 심도 있는 의견 교환을 통해 해당 분야의 창의시스템을 작동시킬 수 있게 된다.

조직원들로부터 창의를 얻어내기 위해서는 창의시스템 전환이 용이한 조직 환경을 구축해놓아야 한다. 자신의 새로운 아이디어가 동료나 혹은 상부로부터 무시당하는 일이 빈번하다면 아무도 조직을 위한 창의시스템을 작동시키려 하지 않는다. 따라서 조직원의 창의시스템을 활발하게 운용하기 위해서는 새로운 아이디어 발현의 유연성을 제공해야 할 필요성이 있다.

• 창의시스템의 3요소(창의적 인식, 창의적 처리, 창의적 실행)

인간이라면 누구나 창의시스템을 지니고 태어나지만 대부분의 사람들은 그 기능을 제대로 활용하지 못한다. 창의시스템을 작동시키기 위해서는 동기, 통제, 환경 등의 3가지 요소들의 강화가 우선되어야 한다. 창의시스템은 분야마다 작동하는 방식이 각각 다르다. 새로운 자연 원리를 밝히기 위한 창의시스템은 자연환경의 관찰이 중요하고 독창적인 창의적 산물을 개발하기 위한 창의시스템은 창의 해결에 중점을 둔다. 창의 작품을 제작하기 위한 창의시스템은 평소에 늘 외부의 정보들을 관찰하고 이들을 서로 연결하여 새로움으로 구상하려는 끊임없는 노력을 아끼지 않는다.

창의시스템의 3요소에는 창의적 인식, 창의적 처리, 창의적 실행 등이 있다고 말할 수 있다. 첫 번째로 창의적 인식은 창의시스템에서의 시각을 의미한다. 우리는 외부의 정보를 지각하고서는 뇌 속의 데이터베이스에 이들을 저장시킨다. 그런데 우리의 생각시스템은 참신한 눈으로 세상을 바라보지 않고 고정관념, 즉 모든 사물에 '라벨'을 붙이는 습관을 가지고 있으며 동일한 사물의 반복적인 지각은 그 사물에 대해 자신도 모르게 자동시스템의 영역으로 전환시켜버린다. 인간에게 이러한 습성이 굳어진 것은 보다 신속하고 경제적으로 모든 사물들을 판단할 수 있도록 구조화되었기 때문이다.

라벨을 붙이는 본능은 우리로 하여금 사물에 경계선을 긋고 한 가지 정의만을 내리게 하는데 이는 창의성에 절대적으로 반하는 장애물이다. 그러나 라벨은 세상의 질서를 유지하는 중요한 도구로 작용한다. 모든 사물, 관계, 감정 등에 라벨을 붙여놓으면 눈앞에는 안전하고 예측 가능한 세상이 펼쳐진다. 그렇다면 라벨은 우리가 원할 때마다 붙였다가 떼어낼 수 있는 것일까? 창의시스템의 작동 기간에는 생각시스템과 자동시스템에서 붙여놓았던 라벨을 제거해야 한다.

라벨이 제거되는 짧은 순간 동안에 우리는 사물의 원형을 볼 수 있다. 라벨과 개념을 초월하면 사물을 해방시킬 수 있어서 라벨이 지정하는 사물뿐만 아니라 그 어떤 사물과도 연결될 수 있다.

불교 교리에 따르면 우리의 마음은 자아 개념에 집착하는 경향이 강한데 이러한 집착이 강하면 강할수록 외부 사물을 대할 때에 자기 자신, 자신의 기호, 선입견 등에 사물을 연결시키는 속도가 빨라진다고 한다. 따라서 외부 정보를 대하는 동안에 창의시스템에 오래 머무르게 하기 위해서는 집착을 버리고 자아를 내려놓아야 한다. 내려놓음은 '순수한 지각', 즉 사물의 원형을 보는 행위이며 이러한 능력을 키우고 라벨을 붙이는 순간을 최대한 미루려고 노력해야만 창의시스템을 지속적으로 작동시킬 수 있는 것이다.

외부의 사물뿐만 아니라 이미 데이터베이스에 저장해둔 사물에 붙인 라벨을 제거할 수 있다면 우리는 더욱 복잡한 사물, 예를 들면 인간관계, 조직, 원리, 알고리즘, 개념 자체 등을 새롭게 바라볼 수 있으며 어떤 사물이든 다른 사물과 원활하게 연결될 수 있으므로 창의시스템의 한 요소인 창의적 인식을 수행할 수 있게 된다.

스탠 라이는 그의 저서『어른들을 위한 창의학 수업』에서 창의적 인식을 위해서는 세 가지 '관', 즉 세계관(世界觀), 여시관(如是觀), 인과관(因果觀) 등이 확립되어 있어야 한다고 서술한다. '당신은 삶에 대해 어떻게 생각하는가', '사람은 어떻게 살아야 한다고 생각하는가', '자유는 무엇을 의미하는가', '인생의 목표는 무엇인가', '정부의 경제시스템에 대한 생각은 어떠한가' 등의 질문에 관한 해답이 바로 자신의 세계관이다. 세계관은 우리의 가치관이면서도 우리의 삶에서 쓰레기를 식별해내는 시스템이다. 세계관의 식별 능력은 개인에 의해 결정되고 배양된다.

여시관은 사물의 원형을 본다는 것을 뜻한다. 사물을 볼 때 즉각적인 판단을 내리면 사물의 원형을 제대로 보기 힘들다. 판단은 '편견 여과기'를 통해 사물을 바라보는 행위이다. 어떤 사람을 처음 만난 순간부터 편견 여과기를 끼고 그 사람을 보면 시간의 흐름에 따라 끊임없이 왜곡되어 결국에는 옛 모습을 전혀 찾아볼 수 없을 지경에 이르게 된다. 진정한 그의 모습은 우리의 여과기 속에서 사라져버리고 만다.

모든 개념과 자기 자신을 내려놓아야만 사물을 꿰뚫고 그 원형을 볼 수 있다. 순수하게 바라보고 어떤 선입견도 갖지 않는 행위는 연습뿐만 아니라 용기도 필요로 한다. 개념을 내려놓음과 동시에 오랜 세월 이 개념들이 가져다준 안전감도 내려놓아야 하기 때문이다. 사물, 사람, 상황을 보는 법을 연습하고 집중하려고 노력하면서 자신을 내려놓아야 여시관을 확립할 수 있다. 이러한 여시관이 확립되지 못하면 창의적 인식을 할 수 없고 창의시스템을 작동시킬 수 없게 된다.

인과관은 사물의 원인과 결과를 보는 것이다. 여시관은 사물을 직접 꿰뚫어보는 것이지만 인과관은 사물의 현재 상태를 만들어낸 '원인'과 이 원인들이 앞으로 사물에 미칠 '결과'를 보는 것이다. 인과는 우주 만물이 무상(無常)이기 때문에 존재한다. 세상에서 바뀌지 않는 사람이나 사물은 없다. 변화는 시시각각 일어난다. 나노물질에서부터 부품, 사람, 동물, 건물, 들, 산, 바다 등과 같이 눈에 보이는 사물뿐만 아니라 우리의 내면도 늘 변화하고 있다. 우리의 마음은 늘 각양각색의 이미지, 시각 정보, 느낌 등을 축적하면서 복잡한 심리 구조에 끊임없이 새로운 화학작용을 일으키고 있다. 따라서 우리의 내면에서도 인과관계가 늘 작동하고 있다.

인과관계는 과학적이다. 사물의 변화에는 반드시 원인이 있다. 미래에 다른 모습으로 변화하는 것 역시 현재 상황의 결과이다. 인과관계는 사물의 현상을 탑 다운(Top Down)으로 분류 구성할 수 있게 해준다. 예를 들어서 '컴퓨터는 어떤 것들이 있어서 구성이 가능한가'라는 질문에는 '하드웨어와 소프트웨어가 있어서 가능하다'고 하는 대답이 가능하다. '하드웨어는 어떤 것들이 있어서 구성되는가'라는 질문에는 '프로세서, 메모리, 각종 IC, 디바이스 등이 있어서 가능하다'는 대답으로 점점 더 상세하게 이어질 수 있다. 소설을 구성할 때에는 특히 인과관계가 중요하다. 전체적인 스토리는 각각의 자그마한 인과관계의 조합으로 형성된다. 이러한 인과관계가 자연스럽지 못하면 독자들로 하여금 공감대를 불러일으키지 못하게 된다. 단순한 사물의 인과관계를 이해하고 나서 복잡한 사물의 인과관계와 더불어 만물의 연관성을 볼 수 있어야만 창의적 인식이 작동될 수 있는 것이다.

두 번째로 창의적 처리는 창의적 인식 과정을 통해 창의 대상을 선정한 후에 본격적으로 창의적 작업을 수행하는 것을 의미한다. 창의적 처리는 창의적 인식 과정에서 우리 내면의 데이터베이스에 저장시켜 놓은 경험과 지식 정보를 활용하여 창의적 산물을 산출해내는 과정이다. 창의적 처리는 영감으로 떠올린 창의적 아이디어를 실제 창의적 산물로 실현하는 과정이므로 아주 멀고도 험난한 길이 될 수 있다.

창의적 아이디어는 적절한 형식을 찾아야만 한다. 작곡가는 영감으로 떠올린 주제를 음표로 하나하나 옮겨 적어야 한다. 화가는 자신의 내면에서 밖으로 분출하려는 감정을 개략적으로 스케치한 후에 본격적인 작품 작업에 몰입해야 한다. 문학에서는 창의적 인식을 통해 떠올린 주제를 노트에 글귀로 적어두어야 한다. 과학자는 창의 대상으로 정한 자연의 원리를 연역법 혹은 귀납법을 사용하여 논리적으로 밝혀야 한다. 공학자는 자신의 창의 대상 분야에서 기존에 제시된 개발이론, 개발모델, 개발품 등으로부터 벗어난 새롭고 독창적인 아이디어를 구체적으로 설계해야 한다.

창의적 처리를 위해서는 만물의 운행 원리를 이해할 필요가 있다. 우주의 만물은 시간과 공간의 구조 속에서 질서 있게 움직이고 있다. 구조는 형식으로 통하는 길이다. 만물에는 모두 구조가 있다. 건축물은 공간적 질서를 확립해야 하고 음악은 시간적 질서를 기반으로 해야 한다. 예술 작품은 수많은 재료를 사용하여 예술가의 감정을 구조로 표현한 산물이다. 소설가는 시간과 공간적 구조 속에서 등장인물들의 움직임, 생각, 감정 등을 글로 표현함으로써 독자들에게 스토리와 주제를 전달한다.

창의적 처리는 창의적 아이디어를 구체적인 형식으로 배열, 조합하는 과정이다. 즉, '무엇을 어디에 놓을지'를 결정해야 한다는 말이다. 음악, 미술, 연극, 소설, 영화, 무용, 시, 산문, 광고, 경영, 정치, 공학 등의 분야에서 창의적 처리는 무슨 개체를 어디에 배치하고 이들 사이의 관계를 정립하는 일이다. 창의적 처리를 위해 개체들을 선정하는 것이 고되고 힘들며 특히 이들 개체들을 어떠한 조합으로 배치하느냐 하는 점도 결코 쉬운 일이 아니다.

그러나 창의적 처리는 일종의 기교에 해당하는 면도 없지 않아서 반복된 연습으로 숙련될 수도 있다. 자신의 분야에서 창의적 처리를 많이 수행해본 사람은 배열과 조합에 관한 경험을 통해 자신의 창의적 작업 시간을 단축할 수 있을 뿐만 아니라 훌륭한 창의 산물을 만들어낼 수 있다. 창의적 처리를 위해서도 끊임없이 연습하고 경험을 축적하여 기교의 발전을 모색해야 할 필요가 있는 것이다. 창의적 처리가 어떤 개체를 어떻게 배열하느냐 라는 과정이라고 한다면 이는 패턴의 질서일 수 있다. 오랜 경험자는 바로 창의적 처리 과정에서 요구되는 패턴들을 익혀온 것에 다름이 없다고 말할 수 있다.

세 번째로 창의적 실행은 창의적 처리를 통해 얻어진 창의 구상을 실제로 구성하는 것을 뜻한다. 창의적 처리 과정에서는 창의 대상에 독창적인 아이디어를 불어넣어 새롭고 독창적인 창의적 구상을 끌어냈고 이러한 구상을 보다 구체적으로 실현하는 행위가 바로 창의적 실행 과정인 것이다. 작곡에서의 창의적 실행은 악보가 될 것이며 미술에서의 창의적 실행은 그림이 될 것이다. 공학의 창의적 실행은 설계도의 완성이며 문학의 창의적 실행은 작품이 된다.

창의적 실행 과정에서는 자신의 창의 산물을 검토해보는 활동도 포함된다. 그렇게 노력했는데도 마음속의 구상을 제대로 실현하지 못했다는 생각이 들면 우리는 커다란 고통을 느끼게 된다. 이럴 때에는 창의적 인식을 발휘하여 자신의 창의 산물을 다시 들여다보아야 한다. 예술 작품의 경우에는 자신의 감정이 제대로 표출되었는지 뿐만 아니라 작품의 수요자들로 하여금 감흥을 불러일으킬 수 있는지를 냉철하게 따져보아야 한다. 개발 제품의 경우에는 자신의 아이디어가 기능적으로 모두 구현되었는지, 사용자들에게 편리성을 제공할 수 있는지, 그리고 제품의 경제성과 함께 다른 제품들과의 경쟁력이 확보될 수 있는지를 분석해야 한다.

창의적 실행 과정에서는 예술작품 혹은 생산제품으로 이어갈지를 면밀히 검토한 후에 몇몇 사항에서 부족한 면이 발견되면 창의 과정의 원점으로 되돌아가야 한다. 자신의 창의 산물이 원래의 의도대로 실행되지 못했다고 해도 창의 과정의 원점으로 되돌아가는 대신에 현실의 다양한 장애물이나 한계에 타협하는 상황도 놓이게 된다. 원점으로 다시 되돌아갈 것인지 혹은 현실과의 타협을 선택할 것인지는 창의 과정을 수행한 본인의 몫이 될 것이다.

• 창의력 증강을 위해 고려해야 할 3요소(시간, 공간, 개체)

창의력은 창의의 출발점에서 목표점까지 도달할 수 있는 능력 또는 에너지이다. 인간의 삶에는 다양한 마찰력이 존재하므로 어떤 개체든지 마찰력을 거슬러 이동하는 데에는 추진력이 요구되는데 창의에서도 마찬가지로 창의에너지, 즉 창의력을 필요로 한다. 창의력은 생각시스템에서 창의시스템을 불러오는 데에도 필요하며 창의시스템 내에서 창의적 처리를 수행할 때에도 필수불가결한 요소로 작용한다.

창의력은 창의시스템으로의 전환에 필요한 환경 요소로서 평소에 창의를 위해 준비해두어야 할 무기임을 뜻한다. 창의 환경에는 외적요소와 내적요소가 있으며 창의력은 바로 내적요소에 속하므로 창의 수행을 위해서는 여러 가지 학습을 통해 이러한 창의력을 강화시켜둘 필요가 있다. 창의력은 또한 창의시스템에서 창의적 처리를 위한 방법을 모색하는 데에도 요구된다. 창의력 키우기는 방법론에 해당하므로 다양한 실천 형태가 널리 퍼져 있는 상태이다.

이광형은 그의 저서 『3차원 창의력 개발법』에서 "21세기에 우리가 갖추어야 할 자질 중에서 '창의력'이 가장 중요하며 3차원 질문 습관을 익히면 창의적인 사람이 될 수 있다"고 서술한다. 그가 말하는 3차원이란 시간, 공간, 분야 등을 뜻한다. 시간의 흐름과 공간의 흐름 속에서 특정 분야가 타 분야들과의 융합을 통해 새로움을 창조할 수 있다는 것이 그의 주장이다. 그러나 분야라는 것이 범위가 너무 넓고 또한 신제품 개발 측면만을 강조함으로써 창의력 키우기의 일반론이라고 말할 수 없다.

창의력 키우기를 학습하기 위해서는 우주 만물의 이치부터 깨우칠 필요가 있다. 우주 만물은 시간과 공간 속에서 움직이는 존재이다. 우주에 존재하는 그 어떤 개체도 시간이 흐름에 따라 변화하지 않는 것이 없고 공간적으로 움직이지 않는 것이 없다. 하나의 개체는 그 속에 수많은 개체들로 이루어져 있으며 각각의 개체는 시간적 그리고 공간적으로 연결 구성되어 있다. 모든 개체는 공간적으로 수평 그리고 수직 방향으로 다른 개체들과 연관이 형성된다.

그렇다면 각각의 개체는 어떠한 요소들로 이루어져 있는가? 개체는 3가지 요소, 즉 개념, 형식, 내용 등으로 구성된다. 개념은 그 개체를 외부에서 나타내는 표현이다. 개념은 다른 개체들과의 연결고리 요소로 작용한다. 형식은 그 개체의 틀이며 범위이다. 내용은 개체의 틀 속에 존재하는 기능인데 이러한 기능은 내부개체들로 실현된다. 각 개체들은 수평 그리고 수직 방향으로 연결되어 있는데 이러한 연결에는 정치, 경제, 사회, 문화, 예술, 과학, 생활 등이 그 촉

매 역할을 담당한다. 수직 방향의 연결에서는 위 개체가 아래 개체들의 기능을 이용하므로 아래 개체로부터 서비스를 받는다고 표현한다. 예를 들어서 자연과학이라는 개체는 공학을 서비스하며 공학은 사회과학을 서비스하고 사회과학은 인간을 서비스한다.

창의력 키우기 3요소는 시간, 공간, 개체 등이다. 새로운 개체를 창의하기 위해서는 그 개체의 3요소, 즉 개념, 형식, 내용을 정의해야 한다. 개념은 개체의 외부로부터 바라본 특성이며 창의 목표물의 최종목표지점에 해당한다. 어느 개체의 개념은 그 개체로부터 연결된 수평 그리고 수직적 구조를 나타낸다. 예를 들어서 메모리라는 개체의 개념은 수평적으로 프로세서와 연결되고 수직적으로는 컴퓨터의 하위 개체에 해당한다. 형식은 개체의 틀로서 그 개체가 차지하는 시간과 공간의 범위를 의미한다. 형식은 내부 구조와 외부 구조를 포함한다. 외부 구조는 그 개체의 모양, 색깔, 무게, 질감, 크기 등을 표현한다. 내용은 개체의 기능이며 이러한 기능을 구현하기 위한 내부 개체들의 집합을 나타낸다.

창의 목표물을 산출하기 위해서는 개념 정립과 함께 형식을 결정하고 내부의 개체들을 선정해야 한다. 예를 들어서 새로운 요리를 창의하고자 할 때에 요리이름과 용도에 해당하는 개념을 설정하고 끓이는 요리인지 혹은 굽는 요리인지를 나타내는 형식을 정해야 하며 요리에 들어가는 갖가지 재료, 즉 내용에 해당하는 내부 개체들을 선정해야 한다. 요리에서는 그 요리에 들어가는 재료 선정이 무엇보다도 중요하며 어려운 부분일 것이다.

창의력 키우기 요소 중의 하나인 개체 축은 개체 내부와 개체 외부를 고려해야 한다. 개체 내부의 개체 축은 내부 개체들을 선정함에 있어서 목표 개체의 수평 그리고 수직 방향의 개체들을 고려함을 뜻한다. 어느 개체의 내부 개체가 수평 혹은 수직 방향의 개체에서 온 것이라면 이를 융합이라고 부른다. 따라서 창의의 중요한 요소들 중의 하나인 융합은 개체 축상에서 이루어진 결과라고 볼 수 있다. 개체 외부의 개체 축은 창의 목표물이 어느 개체들과 연결되는지를 나타낸다. 혼자서 독립적으로 기능을 발휘하는 개체는 존재하지 않는다. 따라서 창의 목표물이 외부 개체들로부터 정보를 공급받고 외부 개체들에게 정보뿐만 아니라 서비스를 제공하기 위해서는 외부의 개체 축을 고려할 필요가 있다. 특히 창의 목표물과 연동 대상이 인간일 경우에는 편리성, 견고성, 작품성 등을 발휘할 수 있어야 한다.

새로운 개체를 창의하기 위해서는 어떤 개체를 중심으로 시간과 공간을 확대시켜보아야 한다. 창의 목표 개체를 시간 축과 공간 축으로 확대시켜나갈 때에 개체 내부와 개체 외부를 고려해야 한다. 개체 내부의 시간 축이라 함은 목표 개체 내부에 장착되는 개체들이 서로 다른 시간 축에서 생산되었음을 나타낼 뿐만 아니라 내부 개체들의 논리적 배치를 뜻한다. 예를 들어서 시스템 내부에 장착되는 수많은 부품들은 서로 다른 시간 축에서 생산된 것들이며 소설이나 연극의 줄거리는 주인공과 주변 인물들의 행동과 생각들을 순서적으로 배치한 것들이다.

개체 외부의 시간 축은 창조 목표물의 과거, 현재, 미래의 모습을 들여다보는 것을 뜻한다. 창조 목표물의 사용자, 쓰임새, 형태, 색깔, 무게 등에 관해 과거와 현재를 비교한 후에 미래에는 그 창조 목표물이 어떻게 변화할 것인지를 예측함으로써 수요에 부합되는 실용적인 창의 산물을 산출할 수 있다. 현재 시점에서 아무리 수요가 높은 산물이라고 해도 앞으로도 계속적으로 사람들이 그 산물을 찾을 것이라는 보장은 없다. 따라서 개인, 조직, 사회, 국가는 관심 있는 산물들에 대해 과거, 현재, 미래의 시간 축을 따라가면서 조사하고 분석하며 예측해야 한다. 자신 회사의 산물에 대해 시간 축상에서 예측을 제대로 수행하지 못해서 퇴출되었다는 기업의 예로 코닥 회사가 자주 입에 오른다. 코닥 회사는 세계적으로 유명한 필름 회사였지만 디지털 카메라의 등장으로 필름의 수요가 현격히 줄어들 것이라는 미래 예측에 능동적으로 대처하지 못하여 회사 규모가 대폭 축소되어버렸다.

창의 목표물에 대한 공간 축도 개체 내부와 개체 외부로 구분된다. 개체 내부의 공간 축은 목표 개체 내부에 장착되는 개체들의 공간적 배치를 의미한다. 어느 개체의 틀 속에 존재하는 개체들의 공간적 배치는 그 개체의 기능, 특성, 디자인 등과 연관성이 있다. 개발품 내의 공간적 배치는 전체 개발품의 크기뿐만 아니라 가격에도 커다란 영향을 주게 된다. 예술작품 내의 공간적 배치는 수요자에게 제공하는 아름다움의 독창성을 결정한다.

개체 외부의 공간 축은 그 개체가 어디에 위치하느냐를 결정짓는 요소이다. 동일한 개체라고 해도 그 개체가 어느 동네, 어느 지역, 어느 나라에 있느냐에 따라 수요가 달라질 수 있다. 이것은 지역에 따라 기후, 언어, 풍습, 제도, 문화 등이 다르기 때문인 것이다. 예를 들어서 신자동차가 사막 지방뿐만 아니라 북극 지방에서까지도 판매되기 위해서는 이들 지역의 기후에서까지도 견뎌낼 수 있는 재질로 자동차를 제작해야 한다.

상기와 같이 창의력을 키우기 위해서는 창의대상물의 개체에 대해 개념, 형식, 내용 등을 명확히 정의한 후에 이들 각 요소들을 시간과 공간 축상에서 변환시켜보는 연습이 필요하다.

• 창의 해결의 3구분(방안 습득, 심리적 창의, 역사적 창의)

창의의 두 번째 단계인 창의 해결은 우리가 창의하려고 선정한 대상과 창의의 결과물인 창의 산물을 연결 짓는 과정이다. 창의 해결은 창의의 본론에 해당한다고 말할 수 있다. 창의 대상은 크게 예술과 과학으로 구분되는데 이들 둘의 창의 해결은 그 방법에 있어서 판이한 성격을 가지고 있다. 과학 분야에서의 창의는 문제해결이라 말할 수 있지만 예술 분야에서의 창의는 해결해야 할 문제가 주어져 있지 않는 상태에서 참신하고 독창적인 작품을 산출해야 하는 것이다.

창의 해결은 출발점과 목표점 사이에 참신하고 독창적인 지도를 만들어내는 과정에 비유할 수 있다. 지도를 만들어내려면 지도의 표기들을 이해할 필요성이 있을 뿐만 아니라 그 지도를 보고 목표점까지 찾아갈 수 있어야 한다. 창의 해결을 새로운 등산로 개발에 견주어보자. 창의를 하려면 우선적으로 등산 목표 산에 대해 알아야 하는데 이때에 먼저 그 산을 등반한 사람이 작성해 놓은 지도를 구입해야 한다. 등산 지도를 구입했는데 지도 보는 법을 모른다면 그 지도는 무용지물이 되고 만다. 따라서 지도를 보고 어느 쪽이 북쪽이고 동쪽인지를 알 수 있어야 하고 어디가 산 정상이고 어디가 골짜기인지를 찾아낼 수 있어야 한다. 또한 어느 곳에 샘물이 있고 어느 곳이 위험한 곳인지 그리고 어디에 피난소가 있는지도 알 수 있어야 한다.

지도의 표기를 볼 수 있으면 이제 지도를 살펴가며 목표 산을 등반해보아야 한다. 등반가들이 작성해 놓은 등반코스 지도를 바탕으로 목표 산을 등반하면서 지도가 실제의 등반코스와 다른 면은 없는지 그리고 수정되어야 하는 것은 없는지를 면밀히 분석할 필요가 있다. 새로운 등산로 개발을 창의의 산물로 정했으면 지금까지 소개되어 있는 모든 등산 코스들을 연구해야 한다. 즉, 기존의 방안을 습득해야 하는 것이다.

창의 해결에는 3구분, 즉 방안 습득, 심리적 창의, 역사적 창의 등이 있다. 첫 번째로 방안 습득은 창의의 첫 번째 요소이다. 아무리 문학의 천재라고 해도 글자를 모르면 문학작품을 쓸 수 없다. 부모로부터 바둑 천재성을 물려받은 아이라고 해도 바둑의 게임 형식을 모르고는 바둑을 둘 수가 없다. 바둑의 묘수를 창의하기 위해서는 우선적으로 남의 바둑을 이해할 수 있어야 하고 수도 없이 많은 횟수로 바둑을 두어보아야 한다. 어떠한 일이든지 그 속에는 일정한 패턴이 숨어 있기 마련이다. 바둑의 고수들은 바둑 알 하나씩을 바둑판에 놓는 것이 아니라 바둑의 패턴을 놓는 것이다.

어떤 분야에 관한 논문을 작성하려면 그 테마에 관련된 발표 논문들을 분석해야 한다. 남의 논문들을 이해하지 못하고서는 새로운 논문을 작성할 수 없다. 운 좋게 작성한다고 해도 자신의 논문이 다른 논문들과 비교하여 우수하다는 것을 주장할 수 없다. 창의에서 중요한 것은 새로움과 독창성을 넘어 가치가 있어야 한다는 점이다. 창의 산물을 사용하는 사람들에게 커다란 가치를 제공하기 위해서는 남의 창의 산물에 대한 검토가 면밀히 이루어져야 할 필요가 있는 것이다.

예술 작품 분야에서 창의 산물을 산출하는 것도 마찬가지이다. 다른 예술가들의 작품을 감상하여 그들의 내면 형상을 읽어낼 수 있는 능력을 키워나가야 한다. 문학작품을 창의 산물로 선정할 경우에는 기존 작가들의 훌륭한 작품들을 섭렵하여 그들의 신선하고 독창적인 글 표현, 스토리 구성, 주제 표상 등을 습득해야 한다.

두 번째로 심리적 창의는 P(psychological)-창의로서 과학, 생활, 음악, 미술, 문학, 체육 등 여러 분야에서 개인의 마음속에 놀랍거나 독창적인 산물을 창출하는 것을 뜻한다. 예를 들어 영희라는 사람이 이전에 생각하지 못한 아이디어를 조합하거나 떠올린다면 그녀의 창의 해결 과정은 심리적 창의에 해당한다. 다른 사람이 동일한 아이디어를 이미 내놓은 적이 있더라도 상관없다.

세 번째로 역사적 창의는 H(historical)-창의로서 인류 역사 전체의 관점에서 보았을 때 누군가 완전히 새로운 아이디어를 도출한 경우를 말한다. 즉, 영희 이전에 그 누구도 해당 아이디어를 내놓지 않은 경우에만 그녀의 아이디어를 H-창의라고 부를 수 있다. 역사적 창의는 현재 입수할 수 있는 역사적 증거를 근거로 하므로 잠정적으로 인정할 수 있을 뿐이다. 케플러는 지구가 태양을 돌 때에 원으로가 아니라 타원으로 돌고 있다는 타원궤도를 역사적으로 처음 발견해서 그의 아이디어는 역사적 창의에 해당한다. 그러나 만일 그보다 먼저 다른 사람이 타원궤도를 발표한 적이 있다는 역사적 자료가 발견되면 그의 아이디어는 더 이상 역사적 창의가 되지 못하는 것이다.

어떤 인물이 역사적 창의를 산출해냈다고 해도 본인 스스로가 그 중요성을 인정하지 못한다면 그의 아이디어는 심리적 창의에 해당되지 못한다. 역사적 창의는 불가능하다고 생각되어 왔던 아이디어를 산출한 것이기 때문에 진정한 창의라 여겨지지만 실제로는 심리적 창의가 훨씬 더 중요하다. 역사적 창의만을 고집하다가는 결코 심리적 창의에도 도달할 수 없으며 수많은 심리적 창의가 서로 어우러져 오늘날 인간의 문명이 탄생되었기 때문인 것이다.

문학과 과학 분야에서 훼손된 창의 산물이 너무나도 많다는 데에는 의심할 여지가 없다. 따라서 수많은 역사적 창의가 후대에까지 알려지지 못하고 당대에서 사라져버린 일들이 많다. 창의 산물이 훼손되는 단계까지 가지 못하고 처음부터 누가 처음으로 생각해낸 아이디어인지 모르는 역사적 창의 산물이 너무나도 많이 전해져 내려오고 있다. 예를 들어서 바둑에는 수많은 심리적 창의 과정이 전개되어 내려오고 있지만 정작 바둑 게임을 정확히 누가 만들었는지는 알려져 있지 않다. 바둑 정석이 심리적 창의에 해당한다면 바둑 자체는 역사적 창의에 해당한다고 볼 수 있다.

창의는 역사적으로 유명한 과학자나 혹은 예술가들의 전유물이 결코 아니다. 오늘날 과학이나 문학 분야뿐만 아니라 정치, 경제, 사회, 문화, 일상생활 등의 분야에서도 우리가 산출해내야 할 창의물이 무한대로 숨겨져 있는 것이 사실이다. 다른 사람들의 창의 산물을 배우고 익힐 뿐만 아니라 검토하고 분석하는 일, 즉 방안 습득을 통해 우리도 창의 해결의 첫 번째 단계에 돌입할 수 있다. 방안 습득 단계에서 한 단계 발전하여 자신만의 새로운 아이디어를 창출함으로써 심리적 창의 단계에 도달할 수 있고 이러한 경험을 바탕으로 후대까지 길이 남겨질 아이디어를 산출할 수 있는 역사적 창의 단계에 다다를 수 있을 것이다.

7.3. 행동

• 성공을 위한 습관의 3요소(What, How, Why)

사람의 행동을 묘사하는 데에는 육하원칙(六何原則), 즉 5W1H (Who, When, Where, What, How, Why)가 담겨져야 한다. 신문기사를 작성할 때에는 이러한 육하원칙이 특히 강조되고 있다. 그런데 자신의 일을 글로 작성할 때에는 Who가 제외되고 나머지 5개의 요소들이 필요하다. 만일 때와 장소를 가리지 않고 행동하는 습관적인 일을 묘사한다면 When과 Where가 빠짐으로써 이제 What, How, Why 등의 3가지 요소만이 남게 된다.

일반적으로 성공하기 위한 행동으로 습관을 자주 거론한다. '우리가 어떤 생각에 이르면 그에 따른 행동을 하게 되고 행동을 하다보면 습관으로 이어지게 되며 이러한 습관이 성품을 얻게 하고 성품은 우리의 운명을 결정짓는다'는 격언이 있다. 이처럼 습관이란 우리의 삶에 있어서 엄청난 영향력을 가진 요소이다. 대부분의 우리 행동들과 마찬가지로 습관에도 좋은 습관과 나쁜 습관이 있기 마련이다. 나쁜 습관은 떨쳐내기가 어렵고 좋은 습관은 길들이기가 여간 쉽지 않은데 이는 습관이 거대한 중력을 가지고 있기 때문이다. 우리들이 성공을 이룩하기 위해서는 자신의 나쁜 습관을 과감히 떨쳐버리고 자신에게 이로운 습관은 붙지 않으려는 중력을 이겨내서 몸에 붙이고 다녀야 한다.

성공을 위한 습관은 3요소, 즉 What(무엇), How(어떻게), Why

(왜) 등으로 구성된다. 습관의 첫 번째 요소인 What은 인식에 해당한다. 어떤 행동을 수행할 때에는 그 행동이 무엇을 의미하는지를 우선 인식해야 할 필요가 있다. 성공하기 위해 독서 습관을 몸에 익히기 위해서는 독서라는 것이 무엇이며 독서의 필요성이 무엇인지를 함께 인식해야 한다. 우리의 삶에 있어서 독서가 중요하다는 인식을 가지지 못한 채로 무조건 책을 읽는다면 결코 독서습관을 가질 수 없을 것이다. 독서는 단순히 책을 읽는 것이 아니라 저자와의 깊은 대화라는 사실을 인식해야만 책을 제대로 읽을 수 있게 된다.

예를 들어서 건강을 위해 아침운동으로 조깅을 습관화시키려 한다면 조깅에 관한 각종 자료, 즉 조깅의 개념, 조깅의 효과, 조깅 방법, 안전한 조깅 지침 등을 숙지할 필요가 있다. 이러한 사전 조사를 통해 자신의 몸 상태와 상황에 적합한지를 면밀히 검토해야 한다. 조깅에 대한 올바른 인식 과정 없이 아침마다 달리기를 한다면 작심삼일이 될 우려도 있고 발목이나 다른 몸 부위를 다칠 위험성도 존재하는 것이다.

습관의 두 번째 요소인 How는 방법을 뜻한다. 습관화시키고자 하는 행동에 대한 인식이 충분하다고 해도 그 행동에 대한 방법을 모르면 제대로 행동할 수 없는 것은 당연하다. 습관화를 위한 방법은 기량에도 해당한다. 어떤 행동을 시작하고서 이를 반복하면 할수록 기량이 향상될 때에 우리는 그 행동을 용이하게 습관화시킬 수 있게된다. 어떤 행동에 관한 기량을 향상시키기 위해서는 자세, 복장, 반응 등에 관한 올바른 방법으로 그 행동을 수행해야 한다. 조깅의 기량을 향상시키기 위해서는 발을 딛는 방법, 호흡하는 방법, 몸의 균형 자세, 팔 흔드는 동작 방법, 조깅 시의 시선 방향, 지칠 시의 행동

요령 등과 같이 갖가지 조깅 방법들을 몸에 익혀야 한다.

공부하는 습관을 기르는 데에도 방법이 중요시되고 있다. 공부하는 방법을 모르면 학습 투자 시간에 비해 학습 효과가 상대적으로 떨어지기 마련이다. 공부의 대부분은 지식 습득이다. 컴퓨터에 비유하자면 데이터를 외부로부터 기억장치에 입력시키는 행동이 바로 공부이다. 컴퓨터는 스스로 데이터를 받아들여서 정리하고 가공하여 저장할 수 없기 때문에 밖에서 사람이 데이터를 입력시켜주어야 한다. 컴퓨터는 스스로 공부할 수는 없지만 데이터 입력은 사람에 비해 완벽하게 수행할 수 있다.

그러나 사람은 스스로 데이터를 입력하고 정리하여 기억해야 한다. 사람은 머릿속에 데이터를 입력시킨다고 해도 컴퓨터처럼 오래 기억하지 못한다. 사람이 정보를 오래 기억하기 위해서는 입력 시의 강한 자극이나 혹은 몰입이 중요하다. 공부 효과를 증진시키기 위해서는 몰입이 요구되며 공부의 기량이 향상될수록 공부 습관화는 빠르게 정착될 수 있게 된다.

습관의 세 번째 요소인 Why는 동기에 해당한다. 우리는 어떤 행동을 왜 습관화시키려는지 그 이유와 목적을 마음속에 간직해야 한다. 자신의 건강을 위해 조깅을 습관화시키려 했다면 건강 향상의 목적으로 조깅을 해야 한다는 점을 자주 상기시켜야 한다. 우리가 어떤 행동을 습관화시키려는 것도 하나의 목표에 해당한다. 목표를 달성하기 위한 중간 과정에서 우리는 처음에 마음먹었던 강한 동기가 약화되어지고 몸이 지치고 마음이 허탈해지며 괜한 고생을 시작했다는 무기력에 빠져 들 우려가 너무 많다. 성공을 위한 습관을 저해하는 이러한 요소에 대응하기 위해서는 동기를 강화해나가야 한다.

성공을 위한 습관을 익힘에 있어서 가장 아쉬운 점이 바로 중도에 포기하는 것이다. 처음에 목표한 대로 끝까지 행동할 수 있다면 누가 성공의 골인 지점까지 도달할 수 없겠는가? 무슨 일이든지 성공적으로 마칠 때까지는 시간적, 경제적, 상황적, 기술적 어려움이 노출될 수 있다. 출발점에서 시작하여 목표지점까지 항해하는 도중에 이 어려움들 중에서 어느 하나라도 우리들에게 닥치게 되면 통제력을 잃게 되어 목표 지점을 수정하거나 포기하고 싶은 욕구가 생겨나게 된다. 이런 시점에 명심해야 할 것이 바로 Why 요소인 것이다. 왜 이 일을 시작했었는지에 대해 처음의 의지로 되돌아가 재정비함으로써 통제력을 회복해야 한다.

습관의 3요소, 즉 인식, 방법, 동기 등을 마음속에 간직해야 우리가 원하는 어떤 행동을 습관화시킬 수 있다. 어떤 행동을 반복적이고 지속적으로 행하는 습관과 마찬가지로 어떤 습관적인 행동을 그만두게 하는 데에도 3요소가 필요하다. 예를 들어서 습관적인 게임, 즉 게임 중독으로부터 탈피하기 위해서는 게임의 특성, 게임을 즐기는 방법, 게임 중독의 위험성 등에 관한 인식이 필요하다. 첫 번째 요소인 인식 절차 없이 바로 게임 즐기기에 돌입한다면 어느새 자기도 모르게 게임중독에 빠져들 우려가 너무나 크다.

두 번째로 게임중독으로부터 빠져나올 수 있는 방법을 알고 있어야 한다. 검증된 방법들 중에서 자신에게 적합한 게임중독 빠져나오기 방법을 활용하지 않고서 무조건 게임중독에서 벗어나려는 몸부림으로는 결코 성공할 수 없을 것이다. 게임중독의 폐해에 관한 인식과 더불어 게임중독으로부터 빠져나오기 방법대로 실행한다고 해도 세 번째 요소인 동기가 약하면 중도에 포기하고 만다. 중도에서 포기하지 않고 통제력을 잃지 않은 채 게임중독에서 벗어나기 위해서는 게임중독 빠져나오기 행동을 시작했던 동기를 다시금 상기시키고 이러한 의지를 강화해나가야 하는 것이다.

• 성공을 위한 행동의 3단계(목표설정, 활동수행, 목표달성)

성공의 3요소들 중에서 행동은 자신의 아이디어를 실천하는 것이다. 자신의 아이디어를 실천하는 행동은 3단계, 즉 목표설정, 활동수행, 목표달성 등으로 이루어진다. 첫 번째로 목표설정은 현재 시점에서 도달하고자 하는 목표지점 결정을 의미한다. 자신의 아이디어를 실천함에 있어 최종 목표지점이 어디까지인지를 설정하고서 출발해야 한다. 목표가 설정되어 있지 않은 것은 목적지 없이 움직이는 로봇과 같다. 로봇에게는 목적지가 주어져야 그 방향으로 자신의 몸을 올바르게 움직일 수 있다. 예를 들어서 자신의 아이디어 혹은 창의 산물을 실천함에 있어 작품 발표, 아이디어 발표, 논문 발표 등과 같이 단순히 발표하는 것을 목표로 삼을 수 있고 혹은 작품 제작, 아이디어 실천, 논문 작성, 제품 개발 등과 같이 아이디어 발표를 넘어서 실체를 목표로 설정할 수 있는 것이다.

목표설정은 한 번으로 끝나는 것이 아니다. 즉, 창의 산물 실천의 시작점에서 최종 결과물까지를 하나의 목표로 설정하는 것이 아니라 여러 구간으로 구분하여 구간 목표를 설정하는 것이다. 이와 같이 목표설정은 장기 목표, 중기 목표, 단기 목표 등으로 이루어지는

데 이는 등산할 때에 산자락에서 정상까지의 등산을 구간별로 나누어 목표를 세우는 것과 일맥상통한다. 장기 목표만 세우고 중·단기 목표가 없는 것은 지도 없이 목표지점으로 떠나는 나그네와 유사한 것이다. 지도를 가지지 못하면 길 가는 도중에 목표지점을 향해 제대로 가고 있는지를 확인할 수 없게 되어 잘못된 길로 빠져들어도 그 길이 올바른 길인 줄 착각한 나머지 길을 잃고 헤매는 우려가 충분히 존재하기 마련이다.

목표설정 단계에서는 계획수립 과정이 동반되는데 이것은 목표를 달성하기 위한 활동(activity) 도출을 포함한다. 목표추진 활동은 크게 두 가지, 즉 아이디어 실현 활동과 부가 활동 등으로 분류된다. 아이디어 실현 활동이라 함은 아이디어와 직접적으로 관련성이 있는 활동들을 뜻한다. 예를 들어서 IT시스템 개발에서는 IT시스템 개념도 작성, IT시스템 구조도 작성, 기능 블록 작성, 기능 구현, 기능 시험 등의 활동들이 필요하다. 자신의 작품을 제작하는 것을 목표로 삼는다면 제작과 관련된 활동들을 도출해야 한다.

아이디어 실현 활동에 부가적으로 요구되는 활동, 즉 부가 활동은 자신의 목표를 달성함에 있어서 요구되는 요구 사항들로부터 도출된다. 이러한 요구 사항들은 자신의 외적 요구 사항과 내적 요구 사항으로 나누어진다. 외적 요구 사항은 외부로부터 충당해야 하는 요구 사항들로서 예를 들면 물질, 재정, 인적 요구 사항들이다. 내적 요구 사항으로는 목표를 추진하기 위한 자신의 능력뿐만 아니라 체력과 정신력 등도 포함된다. 부가 활동은 이와 같이 외적 요구 사항과 내적 요구 사항을 충당하기 위한 모든 활동들을 의미한다.

목표설정 단계에서 도출된 각 활동들은 활동 기간이 명시되어야 할 뿐만 아니라 다른 활동들과의 연관성을 나타내야 한다. 다른 활동들이 끝나고서부터 진행되어야 하는 활동은 이러한 연관성을 계획수립 시나리오에 표기해두어야 한다. 계획수립 단계에서 설정된 목표를 주어진 기간 내에 달성할 수 없다든지 혹은 목표설정에 어떠한 잘못이 발견될 경우에는 feedback 채널을 통해 목표설정을 수정 및 보완할 수 있다.

두 번째 단계인 활동수행 단계에서는 목표설정 단계에서 도출된 활동들을 실제적으로 수행한다. 각각의 활동은 동시에 진행되는 것이 아니라 순서적으로 앞이나 혹은 뒤에 수행되어야 하는 활동들도 존재한다. 예를 들어서 자료분석 활동은 다른 활동들보다 우선적으로 진행되어야 할 뿐만 아니라 목표가 달성될 때까지 꾸준히 수행되어야 한다. 활동을 수행함에 있어 긴급한 일부터 먼저 처리하다 보면 긴급하지는 않지만 중요한 일을 뒤로 미루는 경우가 발생한다. 긴급한 일 처리는 보통 사람들도 신속하게 수행할 수 있으나 중요한 일은 꾸준히 처리해야 한다는 생각이 멈춰지기 일쑤이다. 성공의 핵심은 중요한 일 처리에 있다는 것을 명심해야 한다.

어떠한 활동도 자신이 정한 규칙(rule)에 위배되어서는 안 된다. 규칙이라 함은 법과 도덕을 준수해야 하는 규범들뿐만 아니라 성공을 위한 자신의 준수사항들도 포함된다. 목표를 성공적으로 달성하기 위해서는 자신의 외적 조건과 내적 조건에 부합하면서 효과성과 효율성을 증진시킬 수 있는 규칙들을 설정하고 그것들을 준수해야 하는 것이다.

세 번째 단계인 목표달성 단계에서는 수립한 목표가 달성되었는지를 확인하는 단계이다. 만일 자신의 목표달성이 실패한 경우에는 무엇 때문에 실패했는지를 냉철하게 분석한 후에 다음번의 수행에서는 결코 실패하지 않도록 대처해야 한다. 목표달성에 성공한 경우에도 성공 요인을 분석하여 다음의 목표 도전에 활용할 수 있어야 한다. 당초에 설정한 목표가 제대로 달성되지 못한 경우에는 feedback 경로를 통해 초기 목표설정 단계나 활동수행 단계로 되돌아가서 이들 과정을 다시 수행해야 한다.

• 성공을 위한 내적 자산 투자 3가지(신체적 자산 투자, 지적 자산 투자, 감정적 자산 투자)

사람이 성공하기 위해서는 목표달성을 위한 외적 및 내적 환경을 조성해야 한다. 높은 산을 오르는데 등산장비, 체력, 등산기술, 정신력 등을 갖추지 않고는 결코 정상을 밟지 못한다. 우리가 성공하기 위해서는 네 가지 종류의 자산, 즉 물질적 자산, 재정적 자산, 인적 자산, 내적 자산 등을 투자해야 한다. 자신의 출신지나 부모에 따라 어느 정도는 물적 자산, 재정적 자산, 인적 자산 등이 결정되어 있을 수 있다. 그러나 내적 자산은 우리들의 적극적인 활동으로 얼마든지 발전시켜 놓을 수 있다.

성공을 위한 내적 자산 투자에는 3가지, 즉 신체적 자산 투자, 지적 자산 투자, 감정적 자산 투자 등이 있다. 첫 번째로 신체적 자산 투자는 우리 몸을 효과적으로 돌보는 활동으로서 영양가 있는 음식 섭취, 충분한 휴식과 긴장 이완, 규칙적인 운동 등을 포함한다. 술과 담배가 우리 몸에 나쁘다는 사실을 인지하고 있음에도 우리는 습관적 행동으로 혹은 사회적 관념으로 그만두지 못하고 있다. 몸에 좋다는 영양식품을 섭취하기보다는 몸에 나쁜 술과 담배를 끊는 일이 무엇보다도 중요하다.

운동은 우리들의 신체적 자산을 유지 관리해줄 뿐만 아니라 정신적 자산에도 커다란 도움이 된다. 신체적 운동을 통해 자율신경이 활발해짐에 따라 우리 뇌 속에 묻혀 있는 스트레스를 없앨 수 있다. 신체적 운동은 우리들에게 자신감을 높여준다. 이러한 신체적 운동을 규칙적으로 수행할 때에 성공을 위한 내적 자산 투자가 이루어지는 것이다.

두 번째로 지적 자산은 우리의 인지력에 관한 요소이다. 인지력은 외부 개체들에 관한 정보를 받아들여서 올바르게 해석하고 지혜롭게 처리하는 능력을 의미한다. 이러한 능력은 학습과 경험으로부터 축적된다. 지적 자산은 학력과 경력만으로 투자되는 것이 아니고 독서를 통해서도 얼마든지 우리의 지식을 축적시킬 수 있으며 이에 따라 삶의 지혜도 향상시킬 수 있다. 우리는 학교 교육을 마친 후에는 더 이상 진지한 책 읽기를 하지 않으며 우리의 직업 밖의 새로운 것들을 탐구하지 않는다. 그 대신에 여유 있는 시간이 생기면 TV 시청을 즐길 뿐이다. TV 시청할 시간에 책 한 페이지라도 읽는 것이 우리들의 지적 자산 투자에 크게 기여한다.

자기 스스로를 교육시키기 위해서는 때때로 전문 강좌를 택하거나 체계적인 훈련 프로그램에 참가하기도 하지만 여러 가지 정보를 얻고 마음을 넓히기 위해서는 규칙적으로 좋은 책을 읽는 습관이 중요하다. 독서야말로 오늘날뿐만 아니라 과거 위대한 인물들과의 대화를 통해 우리의 내적 자산을 탄탄히 쌓을 수 있는 가장 좋은 활동이라고 말할 수 있다.

세 번째로 감정적 자산이라 함은 우리 자신의 내면적 안정감을 의미한다. 감정적 자산은 사회 활동과 밀접한 관계가 있다. 자신의 내면적 안정을 유지하기 위해서는 상대방으로부터 감정적 공격을 받지 말아야 한다. 그런데 상대방의 이러한 공격은 우리들이 상대방에게 보여준 감정 표현에 대한 결과물이다. 즉, 상대방의 감정 표현은 우리들의 감정 표현의 거울인 셈이다.

자신의 감정적 자산을 증가시키기 위해서는 연습이 필요하다. 감정적 자산을 투자하는 데에는 다른 자산 투자보다 어렵지 않지만 그렇다고 하여 결코 쉬운 활동은 아니다. 원활한 대인 관계를 위해 자신의 나쁜 습관을 고쳤다고 해도 우리 자신의 내면에 자리 잡은 패러다임과 일치하지 않을 경우에는 한순간에 자신의 감정이 불안한 상태로 빠져버린다.

내면적 안정은 영혼을 맑게 함으로써도 가능하다. 자신의 영혼이 흐려진 상태에서는 내적 만족도가 떨어질 뿐만 아니라 내적 불안감이 조성되어 우리가 바라는 활동을 제대로 수행해내지 못하게 된다. 영혼을 맑게 하는 방법은 사람마다 제각기 다르다. 자연에 빠져서 몰두하는 사람들은 자연으로부터 축복을 받는다. 도시의 소음과 복잡함을 떠나서 자연의 조화와 리듬에 빠지게 되면 우리는 원기를 회복한다. 종교를 통해서도 영혼을 깨끗이 유지할 수 있으며 위대한 문학이나 음악에 심취하는 것도 영적 안정에 도움이 된다. 명상도 내면적 안정을 이끌고 맑은 영혼을 유지하는 데에 널리 활용되고 있다.

내적 자산 투자에 있어서 우리는 3가지의 자산, 즉 상기의 신체적·지적·감정적 자산 등을 반드시 균형 있게 성장시켜야 한다. 각

자산의 투자가 개별적으로도 중요하지만 우리는 세 가지 자산 모두를 현명하고 균형적인 방법으로 다루어야 비로소 가장 적합하고 효과적인 결과를 도출해낼 수 있다. 우리가 어느 한 분야라도 무시한다면 이것은 나머지 분야에도 부정적인 영향을 미치게 된다.

예를 들어서 신체적 자산 없이는 그 어떤 투자 활동도 진행할 수 없게 된다. 그러나 부족한 신체적 자산 투자에만 집중하다 보면 나머지 두 가지 자산은 오히려 감소할 우려가 생기기 마련이다. 따라서 신체적 자산을 보충하는 과정에서도 나머지 자산들에 대한 관심은 늘 간직하고 있어야 한다. 균형적 투자는 최적의 시너지 효과를 낼 수 있다. 우리가 어느 한 자산에서 강력한 투자가 이루어지면 서로 간에 밀접한 관계를 가지고 있는 다른 자산들에게도 긍정적인 영향을 미치게 된다. 우리가 한 가지 자산을 향상시키면 다른 자산에서도 우리의 능력이 향상된다.

• 인간관계의 3가지 요소(언어, 감정, 행동)

인간관계는 우리들의 목표 지점에 성공적으로 도착하기 위해 필요할 뿐만 아니라 사회적 관계 속에서 마음의 상처를 받지 않고 기쁨과 행복을 얻기 위해서도 반드시 습득해야 할 행동 지침이다. 올바른 인간관계를 위해서는 우리들 자신의 내적 성품이 무엇보다도 중요하지만 상대방에 대한 우리들의 생각을 제대로 행동으로 옮기지 못한다면 원만하고 평온한 관계로부터 벗어나서 사소한 오해로 인한 불신으로까지 번지는 악영향을 줄 우려가 있다. 따라서 우리들의 성공적인 목표달성뿐만 아니라 마음의 평안과 행복한 삶을 가질 수 있도록 올바른 인간관계의 행동 규칙을 배우고 익혀야 할 것이다.

인간관계는 상대방과의 상호작용을 뜻하며 이러한 상호작용의 요소로는 크게 3가지, 즉 언어, 감정, 행동 등이 있다. 언어는 상대방과의 소통 매개체로서 상대방과 감정 및 행동을 주고받을 수 있는 도구로 작용한다. 언어는 단순히 말뿐만 아니라 글과 함께 제스처와 표정 등도 포함된다. 언어는 인간의 인지 활동의 매개체이며 자신의 인지를 통해 상대방의 생각을 읽을 수 있음에 따라 자신의 감정 변화를 가져오게 된다. 감정은 상대방의 언어와 행동을 보고서 느낀 결과이다. 감정은 자신의 행동을 결정함에 있어 핵심적인 역할을 담당하는데 이는 사람이 기계적인 존재가 아닌 감정적 동물이기 때문이다. 행동은 우리가 상대방을 위해 어떤 일을 수행하는 것이거나 혹은 상대방으로 하여금 우리가 원하는 일을 수행하도록 만드는 것을 뜻한다. 이들 세 가지 요소들은 모두 양방향성, 즉 상대방과 서로 주고받는 요소들이다.

첫 번째로 인간관계 성공을 위한 언어 지침으로는 사람에 대한 비난 삼가, 진솔한 칭찬, 상대방의 관심사에 관해 이야기하기, 미소 등이 있다. 이러한 언어들의 공통점은 상대방의 감정을 상하지 않게 하면서 기분 좋게 하는 것들이다. 상대방을 대할 때에 아무 근거 없이 무조건 기분 좋게 만들려는 시도는 좋지 못하다. 인간관계의 성공은 언어를 통해 상대방에게 따뜻한 격려 혹은 위로와 함께 상대방으로 하여금 좋은 감정을 갖게 하는 것으로부터 출발한다.

대부분의 사람들은 비록 자신이 큰 잘못을 저질렀다고 하더라도 자신의 잘못을 인정하지 않는다. 따라서 비판은 쓸데없는 일이다.

상대방을 대할 때에 그가 논리의 동물이라고 생각하면 큰 오산이다. 상대방은 감정의 동물로서 편견으로 가득 차 있고 자존심과 허영심에 따라 움직인다는 사실을 명심할 필요가 있다. 비판은 상대방의 자존심이란 화약고에 폭발하기 쉬운 불씨에 해당한다. 사람을 비판 혹은 비난을 하거나 불평이나 잔소리를 해대는 일은 삼가야 한다.

칭찬은 아첨과 다르다. 아첨은 웬만큼 분별력이 있는 사람들에게는 통하지 않는다. 칭찬에는 진심이 담겨 있지만 아첨에는 진심이 담겨 있지 않다. 칭찬은 가슴 깊은 곳에서 우러나오지만 아첨은 입술 끝에서 나올 뿐이다. 아첨을 할 것이 아니라 상대방의 장점을 찾아내어 진솔하게 칭찬을 해주는 것이야말로 인간관계의 기본 행동에 속한다.

인간관계에서는 상대방으로부터 호감을 사는 일이 중요한데 이를 위해서는 상대방의 관심사에 관해 이야기해야 한다. 시어도어 루스벨트 미국대통령은 손님이 온다는 말을 들으면 그 전날 밤 늦게까지 손님이 관심을 가지고 있는 주제에 관해 독서를 했다고 한다. 그는 '상대방의 마음을 여는 열쇠는 상대방이 가장 소중하게 생각하는 것에 대해 이야기하는 것'이라는 사실을 알고 있었다. 어떤 회사로부터 사업권을 따내기 위해서는 그 회사의 책임자가 어떤 분야에 관심을 가지고 있는지를 파악하여 그러한 내용에 관해 이야기를 나눌 필요가 있다.

미소는 표정 언어로서 '당신을 만나서 기쁘다. 당신을 좋아한다'라는 뜻을 나타낸다. 거짓 웃음은 기계적이라는 것을 알아차릴 수 있기 때문에 조금도 반갑지 않다. 우리들이 상대방에게 전해줘야 할 표정 언어는 진짜 미소, 즉 마음속에서 우러나오는 따뜻한 미소이다. 옛날 중국인들의 속담에 '웃는 얼굴이 아니면 가게를 열지 말라'라는 말이 있다. 번들한 몇 마디 말보다는 진심 어린 미소야말로 상대방의 마음을 활짝 열게 할 수 있는 언어인 것이다.

두 번째로 감정은 인간관계의 성공에 있어서 핵심적 역할을 담당한다. 우리의 감정은 때와 장소에 따라 시시각각 변화하고 특히 상대방에 따라 토착화되어 있을 정도이다. 상대방에 대한 우리의 신뢰 정도를 감정지수로 표현한다. 우리가 다른 사람에 대해 공손하고 친절하며 정직하고 약속을 잘 지킨다면 그 사람은 우리에 대한 감정지수를 증가시키게 된다. 그러나 우리가 상대방에 대해 어떤 실수를 저지르면 감정지수는 낮아진다. 감정지수가 높게 유지되어 있으면 의사소통은 쉽고 즉각적이며 효과적이 된다. 감정지수를 임계값 이상으로 유지하기 위해서는 우리는 다른 사람들에게 신뢰받을 수 있는 언어와 행동을 보여주어야 한다.

감정지수를 증가시키는 방법에는 상대방을 이해하기, 사소한 일에도 관심 갖기, 약속 이행, 기대의 명확화, 언행일치, 진정으로 사과하기 등이 있다. 우리 자신에 대한 상대방의 감정지수를 올리기 위해서는 우선적으로 우리들이 상대방을 이해할 수 있어야 한다. 상대방의 감정을 이해하지 않은 상태에서 우리의 행동을 취하는 것은 오해의 소지를 불러일으킬 우려가 있을 뿐만 아니라 상대방으로 하여금 좋지 못한 감정을 유발할 위험성이 있다. 따라서 상대방을 이해한 후에 거기에 적합한 행위를 해야 감정지수를 증가시킬 수 있다.

인간관계에서의 커다란 손실은 사소한 것으로부터 시작된다. 약간의 친절과 공손함은 감정지수를 높일 수 있지만 작은 불손, 작은 불친절, 하찮은 무례 등은 막대한 감정지수 감소를 초래한다. 어떤 사람에게 중요한 약속을 해놓고서 이를 어기는 일보다 더 큰 감정지

수 감소 행위는 없다. 약속을 어겨서 감정지수가 감소하게 되면 추후에 약속을 잡아도 상대방이 믿지 않는다. 우리가 약속을 항상 지키는 습관을 갖는다면 우리와 상대방 사이에는 이해의 간격을 이어주는 신뢰의 다리가 놓임으로써 감정지수가 올라가게 될 것이다.

대인관계에서 나타나는 대부분의 어려움은 역할과 목표에 대한 갈등과 애매한 기대 때문에 발생한다. 기대가 명확하게 논의되지도 않고 심지어 있다는 것조차도 모르고 있는 상황에서 상대방의 기대에 부응하는 것은 감정지수를 높이는 결과를 낳지만 기대를 어기는 것은 신뢰의 감정지수를 감소시키게 된다. 따라서 우리는 새로운 상황에 직면할 때마다 자기에게 부과되는 기대를 파악해야 한다. 감정지수를 증가시키기 위해서는 처음부터 기대를 명확히 해야 할 필요가 있다.

언행일치는 정직 그 이상의 의미를 갖는다. 정직은 사실대로 말하는 것으로서 우리가 하는 말을 사실 그 자체와 일치시키는 것이다. 자신이 한 말을 지키지 못할 경우에 정직은 솔직하게 안 지켰다는 말로써 충분하다. 그러나 언행일치는 사실을 우리의 말에 일치시켜 행동하는 것으로서 약속을 이행하고 기대를 충족시키는 것이다. 언행일치는 성실성의 외적 표현이다. 만약 우리가 상대방에게 솔직하고 개방적이며 친절하다면 상대방은 우리의 성실함을 받아들이고 우리를 신뢰하며 존경할 것이다. 신뢰를 얻는 것은 우리들에 대한 상대방의 감정지수를 높이는 가치에 해당한다.

우리들에 대한 상대방의 감정지수를 감소시켰다면 상대방에게 진정으로 사과해야 한다. 진정한 사과는 신뢰를 쌓음으로써 떨어졌던 감정지수를 끌어 올릴 수 있다. 그러나 반복되는 사과는 불성실한 사과와 동일하게 받아들여져서 신용에 대한 마이너스 효과를 가져오게 된다. 자신에 대한 감정지수가 극도로 나쁠 경우에는 사과 자체만으로 더욱 악영향을 미칠 수 있게 된다. 따라서 평소에 자신에 대한 상대방의 감정지수를 임계치 이상으로 유지할 수 있도록 꾸준한 노력일 기울여야 한다.

세 번째로 인간관계 성공을 위한 행동으로는 상호 승리 사고, 상대방 이름 기억하기, 경청과 대화유도, 상대방의 의견 존중, 우호적 행동 등이 있다. 상호 승리 사고는 나도 이기고 상대방도 이기는 사고, 즉 승-승적 사고이다. 대부분의 사람들은 이분법적 관점, 즉 강하느냐 약하느냐, 올라가느냐 내려가느냐, 이기느냐 지느냐 하는 식으로 모든 사물을 본다. 이에 반해 승-승적 사고방식은 모든 사람에게 돌아갈 정도로 모든 것이 넉넉하게 있다고 보는 패러다임에 근거한다. 승-승적 사고는 제 3의 대안이 있다고 믿는 데서 출발하는데 우리 방식이나 상대방 방식이 아닌 더 나은 방식, 더 높은 차원의 방식을 찾아서 상호간에 이득을 취할 수 있도록 노력하는 것이다.

상대방 이름 기억하기는 상대방에 관하여 관심을 갖고 있음을 나타내는 첫걸음이다. 사람들은 누구나 자신의 이름을 자랑스럽게 여기기 때문에 자신의 이름을 영원히 남기고 싶어 한다. 사람들이 이름을 기억하지 못하는 이유는 이름을 기억하는 데 필요한 시간과 정력을 기울이지 않기 때문이다. 사람들이 너무 바쁘다는 이유를 대지만 이것은 핑계에 불과하다.

경청과 대화 유도는 상대방으로부터 호감을 살 수 있는 행동들 중의 하나이다. 상대방의 말을 잘 들어주는 것은 그 사람으로 하여금 신나게 말하도록 해준다. 경청이야말로 상대방에게 관심을 표명하며 상대방의 기분을 좋게 해주는 행동이다. 상대방이 허탈한 마음 혹은 어떤 고민이 생겼을 때 우리에게 어떠한 해결책을 바라지 않고 단지 자신의 하소연을 들어주기만을 바라는 경우가 있다. 이럴 경우에 상대방의 이야기를 잘 들어만 주는 것은 그 어떤 격려와 위로의 말만큼이나 효과적인 것이다.

상대방이 틀린 내용을 이야기해도 절대로 상대방에게 이를 표현해서는 안 되고 상대방의 의견을 존중해주어야 한다. 만일 상대방이 틀렸다는 사실을 우리들이 말로써 증명하려 한다면 이는 상대방의 생각이 우리들 생각보다 나쁘니 생각을 바꾸라고 하는 뜻으로 들리게 된다. 이것은 대립을 만들어서 상대방으로 하여금 우리들과 싸우고 싶은 마음을 가지게 한다. 아무리 우호적인 상황 속에서도 상대방의 마음을 바꾸기란 여간 어려운 일이 아니다.

인간관계에서 성공하려면 상대방에게 우호적 행동을 보여줘야 한다. 누군가 우리에 대한 반감과 악감정을 품고 있다면 이 세상의 어떤 논리로도 그 사람을 설득할 수 없다. 야단치는 부모, 윽박지르는 상사, 잔소리하는 남편과 아내들은 자신들의 생각을 바꾸고 싶어 하지 않는다. 억지로 몰고 가거나 강제적으로 설득하려 해도 그들의 의견이 우리들의 의견과 같아지지 않는다. 오히려 우리가 언제까지고 상냥하고 다정하게 대할 때에 그들 자신이 의견을 바꿀 가능성이 높아진다. 사업가들은 파업자들에게 우호적으로 대하는 것이 더 이익이라는 것을 몸소 깨닫는다. 임금인상을 요구하며 파업을 일으킬 때에 회사 사장이 화를 내고 비난 혹은 협박하지 않고 오히려 평화적으로 파업에 돌입한 것에 대해 찬사를 보낸다면 파업은 그다지 오래 가지 않게 된다. 상대방을 우리 편으로 이끌고자 할 때에는 우호적 행동을 보여줘야 한다.

| 참고문헌 |

강종훈, 송호정, 윤선태, 임기환(2011), 미래를 여는 한국의 역사 1, 웅진 지식하우스.

김인호, 임용한, 한정수(2011), 미래를 여는 한국의 역사 2, 웅진 지식하우스.

권내현, 심재우, 염정섭, 정재훈(2011), 미래를 여는 한국의 역사 3, 웅진 지식하우스.

정승교(2011), 미래를 여는 한국의 역사 4, 웅진 지식하우스.

류시현, 문영주, 박종린, 허수, 허영란(2011), 미래를 여는 한국의 역사 5, 웅진 지식하우스.

권석만(2009), 긍정 심리학, 학지사.

길영로(2014), 기획이란 무엇인가, 페가수스.

김교빈, 이현구 공저(2014), 동양철학에세이, 도서출판 동녘.

김대경 외 공저(2012), 운동과 건강, 광림북하우스.

김병완(2014), 48분 기적의 독서법, 미다스북스.

김열규(2013), 이젠 없는 것들, (주)문학과지성사.

김은경(2015), 창의적 공학설계, 한빛아카데미(주).

김은숙, 장진기(2012), 치유본능, 판미동.

김정오 외 공역(2008), 감각과 지각, (주)시그마프레스.

김종대 글, 이부록 그림(2007), 숫자 3의 비밀, (주)이퍼블릭.

김환(2013), 고객 상담과 심리상담의 길잡이, (주)교문사.

네이버사전(2015), 네이버.

노민희 외 공저(2007), 인체해부학, 정담미디어.

두산백과 변증법(2015), 네이버지식백과.

박문호(2009), 뇌, 생각의 출현, (주)휴머니스트 출판 그룹.

신문균 외 공저(2008), 인체해부학, 현문사.

신혜용 역(2009), 하룻밤에 읽는 심리학, 랜덤하우스코리아(주).

양명숙, 이규환 역(2011), 양자심리학, (주)학지사.

오창환(2008), 세상을 바꾸는 IT 100선, 서울사이버대학교 출판사.

오창환(2011), 인간과 컴퓨터 이해, 한국학술정보(주).

오창환(2012), 디지털 3.0 시대의 상식 사전, 한국학술정보(주).

오창환(2012), 유비쿼터스 이해, 한국학술정보(주).

오창환(2015), 독서 습관, 한국학술정보(주).

윤가현 외 공저(2009), 심리학의 이해, 학지사.

이광형(2012), 3차원 창의력 개발법, (사)한국물가정보.

이성호 외 공저(1999), 인체해부학, 현문사.

이시형(2010), 창조의 심장, 우뇌, 도서출판 풀잎.

이영애, 이나영 역(2008), 간단명료한 심리학, (주)시그마프레스.

이영애 역(2012), 인지심리학과 그 응용, 이화여자대학교출판부.

이종복 역(2009), 감정공부, (주)웅진씽크빅.

이한기 외 공저(2007), 최신 인체해부생리학, 수문사.

장남섭 외(2008), 생리학, 수문사.

정봉교 외 공역(2003), 동기와 정서의 이해, 도서출판 박학사.

정유민(2010), 테마 한국사, 청년정신.

최동희, 김영철, 신일철, 윤사순 공저(2012), 철학개론, 고려대학교출판부.

최준식(2011), 세계인과 함께 보는 한국 문화 교과서, 소나무.

나이절 워버턴(2012), 철학자와 철학하다, 이산철 역, 에코리브르.

데일 카네기(2007), 인간관계론, 강성복·정택진 역, 리베르.

마거릿 A. 보든(2010), 창조의 순간, 고빛샘 외 역, (주)21세기북스.

마리사 앤(2014), 크리에이티브 데이, 이세진 역, (주)안그라픽스.

맥스웰 몰츠(2012), 성공의 법칙, 공병호·차재호 역, 비즈니스 북스.

사에키 유타카(2011), 인지과학 혁명, 김남주·김경화 역, 에이콘출판주식회사.

사토 도미오(2009), 배우고 익히면 즐겁지 아니한가, 이수미 역, (주)위즈덤하
　　　　우스.

샤를 단치(2013), 왜 책을 읽는가, 임명주 역, 이루.

스탠 라이(2007), 어른들을 위한 창의학 수업, 신다영 역, (주)에버리치홀딩스.

스티븐 코비(2010), 성공하는 사람들의 7가지 습관, 김경섭 역, 김영사.

제임스 L. 애덤스(2012), 아이디어 대폭발, 이미숙 역, (주)21세기북스.

제프리 블레이니(2012), 아주 짧은 세계사, 박중서 역, (주)휴머니스트 출판그룹.

조르주 이프라(2011), 숫자의 탄생, 김병욱 역, 도서출판 부키.
줄리아 카메론(2012), 아티스트 웨이, 임지호 역, 도서출판 경당.
후지사와 고노스케(2014), 철학의 즐거움, 유진상 역, 휘닉스드림.

오창환 ────────────────────────

현) 서울사이버대학교 컴퓨터공학과 교수
고려대학교 전자공학 학사
고려대학교 공학대학원 석사
일본 오사카대학교 정보공학 박사
한국전자통신연구원 책임연구원
광주과학기술원 연구교수
(주) 네트리 대표이사

▶ 주요저서

『컴퓨터 구조』(2006, 서울사이버대학교 출판부)
『데이터베이스 기초』(2008, 서울사이버대학교 출판부)
『세상을 바꾸는 IT 100선』(2008, 서울사이버대학교 출판부)
『ZigBee 개발 핸드북』(2009, 공역, 홍릉과학출판사)
『데이터통신』(2010, 한국학술정보(주))
『인간과 컴퓨터 이해』(2011, 한국학술정보(주))
『유비쿼터스 이해』(2012, 한국학술정보(주))
『디지털 3.0 시대의 상식 사전』(2012, 한국학술정보(주))
『디지털 논리회로 이해』(2013, 한국학술정보(주))
『인간과 성공』(2015, 한국학술정보(주))
『독서 습관: 성공의 비결』(2015, 한국학술정보(주))
『창의』(2017 , 한국학술정보(주))

·성공의 생각·

삶 속의 3

초판인쇄 2017년 8월 4일
초판발행 2017년 8월 4일

지은이   오창환
펴낸이   채종준
펴낸곳   한국학술정보㈜
주소   경기도 파주시 회동길 230(문발동)
전화   031) 908-3181(대표)
팩스   031) 908-3189
홈페이지   http://ebook.kstudy.com
전자우편   출판사업부 publish@kstudy.com
등록   제일산-115호(2000. 6. 19)

ISBN 978-89-268-8097-5 03300